新訳

往生要集

上

付詳注・索引

源信［著］
梯信暁［訳註］

法藏館

新訳 往生要集 ㊤

目次

往生要集　巻上

新訳　往生要集　下　目次

凡例

一、本書は源信著『往生要集』三巻の現代語訳である。訳文は適宜段落に区切って提示し、各段末に註釈を付した。

二、原文テキストとして、『浄土真宗聖典　七祖篇―註釈版―』（本願寺出版社、一九九六年）所収本を用い、これを現代語訳した。このテキストは、『浄土真宗聖典　七祖篇―原典版―』（本願寺出版社、一九九二年）所収の書き下し文（京都府青蓮院蔵承安元年写本を底本とし、神奈川県最明寺蔵平安時代写本、建保四年刊本、建長五年刊本などを対校して書き下したもの）に基づき、古い語法や漢文訓読における意味不明瞭な箇所等を、底本の左訓・対校諸本を参考に適宜改めたものである。本書中に「原文」と呼んで引用するのは、この『浄土真宗聖典　七祖篇―註釈版―』の文である。

三、註釈は、本文中に註番号を付した文言に対して、その語義・出典・趣旨などについて記述した。

新訳 往生要集 上

はじめに

『往生要集』は、恵心僧都源信の著述である。

源信は、天慶五年（九四二）、大和国（奈良県）葛城下郡当麻郷に生まれた。父は卜部正親、母は清原氏の出身と伝えられている。当麻郷には奈良時代より伝わる極楽浄土曼荼羅を本尊とする当麻寺がある。源信は幼い頃から浄土の教えに親しんでいたことであろう。

やがて比叡山に上り、慈慧大僧正良源（九一二～九八五）の弟子となる。良源は、延暦寺の復興を成し遂げた人物で、比叡山中興の祖と仰がれる。広学竪義という論義法会を整備して学僧の育成に努めたことでも知られる。

源信は天延元年（九七三）六月、三十二歳の時に広学竪義に及科した。その年の四月に行われた延暦寺大講堂供養法会に出仕し、翌年五月には宮中の論義に召されて活躍している。天元三年（九八〇）九月には、座主良源の延暦寺復興事業の総仕上げとも言うべき根本中堂供養法会が勤修されるが、そこで源信は右方錫杖衆の頭役をつとめている。

しかしその直後、源信は名利に背を向け、隠遁生活に入る。説話によるとそれは母の訓誡を承けての行動であるというが、師良源への反発もその一因であったと思われる。

当時の比叡山には、山門・寺門両派の対立、貴族社会への接近などの諸問題が起こっていて、それに関して弟子の中にも良源を批判する者がいたようである。源信はその頃、書写山の性空（九一七?～一〇〇七）や慶滋保胤（九三四?～一〇〇二）との交際を始めていて、彼らの姿勢に共鳴したことも隠遁の理由の一つと考えられる。

それ以降は論義法会や法要には出仕せず、横川において、学問と修行とに没頭したようである。六十三歳の時、厳久の勧めによって権少僧都に任ぜられるが、翌年にはこれを辞任している。寛仁元年（一〇一七）六月十日、七十六歳で歿した。

著述として、『一乗要決』三巻、『因明論疏四相違略註釈』三巻、『大乗対倶舎抄』十四巻、『阿弥陀経略記』一巻など多数が現存する。

伝記資料も多数あるが、最古のものは、源信自身も関与した二十五三昧会の過去帳に記された略伝で、その記載者は同門の弟子に当たる覚超（九六〇～一〇三四）であると言われる（『楞厳院二十五三昧過去帳』、『続天台宗全書』史伝2所収）。

『往生要集』は、永観二年（九八四）十一月より書き始めて、翌寛和元年（九八五）四月に完成したという。その時源信は四十四歳である。三巻よりなる。あるいは各巻を本末に分けて六巻とするものもある。序文に、撰述の意図を次のように述べている。

それ往生極楽の教行は、濁世末代の目足なり。道俗貴賤、たれか帰せざるものあらん。ただし顕密の教法、その文、一にあらず。事理の業因、その行これ多し。利智精進の人は、いまだ難しとなさず。予がごとき頑魯のもの、あにあへてせんや。このゆゑに、念仏の一の門によりて、いささか経論の要文を集む。これを披きこれを修するに、覚りやすく行じやすし。

往生極楽の法門を末世相応の仏教とし、その教理・実践を説く多くの聖教の中から、特に「念仏」を説く文だけを選んで、その肝要を抜き書きすると述べている。念仏の一門のみを取り上げたのは、「予がごとき頑魯のもの」のためである。『往生要集』は、末世の凡夫を対象として、阿弥陀念仏の教理を組織した書である。

本論は十章よりなる。以下にその標題と各章の概要とを提示しておきたい。

1厭離穢土　「地獄・餓鬼・畜生・阿修羅・人・天」の六道の苦や不浄の相を観念させて、三界穢土を厭い離れよと説く。

2欣求浄土　極楽に往生してゆく過程で行者が体験する十種の楽を列挙し、その相を観念させて、極楽への往生を勧める。

3極楽証拠　十方浄土や弥勒菩薩の兜率天よりも、極楽への往生を強く勧める根拠を示す。

4正修念仏　世親『往生論』所説の五念門（礼拝・讃嘆・作願・観察・回向）の枠組みを利用して、独自の「念仏」の体系を組織する。

5助念方法　念仏修行の成就を補佐する様々な方法について述べる。

6別時念仏　特定の日時を限って行う念仏として、平生の念仏行事と、臨終行者に念仏を勧進する方法とを紹介する。

7念仏利益　諸経論に説かれる念仏の利益を列挙して信を勧める。

8念仏証拠　諸経論の説によって念仏が往生の業であることを証明する。

9往生諸行　念仏以外の往生行を紹介する。

10問答料簡　仏身・仏土や往生人の行位等、浄土教の諸問題を問答によって考察検討する。

『往生要集』において源信が想定した教化の対象は、極楽への往生を目指す比叡山の念仏行者であったと考えられる。しかし成立直後から著者の意図を超えて広く諸方面に流布し、浄土教の根本聖典として諸宗の学僧・修行僧を教え導き、また貴族の信仰の拠り所ともなった。それによって文学・美術・芸能等、様々な分野に多大の影響を与え、日本文化史上極めて重要な役割を果たしたのである。

現在『往生要集』には次のような諸本が伝わっている。

写本

1京都府青蓮院蔵・承安元年（一一七一）**写本**　粘葉装三帖、半葉七行、一行十八字前後。奥書に「承安元年十二月十一日書写畢　沙門弘恵本也」とあり、その直前に、「延久二年四月十日、平等院南泉房多本取集読合給ヒケルニ其中以善本日野点畢、其衆皇后宮大夫殿為張発、樺尾阿闍梨以為講師云々」と言う。

2神奈川県最明寺蔵・平安時代写本　粘葉装三帖、半葉七行、一行十八字前後。奥書なし。平安中期の書写と推測される。

そのほか、巻中一帖のみながら長徳二年（九九六）の奥書を持つ石川県聖徳寺蔵本など、約二十点の存在が確認されている。

版本

1建保四年（一二一六）**刊本**　完本はないが、大阪四天王寺出口順得氏蔵本と愛知県専光寺蔵本の二本によって全容が知られる。粘葉装六帖、半葉六行、一行十五字。

2建長五年（一二五三）**刊本**　龍谷大学図書館など数箇所に現存。粘葉装六帖、半葉六行、一行十七字。

3室町時代刊本　龍谷大学図書館等に現存。承元四年（一二一〇）版の復刻本と言われるが疑わしい。粘葉装六帖、半葉六行、一行十七字。

そのほか、江戸時代以前に開版されたものが三十点余りある。

活字本

1 『大正新脩　大蔵経』第八十四巻
2 『大日本仏教全書』第三十一巻
3 『浄土宗全書』第十五巻
4 『恵心僧都全集』第一巻
5 『真宗聖教全書』第一巻　三経七祖部
6 『浄土真宗聖典　七祖篇―原典版―』
7 『浄土真宗聖典全書』第一巻　三経七祖篇

そのほか、書き下して註釈を付したもの、現代語に訳したものが多数出版されている。本書では次の諸書を参照した。

・花山信勝『原本校註・漢和対照　往生要集』山喜房仏書林、一九三七年
・石田瑞麿『往生要集　日本浄土教の夜明け―源信』1・2、平凡社『東洋文庫』、一九六三・六四年
・浄土真宗本願寺派聖典意訳編纂委員会『聖典意訳七祖聖教』下、本願寺出版協会、一九六八年
・石田瑞麿校註『源信』岩波書店　日本思想体系6、一九七〇年
・花山勝友『源信　往生要集』徳間書店、一九七二年
・中村元『往生要集』岩波書店　古典を読む5、一九八三年
・川崎庸之『源信』中央公論社　中公バックス日本の名著4、一九八三年
・浄土真宗本願寺派聖典編纂委員会『浄土真宗聖典　七祖篇―註釈版―』所収、本願寺出版社、一九九六年
・淺田正博『往生要集講述』永田文昌堂、二〇〇八年

なお『往生要集』には古来、宋国に送られた「遺宋本」と、日本に留められた「留和本」という二つの系統があるとされてきた。青蓮院本・最明寺本は留和本、建保四年刊本・建長五年刊本は遺宋本の系統であると言われる。遺宋本には、遺宋消息が付されている。源信が宋国の商船に託して『往生要集』等を送付した際の書状とそれに対する返報である。青蓮院本には遺宋消息が添付されているが、別紙・別筆であり、後世に付け加えられたものである。遺宋・留和の両系統については、諸先学が比較検討され、本文には大差ないことが判明している。よって本書では、両系統の比較および遺宋消息には言及しないことにする。

現代語訳の作成に当たっては、難解な専門用語をなるべく用いず、日常語で本文の内容を説明するように努めた。またできるだけ詳しい註釈を施したつもりである。

本年は恵心僧都の千回忌に当たる。その勝縁によって、多くの方に本書をご覧いただければ幸いである。

出版にあたり種々ご配慮をいただいた法藏館ならびに編集をご担当くださった上山靖子氏に、厚く御礼申し上げる。

平成二十八年六月十日

梯　信暁

往生要集

巻上

往生要集《おうじようようしゆう》　巻上

大文第四の途中まで

天台宗首楞《しゆりよう》厳院《ごんいん》の僧源信《げんしん》著

極楽《ごくらく》に生まれることを目指せと説く教えとその実践とは(1)、我ら末世(2)の者どもが、悟りへの道を行くための目と足となるものである。僧侶も俗人も、貴族も庶民も、みなその教えに心を寄せている。しかし仏の教説(3)は多様で、実践の体系(4)も複雑である。頭が良くて勤勉な人なら、難なくこなせるのかもしれないが、私のような愚か者(5)には、とてもすべてを修得できそうもない。そこで、「念仏《ねんぶつ》(6)」の法門一つだけに限定して、その肝要を説く経論の文を少しだけ集めてみた。この書を見ながら念仏すれば、理解しやすく、また実践も容易であろう。

本書は十章からなる。三巻に分けた。第一は「厭離穢土《えんりえど》」の章、第二は、「欣求《ごんぐ》浄土《じようど》」の章、第三は「極楽証拠《ごくらくしようこ》」の章、第四は「正修念仏《しようしゆねんぶつ》」の章、第五は「助念方法《じよねんほうほう》」の章、第六は「別時念仏《べつじねんぶつ》」の章、第七は「念仏利益《ねんぶつりやく》」の章、第八は「念仏証拠《ねんぶつしようこ》」の章、第九は「往生諸業《おうじようしよごう》(7)」の章、第十は「問答料簡《もんどうりようけん》」の章である。この書を身近に置いて、常に忘れないようにしよう。

（1）極楽に生まれることを目指せと説く教えとその実践と　原文は「往生極楽の教行《きようぎよう》」。「極楽（sukhāvatī）」は、「楽あるところ」の意で、阿弥陀仏《あみだぶつ》が我らを救済するための場として建立した清浄《しようじよう》世界。「須摩題《しゆまだい》」等と音訳し、

「安楽《あんらく》・安養《あんにょう》」とも訳す。いのちを終えた後、そこに生まれてゆくことを「往生《おうじょう》」と言う。以下「往生」という語は訳さずにそのまま用いることが多い。「教行」は教理（教えの体系）と修行《しゅぎょう》（目標達成のための実践）。これを悟りへの道を行くための目と足とに譬えている。『法華玄義』巻三下（『大正蔵』三三、七一五頁中）の、「智目行足をもって清涼池に到る（智慧の目と実践の足とをもって清らかな悟りの境界に到達する）」等の記述を承けたものと思われる。

（2）**末世**　原文は「濁世末代《じょくせまつだい》」。濁りきった末の世。釈尊の滅後、仏法が次第に衰えてゆくと考える歴史観、いわゆる末法思想に基づく時代観。釈尊の滅後千五百年あるいは二千年を経過すると、仏法は形骸化し、悟りを得ることができる者はもちろん、正しい修行をすることのできる者さえもいない「末法」の時代に入ると考えられていた。日本では永承七年（一〇五二）を末法元年とする立場が一般的である。『往生要集』は永観二年（九八四）秋から翌寛和元年にかけて執筆されているので、やがて来る末法の時を見据えて、末世相応の仏教として往生極楽の法門を提示したと言えよう。

（3）**仏の教説**　原文は「顕密《けんみつ》の教法《きょうぼう》」。仏教の総体を指す言葉なので、単に「仏の教説」と訳した。「顕密の教法」は、顕教と密教すなわち、顕露《あらわ》な教えと秘密の教えの意。そもそも仏教は、聞く者の素質に応じて理解しやすく説かれるものである。ところが『大日経』や『金剛頂経』などの経典に説かれた教えは、秘奥幽妙の法門で、特別な者にしか理解できないと言われる。そのような仏教を「密教」と称して、通常の「顕教」と区別する。ここでは、往生極楽を説く種々の法門を総称して「顕密の教法」と言うのである。

（4）**実践の体系**　原文は「事理《じり》の業因《ごういん》」。仏道修行の総体を指す言葉なので、単に「実践の体系」と訳した。「事理の業因」は、事の業因と理の業因とを指す。事とは相対・差別の現象、理とは絶対・平等の真理。前項の「顕密の教法」に対し、ここでは往生極楽のためのあらゆる実践を「事理の業因」と総称するのである。たとえば本項（6）に略説するように、『往生要集』は「念仏」の実践に関して、有相業としての「事観」と無相業としての「理観」とを挙げている。

（5）私のような愚か者　原文は「予《よ》がごとき頑魯《がんろ》のもの」。極楽への往生を勧める多くの教えの中から「念仏」の法門一つだけを選び、しかもその肝要を説く経論の文を少しだけ集めて提示した理由は、「予がごとき頑魯のもの」のために著した書だからであると言う。この立場が『往生要集』の全体を貫いていると言える。

（6）念仏　仏を念ずること。仏道修行の行法の一つとして、仏の相好《そうごう》（上122頁（2）参照）や功徳《くどく》（上107頁（2）参照）あるいは真如《しんにょ》そのものを観念することや、口に仏の名号を称《とな》えることなどを言う。前者を「観想《かんそう》念仏」、後者を「称名《しょうみょう》念仏」と言う。『往生要集』は、阿弥陀仏の教理と実践の体系を構築することを目指した書である。その綱要は大文第四「正修念仏」の章に示されている。そこでは、世《せ》親《しん》造・菩提流支《ぼだいるし》訳『無量寿経優婆提舎《うばだいしゃ》願生偈《がんしょうげ》』（『浄土論』という略称が一般的であるが、『往生要集』では『往生論』と呼んでいるので、以下本書でも『往生論』という略称を用いる）所説の「五念門《ごねんもん》（礼拝門《らいはいもん》・讃嘆門《さんだんもん》・作願門《さがんもん》・観察門《かんざつもん》・回向門《えこうもん》）」の枠組みを用いて念仏の教理が組織されている（上205 206頁（1）（2）（3）参照）。その中核をなす「観察門」では、阿弥陀仏の相好を観察する事観念仏の方法を説くことに主眼が置かれるが、真如実相を観ずる理観念仏にも言及され、さらには、それらの観念に堪えられない者に対し、称名念仏を勧める記述が見える。また、大文第十「問答料簡」の第四「尋常念相」の項に、「1 定業《じょうごう》（坐禅入定して仏を観ずる）2散業《さんごう》（散乱心のままで念仏する）3有《う》相業《そうごう》（仏の相好を観じ名号を念ずる）4無《む》相業《そうごう》（非有非空の真如第一義諦を観ずる）」の四種念仏を挙げ、第四の無相業を最上とする記述がある。次の第五「臨終念相」の項には臨終十念を扱うが、そこでは、悪人の救済に主眼を置いて、臨終の称名念仏による滅罪について議論している。要するに源信は、無相離念の理観を最上の念仏とし、次いで色相観察の事観を位置づけ、称名念仏を、能力の最も劣った者を対象とする行と見ているのである。その上で、「正修念仏」

観察門の項に、有相の色相観を中心とする事観念仏の法を詳述するのは、「予がごとき頑魯のもの」を導くためであると考えられよう。

（7）往生諸業　序文には「往生諸業」とあるが、本文では「大文第九往生諸行《しょぎょう》」と標題されている。

大文第一「厭離穢土《えんりえど》」――「汚れた世界を厭い離れよ」と説く章――。

我らの住む、「三界《さんがい》」(1)は、一刻として心の安まることのない世界である。最も嫌い、一刻も早く立ち去るべき場所である。以下、七節に分けて説明してゆこう。第一に「地獄《じごく》」、第二に「餓鬼《がき》」、第三に「畜生《ちくしょう》」、第四に「阿修羅《あしゅら》」、第五に「人《にん》」、第六に「天《てん》」、そして第七に「総結《そうけつ》」である。

(1) 三界　「欲界《よくかい》・色界《しきかい》・無色界《むしきかい》」を言う。迷いのために生死輪廻を繰り返す世界である。「欲界」は婬欲・食欲の二欲を持つ者の住む所で、「地獄・餓鬼・畜生・阿修羅・人・天」の六道《ろくどう》から成る。欲界の天すなわち神々の世界は、「四天王天《してんのうてん》・忉利天《とうりてん》・夜摩天《やまてん》・兜率天《とそつてん》・化楽天《けらくてん》・他化自在天《たけじざいてん》」の六で、これを六欲天と呼ぶ。「色界」は二欲を離れた者の住む所で、浄妙な物質（色）より成る。禅定の深浅によって四階級を立てて四禅天と呼び、さらに十六〜十八天に分かれる。「無色界」は物質の束縛を離れた、清らかな精神世界で、四無色定を修めた者の住む所である。無色界の最高処である非想非非想処を「有頂天《うちょうてん》」と言う。欲界の六天、色界の十八天、無色界の四天をあわせて三界二十八天と言うことがある。『倶舎論』巻八、分別世品（『大正蔵』二九、四〇頁下〜）等参照。

第一節「地獄」(1)を、さらに八項に分ける。第一は等活《とうかつ》地獄、第二は黒縄《こくじょう》地獄、第三は衆合《しゅごう》地獄、第四は叫喚《きょうかん》地獄、第五は大叫喚地獄、第六は焦熱《しょうねつ》地獄、第七は大焦熱地獄、第八は無間《むけん》地獄である。

（1）地獄（naraka, niraya）　奈落《ならく》・奈落迦《ならか》・泥黎《ないり》などと音写する。自らの悪業の報いとして趣く、苦しみの極まった世界。その分類は経論によって様々であるが、『倶舎論』巻八（『大正蔵』二九、四一頁上～）には、「等活・黒縄・衆合・号叫・大叫・炎熱・大熱・無間」の八大地獄を挙げ、同巻十一（同、五八頁中～）には、八大地獄に付随する十六の小地獄や、八寒地獄などが挙げられている。『大智度論』巻十六（『大正蔵』二五、一七五頁下～）にも類似の記述が見える。源信はこれらをはじめ、『正法念処経』『瑜伽師地論』『観仏三昧海経』などを用いて地獄の苦相を示している。

第一に等活《とうかつ》地獄(1)について。この地獄は、我らの住む世界(2)の地下、一千由旬《ゆじゅん》(3)の所にある。広さは縦横(4)それぞれ一万由旬である。

この地獄の罪人どもは、互いに常に敵意をいだいている。たまたま出くわすと、鹿に遭遇した猟師のように殺気立ち、鉄の爪をむき出して傷つけあい、ついには血も肉もこそげ落として、骨だけになってしまう。別の所では、獄卒《ごくそつ》(5)が鉄の杖や棒を手にして、罪人の身体を頭から足までくまなく打ちのめす。すると罪人の身体は土塊《つちくれ》(6)のようにはらりと砕け散ってしまう。その傍らでは、料理人が肉や魚をさばくように、罪人の身体を鋭利な刀でばらばらに切り分けている。

ところがひとたび涼しい風が吹いてくると、罪人はすぐ元のように生き返る。にわかに(7)起き上がって、前と同じように苦しみを受けるのである。時に空から、「みなの者よ、一斉に生き返れ」、一斉に生き返れー」という声が聞こえてくる。あるいは獄卒が、鉄のさすまた(8)で地面を叩きながら、「活活《カツカツ》（生き返れ！）」と唱える。その苦しみは、これ以上口で言い表すことはできない　以上は、『大智度論《だいちどろん》』『瑜伽師地論《ゆがしじろん》』『諸経要集(9)』にしたがって述べた。

四天王天《してんのうてん》(10)では、人間世界の五十年が一昼夜に当たり、その寿命は五百年である。この等活地獄では、四天王天の一生涯が一昼夜に当たり、その寿命は五百年である。殺生の罪を犯した者がこの地獄に堕ちるのである　寿命については『倶舎論《くしゃろん》』(11)、罪科については『正法念処経《しょうぼうねんじょきょう》』(12)によった。以下の六つの地獄も同じ出典である。『優婆塞戒経《うばそくかいきょう》』(13)では、四天王天の一年が等活地獄の一昼夜に当たるとされている。以下これに準じて理解せよ。

さて、等活地獄を囲む城壁に設けられた東西南北の門の外には、別に十六の小地獄(14)が付随している。

その第一は屎泥処《しでいしょ》と呼ばれる。極熱の糞尿からなる世界で、その味は何よりも苦い。その中にはダイヤモンド(15)のように硬い嘴《くちばし》を持つ虫がうようよしている。罪人が極熱の糞尿を食うと、虫どもが一斉に罪人の身体に群がり、皮膚を破って肉を食らい、骨を砕いて髄をすするのである。生前、獣や鳥を殺した者がこの地獄に堕ちる。

第二の小地獄は、刀輪処《とうりんしょ》と言う。高さ十由旬の鉄の壁で囲まれた世界で、その内側では常に炎が燃えさかっている(16)。人間界の火などは、この地獄の炎に較べれば雪のように涼しい。この地獄の炎に少しでも触れると、身体は芥子粒のように砕け散る。溶けた鉄が豪雨のように降ってくるかと思えば、また別の所には鋭く尖った刀でできた林があり、そこでは両刃《もろは》の刀が落ち葉となって、雨のように降ってくる。種々の苦が入り交じって襲い、とても耐え難い。生前、過度の欲望のために生き物を殺した者がこの地獄に堕ちる。

第三は瓮熟処《おうじゆくしよ》と言い[17]、罪人を大きな瓶《かめ》の中に入れて豆のように煎るという地獄である。生前、生き物を殺し、煮て食った者がこの中に堕ちる。

第四は多苦処《たくしよ》。ここには無限の痛み苦しみ[18]があって言い尽くせない。生前、人を縄で縛り、杖で打ち、遠路を走らせ、断崖より突き落とし、煙で燻して苦しめ、子供を脅すなどして、種々に人を苦悩させた者がこの中に堕ちる。

第五は闇冥処《あんみようしよ》と言い、真っ暗闇の中で火に焼かれる地獄である。その火の勢いは、ダイヤモンドのように硬い岩山を削り砕いて砂粒にしてしまうほどで、その熱風に吹かれると、鋭い刀で切り裂かれるような痛みが走る。生前、羊の口をふさいで[19]窒息死させたり、亀を瓦で挟んで圧死させるなどの罪を犯した者がこの中に堕ちる。

第六は不喜処《ふきしよ》である。炎に包まれた世界で、昼夜を問わず火が焚かれている。嘴から火を噴く鳥や、野犬・狐[20]が恐ろしい声でうめき、罪人をがつがつと食らい[21]、あたりに骨肉を散乱させる。ダイヤモンドのように硬い嘴を持つ鳥が、骨の中に入って往来し髄をすする。生前、法螺貝を吹き、太鼓を打ち鳴らし、恐ろしい声をあげて鳥や獣を殺した者がこの中に堕ちる。

第七は極苦処《ごつくしよ》と言う。断崖絶壁の下にあって、鉄の炎で焼かれ続ける所である。生前、わがまま気まま[22]に生き物を殺した者がこの中に堕ちる　以上は『正法念処経』[23]による。このほかの九処は経には詳述されていない。

（1）**等活地獄**　等活は蘇生、更生の意。獄卒に責められて五体を八つ裂きにされて死んでも、たちまち生き返り、際限なく同じ責め苦が繰り返されると言う。

（2）**我らの住む世界**　原文は「閻浮提《えんぶだい》（Jambū-dvīpa）」。閻浮樹の繁茂する島の意。人間の住む世界を言う。仏教では、世界の中心には「須弥山《しゅみせん》（Sumeru）」という高山があり、その四方の海に東勝身洲《とうしょうしんしゅう》・南贍部洲《なんせんぶしゅう》・西牛貨洲《さいごけしゅう》・北倶盧洲《ほくくるしゅう》という四つの大陸があるとされる。そのうち南贍部洲を閻浮提と呼び、我らはそこに住んでいる。東・北の二洲に較べて楽しみは劣るが、諸仏が現れるのは南の洲だけであると言う。北に広く南に狭い台形をしているということから、インド大陸を想定したものと考えられる。

（3）**由旬（yojana）**　距離の単位。牛が車を引いて一日に行く行程を指す。約七キロメートルに当たる。一説に一四・四キロメートルとも言う。

（4）**縦横**　原文は「縦広《じゅうこう》」。間口・奥行きの意。縦と横の長さ、すなわち広さを言う。

（5）**獄卒**　漢語では牢屋の番人の意だが、ここでは地獄卒を言う。地獄に堕ちた罪人を責めさいなむ鬼のこと。罪人の業力が作り出したもので、実在の有情ではない。

（6）**土塊**　原文は「沙揣《しゃせん》」。砂のかたまり。「揣」は「シ」「スイ」と読むのが一般的であるが、青蓮院本に「セン・サム」と訓が付されている。

（7）**にわかに**　原文は「欻然《こつねん》」。突然。たちまち。

（8）**さすまた**　原文は「叉《ひし》」。Y字型の股を持つ漁猟具、または武器。やす。

（9）**『大智度論』『瑜伽師地論』『諸経要集』**　『大智度論』巻十六（『大正蔵』二五、一七五頁下）に、「活大地獄中の諸受罪人は、各各共に闘ひ、悪心にして瞋り争ひ……」とあるほか、『瑜伽師地論』巻四（『大正蔵』三〇、二九五頁下）、道世『諸経要集』巻十八（『大正蔵』五四、一六六頁中）にも類似の記述が見える。

（10）**四天王天**　欲界六天の第一。地上に最も近い天である。須弥山の中腹にあり、仏法を守護する四天王（東方の持国天《じこくてん》・南方の増長天《ぞうじょうてん》・西方の広目天《こうもくてん》・北方の多聞天《たもんてん》）とその眷属が住む。

（11）**『倶舎論』**　『倶舎論』巻十一（『大正蔵』二九、六一頁下）に、「四大王の寿量の五百を等活地獄には一昼一夜となし、この昼夜に乗じて月及年を成じ、かくのごとき年をもって、彼の寿は五百なり」とある。天上界の時間は、地上に較べて速く進む。逆に地獄の時間は地上よりもゆっくりと進む。『往生要集』によると、四天王天の一昼夜は人間世界の五十年に相当するという。つまり一年三百六十日とすると、四天王天では人間世界の約一万八千倍の速さで時が過ぎるわけである。四天王天の寿命は五百年であるが、それは人間世界の時間に換算すると九百万年に当たることになる。一方、それを一昼夜として五百年、つまり人間世界の時間に換算すると一兆六千二百億年が等活地獄の寿命ということになる。

（12）**『正法念処経』**　『正法念処経』巻五（『大正蔵』一七、二七頁中）に、「何の業にてかの活地獄の処に生るるや。かの比丘、もしは見聞して知り、或は天眼もって見るに、もし殺生することあり、楽しみ行ひ多くなして、この業あまねく、殺業究竟して和合し相応せば、活地獄根本の処に堕す」とある。

（13）**『優婆塞戒経』**　『優婆塞戒経』巻七（『大正蔵』二四、一〇七二頁上）に、「四天王上の一年はすなはちこれ活地獄中の一日一夜なり」とある。

（14）**小地獄**　原文は「眷属の別処」。『倶舎論』巻十一（『大正蔵』二九、五八頁中〜下）には、「十六の増とは、八捺落迦の四面の門の外に各各四所あり」と言って、「煻煨増・屍糞増・鋒刃増・烈河増」の四処を挙げ、「四面に各各四の増あり。ゆゑにみな十六と言ふ」と述べている。また、『正法念処経』巻五（『大正蔵』一七、二七頁上〜）以下には、「1屎泥　2刀輪　3瓮熟　4多苦　5闇冥　6不喜　7極苦　8衆病　9雨鉄　10悪杖　11黒色鼠狼　12異異回転　13苦逼　14鉢頭摩鬘　15陂池　16空中受苦」という十六別所の名が挙げられている。ただし各別所の内容を説明するのは7までで、8以下の九処は欠落している。『往生要集』はこの経によって1～7の別所について概説している。

(15) ダイヤモンド　原文は「金剛（vajra）」。金剛石（ダイヤモンド）のこと。

(16) 燃えさかっている　原文は「熾然《しねん》」。さかんに燃えるさま。

(17) 瓮熟処　「瓮」は「みか」「もたい」。水や酒を入れる大きなかめ。かめに入れられてぐつぐつ煮られる処。

(18) 痛み苦しみ　原文は「楚毒《そどく》」。「楚」は枝で突かれたような痛み、「毒」はひどい厄害。

(19) ふさいで　原文は「唵」で「ふさぐ」と読んでいるが、「唵《おん》」は、「含む・手で食をすすめる」の意である。天保十年刊本には、「掩《えん》（ふさぐ、おさえる）」の誤りではないかとの註記がある。

(20) 狐　原文は「野干《やかん》」。キツネ。

(21) がつがつと食らい　原文は「食噉《じきだん》」。「噉」は「くらう」の意。大口でがつがつと食うこと。

(22) わがまま気ままに　原文は「放逸《ほういつ》」。なまけること。心が散漫となり善行に専心できない様子。ただし日本では、正道からそれてわがまま放題、勝手気ままにふるまうという意に用いられることが多い。

(23)『正法念処経』出拠および、「このほかの九処は経には詳述されていない」という記述については、本項(14)の後半部分を参照。

第二に黒縄《こくじょう》地獄(1)について。この地獄は、等活地獄の下にあって、広さは等活地獄と同じである。獄卒は罪人を捕らえて焼けた鉄の地面に平伏させ、焼けた鉄の縄で身体の縦横に墨うち(2)をし、その線に沿って焼

けた鉄の斧で切断する。あるいは鋸で切り分け、または刀で殺すなどした後、微塵に切り刻んであちこちにばら撒く。別の所では、焼けた鉄の縄を網のように縦横無尽に張りめぐらし、そこへ罪人を追い込んでゆく。すると突風が吹いて、罪人は網に絡め取られ、肉を焼かれ骨まで焦がされて、この上ない苦しみにさいなまれるのである　以上は『瑜伽師地論』『大智度論』(3)による。

この地獄を挟んで左右に大きな鉄の山がそびえ、両山上には鉄の旗柱が立っている。両方の旗柱の先端が鉄の縄で結ばれ、縄の下には熱した釜(4)がぎっしりとならんでいる。獄卒は罪人に鉄の束を背負わせて縄を渡らせ、遥か下の鉄の釜に落として、身体を砕き、いつまでも煮続けるのである　『観仏三昧海経《かんぶつさんまいかいきょう》』(5)による。その苦しみは、等活地獄ならびに十六別所すべての苦しみをあわせて十倍したほどである。

獄卒は罪人を責めて、

「怨む相手はわが心　　これがいちばん手に負えぬ
おのれの心に縛られて　　閻魔《えんま》(6)の前に引き出され
ひとり地獄の火に焼かれ　　悪の報いで食われても
妻も子供も兄弟も　　誰もお前を救えない」

などと歌う。

あとの五つの地獄もこれに準じて、それぞれ前の地獄のすべての苦をあわせた十倍の苦しみを受けると考えよ　以上は『正法念処経』(7)による。

忉利天《とうりてん》(8)では、人間世界の百年が一昼夜に当たり、その寿命は千年である。この黒縄地獄では、忉利天の一生涯が一昼夜に当たり、その寿命は千年である。殺生と盗み(9)の罪を犯した者がこの地獄に堕ちるのである。

また、この地獄にも小地獄(10)が付随している。その一つは等喚受苦処《とうかんじゅくしょ》と言う。限りなく高い断崖絶壁の上に罪人を引き上げ、焼けた黒縄で縛りつける。縛りおわると、断崖から突き落とし、鋭い刀が林立し燃えさかる地面にたたきつける。すると口から火を噴く鉄の牙を持つ犬がやってきて、罪人をがつがつと食いちぎり、身体をばらばらに引き裂く。声を限りに叫んでみても、誰も助けには来てくれない。生前、邪悪な心で説法して人を陥れ、嘘ばかり言い、人の迷惑を顧みず、投身自殺(11)した者が、この地獄に堕ちるのである。

もう一つ、畏鷲処《いじゅしょ》という小地獄がある 異本の中には名前を挙げないものもある。(12) そこでは、獄卒が杖を振りかざして罪人をめった打ちにし、昼夜を問わず走り回らせる。その後ろを、焼けた鉄の刀と矢をつがえた弓とを持って追いかけ回し、斬りつけ、殴り、射抜くのである。生前、自分の欲望を満足させるために人を殺したり、人を縛って食べ物を奪った者がこの地獄に堕ちる 以上は『正法念処経』(13)の文を略して引用した。

（1）黒縄地獄　「黒縄」とは、「墨縄《すみなわ》」すなわち材木等に線を引く道具のこと。罪人はこれで体に線を引かれて切り刻まれる。

（2）墨うち　原文は「拼」。「すみうちて」と読んでいるが、「拼《ひょう》」は「つなぎあわせる」の意。『瑜伽師地論』巻四（『大正蔵』三〇、二九五頁下）には、「獄卒黒縄拼之」とあるが、道世『法苑珠林』巻七（『大正蔵』五三、三三三頁下）では、「以熱鉄縄絣之」と「絣《ひょう》」の字が使われている。「絣」は「墨縄を張り、はじいて直線を引く」の意で、こちらのほうが意味がよく通る。

(3)『瑜伽師地論』『大智度論』　本項(2)に挙げた『瑜伽師地論』巻四のほか、『大智度論』巻十六(『大正蔵』二五、一七六頁上)等にも類似の記述がある。

(4)熱した釜　原文は「熱鑊《ねつかく》」。「鑊」は「かなえ」。足のない大きな釜。

(5)『観仏三昧海経』　『観仏三昧海経』巻五(『大正蔵』一五、六七三頁下)。

(6)閻魔　原文は「閻羅《えんら》」。「閻魔(yama)」のこと。もとはヴェーダ聖典に登場する神で、そこでは死者の趣く天上の楽土の支配者とされ、六欲天の第三夜摩《やま》天にその名を残している。後には冥界の総師として死者の生前の罪を裁く神と考えられるようになる。地蔵信仰や道教の思想などと習合して、様々な性格が付与され、住処も一定しない。地獄の主神とされることが多いが、『往生要集』には、餓鬼道にその住処があると述べられている(上52頁参照)。

(7)『正法念処経』　偈文は、『正法念処経』巻六(『大正蔵』一七、二九頁下、三二頁下)、十倍の苦しみ云々の記述は、同巻八(同、四五頁中)等に見える。

(8)忉利天(Trāyastriṃśa)　六欲天の下から二番目。須弥山の頂上にあり、帝釈天(Indra)とその眷属が住む。四方の峰に各八天があり、それに中央の帝釈天を加えて三十三天からなる(上78頁参照)。

(9)盗み　原文は「偸盗《ちゆうとう》」。与えられていない他人の財物を取ること。等活から大叫喚までの五地獄の因としては、在家信者の守るべき五戒(不殺生・不偸盗・不邪婬・不飲酒・不妄語)を破ることが挙げられている。

(10)小地獄　原文は「異処」。別所のこと。

(11)投身自殺　原文は「岸に投げて自殺せる」。出典の『正法念処経』巻六(『大正蔵』一七、二九頁下)では、「投崖自殺」となっている。よって「投身自殺」と訳したが、これは自殺を罪と見る、差別的な思想を反映する記述であると言える。概して仏教書には、このような差別的表現がしばしば見られ、種々の差別の温床となったと考えられる。本書では、そのような表現を見逃すことなく指摘してゆきたいと思う。

(12) **異本の中には名前を挙げないものもある** 最明寺本には「名畏鷲処」の四文字がない。また、建保四年刊本では「畏鷲処」が「畏熟処」となっている。

(13) **『正法念処経』** 等喚苦受処のことは『正法念処経』巻六（『大正蔵』一七、二九頁下）に、畏鷲処のこともその直後（同、三〇頁下）に見える。

第三に衆合《しゅごう》地獄(1)について。この地獄は、黒縄地獄の下にあって、広さは黒縄地獄と同じである。そこには鉄でできた山がたくさんあり、それぞれ二つずつが対になって向きあっている。牛や馬の顔をした獄卒(2)たちが、手に武器を持ち、罪人を追い回して一対の山の間に追い込む。すると二つの山が動いてその間を狭め、罪人を挟んで圧迫する。罪人の身体はばらばらに砕け、血が流れて地面にあふれる。また別の所では、鉄の山が空から落ちてきて、罪人の身体は土塊のように打ち砕かれる。あるいは石の上に罪人を載せて大きな岩で押さえつけ、あるいは鉄の臼に入れて鉄の杵で擣《つ》く。すると、世にも恐ろしい鬼や、焼けた鉄でできた獅子・虎・狼などの獣、それに烏や鷲などの鳥が、いっせいに飛びかかってがつがつと食い散らすのである『瑜伽師地論』『大智度論』(3)による。さらには、口から火を噴く鉄の嘴《くちばし》の鷲がやってきて、罪人のはらわた(4)を引きずり出し、木の上にひっかけてがつがつと食らう。

その向こうには大河がある。そこでは、鉄でできた鉤型《かぎ》の責め具が焼けて炎をあげている。獄卒は罪人をつかんで河に放り投げ、鉤の責め具の上にたたきつける。その河には、溶けた赤銅が流れていて、罪人が漂っている。ある者は日の出の太陽のようにぽっかりと頭を浮かせ、ある者は石のように身を沈めている。両手を挙げて、天に向かって号泣する者、互いに身を寄せ合って泣き叫ぶ者もいる。いずれも未来永劫限りなく極苦を受けるが、頼る者も救う者もいないのである。

さらに獄卒は罪人を拉致し、刀のように鋭く尖った葉を持つ木の繁る林に連れ込む。一本の木の上に、容姿端麗で美しく着飾った女がいる。罪人はそれを見て、一目散に木に登る。すると木の葉は刀のように罪人の肉を切り、筋を裂く。身体中ずたずたになってようやく木の上にたどり着くと、女はいつのまにか地上にいて、欲情に満ちたなまめかしい目で、上目づかいに罪人を見て、「あなたに恋いこがれてここまで来たのに、どうして私に近づかないの、抱いてくれないの」と言う。

それを見て罪人はますます愛欲の炎を燃やし、樹上より下りてくる。すると今度は刀の葉が上向きになり、しかもその鋭さは剃刀のようで、罪人の身体は再びずたずたに切り刻まれる。やっとのことで地上に降りたと思ったら、女はまた木のてっぺんにいる。それを見て、罪人はまた木に登る。そんなことを際限なく繰り返すのだ。自分の心にたぶらかされて、地獄の世界を巡り続け、身体を焼き尽くされる。それは自分の起こす邪欲が原因となっているのである。経にはさらに詳しく説かれている。

獄卒は罪人を叱りつけ、

「他人の罪を着せられて　　　　　苦しみ受けるわけじゃない

すべては自分のまいた種　　　　　　　自業自得だ思い知れ」

と歌うのである『正法念処経』(5)による。

夜摩《やま》天(6)では、人間世界の二百年が一昼夜に当たり、その寿命は二千年である。この衆合地獄では、夜摩天の一生涯が一昼夜に当たり、その寿命は二千年である。殺生と盗みと邪婬(7)の罪を犯した者がこの地獄に堕ちるのである。

この地獄にも十六の小地獄が付随している。その一つに、悪見処《あくけんしょ》という地獄がある。他人の子を誘拐して性的虐待を加え、泣き叫ばせた者がここに堕ちて苦を受ける。罪人がふと見ると、自分の子も地獄にいて、獄卒が鉄の杖や鉄の錐で子の陰部を刺し、鉄の鉤で陰部に釘を打っている。わが子の苦しみを見て、愛おしさ悲しさに耐えられず悶絶する。しかしわが子を哀れむ苦しみなど、自分が火に焼かれる苦しみに較べれば、十六分の一にも満たない。罪人は心の苦をなめ尽くした後、今度は身の苦を受ける。逆さづりにされ、煮えたぎる銅の液を肛門から注ぎ込まれる。銅はまず下腹部(8)から大腸・小腸(9)を焼き、除々に身体全体を焼いてこぼれ落ちる。身にも心にも、いやと言うほどの苦を受け続けて、永遠に終わらないのである。

もう一つ、多苦悩処《たくのうしょ》という地獄がある。男色の者(10)がここに堕ちて苦を受ける。かつて関係を持った男が、火だるまになっているのを見つけ、走り寄って抱きあげると、その身体が粉々に砕け散る。死んだかと思うとまたすぐに生き返り、おそろしくなって逃げ去ろうとすると、断崖から転げ落ちる。すると口から火を噴く烏や狐が襲いかかって、罪人の身をがつがつと食らうのである。

ほかにも、忍苦処《にんくしょ》という地獄がある。他人の妻を奪った者がここに堕ちて苦を受ける。獄卒は罪人を木のてっぺんにひっかけて逆さづりにし、下から猛烈な火を焚いて身を焼く。焼き尽くされると、すぐにまた生き返る。叫ぼうとして口を開けると、火が口に入って、心臓・肺・胃・腸を焼く。経にはさらに詳しく説かれている　以上は『正法念処経』の文を略して引用した。

（1）**衆合地獄**　「衆合」は衆多の苦が倶に襲いかかるの意。また一説に、「堆圧（重ねて押しつぶす）」の意と言う。

（2）**牛や馬の顔をした**　原文は「牛頭《ごず》・馬頭《めず》」。牛頭人身・馬頭人身の獄卒。『大智度論』巻十六（『大正蔵』二五、一七六頁上）には、牛・馬のほか、猪・羊・鹿・狐・犬・虎・狼・獅子などの獣や、鷲・鶉《うずら》などの鳥の顔をした獄卒が登場する。

（3）**『瑜伽師地論』『大智度論』**　原文は「『瑜伽』・『大論』」。『瑜伽師地論』巻四（『大正蔵』三〇、二九五頁下～二九六頁上）、『大智度論』巻十六（『大正蔵』二五、一七六頁上）に同様の記述が見える。なお『大論』という略称は頻出するが、以下ことわりなく『大智度論』と表記する。

（4）**はらわた**　原文は「腸」。青蓮院本では「腹」となっているが、諸本によって「腸」と改めている。出典の『正法念処経』でも「腸」。

（5）**『正法念処経』**　『正法念処経』巻六・七（『大正蔵』一七、三二頁中～三三頁中、三六頁中）。

（6）**夜摩天（Yāma）**　六欲天の第三。日夜・時節・時分が分かれる時に不可思議の歓楽を受けるという。

（7）**邪婬**　よこしまな性行為。妻または夫以外の者と交わるなど、道にはずれた姦婬を言う。出家者に対してはいかなる性行為も禁止されるが、在家信者には邪悪な性行為のみが禁じられ、五戒（不殺生・不偸盗・不邪婬・不妄語・不飲酒）あるいは十善戒（不殺生・不偸盗・不邪婬・不妄語・不綺語・不悪口・不両舌・不貪欲・不瞋恚・不邪見）の一つに数えられる。
（8）下腹部　原文は「熟臓《じゆくぞう》」。生熟二臓の一。消化器官の上部を生臓《しょう》、下部を熟臓と言う。
（9）大腸・小腸　本項（4）と同様、青蓮院本では「大小腹」となっている。
（10）男色の者　原文は「男の、男において邪行を行ぜるもの」。ここには同性愛者への差別思想がうかがわれる。

第四に叫喚《きようかん》地獄(1)について。この地獄は、衆合地獄の下にあり、広さは衆合地獄と同じである。獄卒の頭は金色に光り、眼から火を出し、赤い衣を着ている。手足は長く大きく、風のように走り、口からは恐ろしい声を出して罪人を震え上がらせる。罪人は恐れ怯《おび》えて(2)、頭を地面にこすりつけ、「どうかお願いですから、哀れと思って、少しの間見逃してください」と、憐れみを求める。しかし獄卒は、逆にその言葉を聞いてますます怒りをつのらせる『大智度論』(3)による。

さらに罪人の頭を鉄の棒で殴り、焼けた鉄の地面を走らせ、熱した煎り鍋(4)で何度もひっくり返して炙り焼き、熱い釜にほうり込んでぐつぐつと煮つめる。時には猛火に包まれた鉄の小屋に追い込む。あるいは金鋏《かなばさみ》(5)で口をこじ開け、煮えたぎる銅を流し込む。銅の液は臓器(6)を焼きただれさせ、あっという間に肛門から流れ出す『瑜伽師地論』『大智度論』(7)による。

罪人は、地獄の鬼(8)を恨み謗《そし》って、

「なぜ哀れみの心なく　　しばしも休まず責められる

我こそ哀れみ要する身[9]　　それなのになぜ容赦せぬ」

と歌う。すると鬼は罪人に向かって、

「愛欲の網にからまって　　悪事の限りを行った
自分の罪の報いだろう　　なぜいま俺を恨むのだ」

と答え、さらに、

「積もりつもった悪業は　　欲と無知[10]とのなせるわざ
その時になぜ改めず　　いまごろ悔いても手遅れだ」

と言う『正法念処経』[11]による。

兜率天《とそつてん》[12]では、人間世界の四百年が一昼夜に当たり、その寿命は四千年である。この叫喚地獄では、兜率天の一生涯が一昼夜に当たり、その寿命は四千年である。殺生・盗み・邪婬・飲酒の罪を犯した者がこの地獄に堕ちるのである。

この地獄にも、十六の小地獄が付随している。その中に、火末虫《かまつちゅう》という処がある。生前、酒に水を混ぜて売った者がここ堕ち、ありとあらゆる病気にかかる人体を構成する地・水・火・風の四元素にそれぞれ百一の病があり、したがって人の病は四百四種であるという。四百四病[13]の一つひとつが、一昼夜のうちに世界中のあらゆる人を死に至らせるほどの重病である。体から虫が這い出して、病人の皮膚や肉、骨・髄を破って貪《むさぼ》り食らうのである。

もう一つ、雲火霧《うんかむ》という地獄には、人に酒を飲ませ酔わせてあざ笑い[14]、愚弄《ぐろう》して辱めた者が堕ちる。そこでは、燃えさかる炎が百メートル(15)もの高さに達する。獄卒が罪人を捕らえて、その火の中に追い込むと、罪人は足の先から頭の先まで、どろどろに溶けて消え失せる。しかし次の瞬間には、火の中から引き出され、もと通りに生き返る。これを永遠に繰り返すのである。詳しくは経を見よ。

獄卒は罪人を叱りつけて、
「ほとけの前でも憚《はばか》らず　人生すべてをぶち壊し
悟りの種さえ焼き尽くす　それが酒のおそろしさ」
と歌うのである『正法念処経』(16)による。

（1）叫喚地獄　苦しみに迫られて悲しみの叫び声を発するのでこのように名づけられる。
（2）恐れ怯えて　原文は「惶怖《こうふ》」。「惶」「怖」共に「おそれる」の意。おそれおののくこと。
（3）『大智度論』　『大智度論』巻十六（『大正蔵』二五、一七六頁上）には、第四叫喚・第五大叫喚を一具の形で紹介する。『往生要集』はそれを第四叫喚地獄の項に略抄している。
（4）熱した煎り鍋　原文は「熱熬《ねつごう》」。「熬」は「煎る」の意。
（5）金鋏　原文は「鉗《かなはし》」。
（6）臓器　原文は「五臓」。五つの内臓。肝臓・心臓・脾臓・肺臓・腎臓を指す。
（7）『瑜伽師地論』『大智度論』　『瑜伽師地論』巻四（『大正蔵』三〇、二九六頁上）、『大智度論』巻十六（『大正蔵』二五、一七六頁上）。『瑜伽師地論』では「号叫大奈落迦」と呼んでいる。
（8）地獄の鬼　原文は「閻羅人《えんら》」。閻魔王の配下の者。前段の「獄卒」と同意。

（9）**哀れみ要する身**　原文は「悲心の器」。仏の慈悲を必要とする者。「慈悲」とは他者を思いやる心のこと。「慈（maitrī）」は他者に利益や安楽を与えるいつくしみ、「悲（karuṇā）」は他者の苦を共感しそれを抜済しようとする思いやりを意味する。仏の慈悲心を大慈悲心という。大乗仏教では、智慧と慈悲とを共に完成すること、すなわち自利利他円満を求道の指針とする。

（10）**欲と無知と**　原文は「欲痴」。「貪欲《とんよく》（むさぼり）」と「愚痴《ぐち》（愚かさ）」。これに「瞋恚《しんに》（いかり）」を加えて「三毒（悪業の根源となる三つの煩悩）」と言う。

（11）**『正法念処経』**　『正法念処経』巻七・八（『大正蔵』一七、四一頁上・四五頁上）。

（12）**兜率天（Tuṣita）**　欲界の第四天。「都率・覩史多」などとも音写し、「知足・妙足」などと意訳される。将来仏となる菩薩が最後の生涯を過ごす場所とされ、釈尊もここから娑婆に降って摩耶夫人の胎内に宿ったと言われる。現在は弥勒菩薩（上159頁(19)参照）がここに居て、その生涯を終えた後に娑婆に下生し成仏することになっている。

（13）**四百四病**　人の病気の総称。原文細註に、「風黄冷雑《ふうおうりょうぞう》に、おのおの百一の病あり。合して四百四あり」とある。「風・黄・冷・雑」とは、それぞれ「風病・火病・水病・地病」を指す。人体は「地大・水大・火大・風大」の四大からなり、四大が調和を失うと病気になる。四大それぞれに百一の病を生じ、合わせて四百四病が起こると言う。ここには、病を罪の報いと見る差別思想がうかがわれる。

（14）**あざ笑い**　原文は「調戯《じょうげ》」。「調」は「からかう」。たわむれにあざけりからかうこと。

（15）**百メートル**　原文は「二百肘《ちゅう》」。「肘」は長さの単位。人の肘の長さの意で、約五〇センチメートルに当たる。

（16）**『正法念処経』**　『正法念処経』巻七・八（『大正蔵』一七、四〇頁中～四一頁中、四四頁中～四五頁上）。

第五に大叫《だいきようかん》喚地獄について。大叫喚地獄は、叫喚地獄の下にあり、広さや苦しみの内容は叫喚地獄と同じである。ただし苦しみの量は、等活地獄から叫喚地獄までの四つの地獄と、それに付随する十六別所のすべての苦をあわせて十倍したほどの重さである。

化楽天《けらくてん》(1)では、人間世界の八百年が一昼夜に当たり、その寿命は八千年である。この大叫喚地獄では、化楽天の一生涯が一昼夜に当たり、その寿命は八千年である。殺生・盗み・邪婬・飲酒・嘘《うそ》(2)つきの罪を犯した者がこの地獄に堕ちるのである。

獄卒が罪人を責め立てて、

「うその炎は激しくて　　大海さえも焼き尽くす
　だから嘘つき焼いたなら　　草木や薪ほどよく燃える」

と歌う。

ここにも十六の小地獄が付随している。そのなかに受鋒苦《じゆふく》(3)という処がある。そこでは焼けた鉄の鋭利な針で、唇と舌とを貫き通され、泣き声を挙げることさえできない。

ほかに、受無辺苦《じゆむへんく》という地獄がある。獄卒が、焼けた鉄の金鋏で罪人の舌を引き抜く。抜くとすぐに舌が生えてきて、再び引き抜かれる。目玉をくり抜かれ続けることも同様である。さらに刀で身を削られる。その刀は剃刀のように薄くて鋭い。このように多種多様の苦を受けるのは、みな嘘つきの報いなのである。経にはさらに詳しい教説がある『正法念処経』(4)の文を略して引用した。

（1）**化楽天（Nirmāṇarati）**　六欲天の第五。自ら妙楽の境地をつくり出して楽しむ神々の世界。
（2）**嘘つき**　原文は「妄語《もうご》」。人を騙して傷つけること。五戒・十善戒などで誡められている。具足戒では特に、悟りを得ていない者が悟ったと偽って他人から供養を受けようとすることを「大妄語」と言い、「波羅夷《はらい》法」の一つに挙げられている。「波羅夷（pārājika）」は、律蔵に定められた最も重い罪で、「婬・盗・断人命・大妄語」を指す。四重とも言い、これを犯すと教団追放となる。
（3）**受鋒苦**　「鋒（ほこさき）」は尖った刀の先端の意。鋭い針や刀で苦しみを受ける地獄。
（4）**『正法念処経』**　『正法念処経』巻八～九（『大正蔵』一七、四五頁中～五三頁上）。

第六に焦熱《しょうねつ》地獄(1)について。この地獄は、大叫喚地獄の下にあって、広さは大叫喚地獄と同じである。ここでは、獄卒が罪人を捕らえて焼けた鉄の地面に寝かせ、仰向けにしたりうつ伏せにしたりしながら、頭のてっぺんから足の先まで巨大な灼熱の鉄棒で叩き捏《こ》ねて肉団子(2)のようにする。あるいは、十分に焼いた鉄の煎り鍋に入れて強烈な炎で炙り、左右に転がして煎餅のように表裏をこんがりと焼く。または大きな鉄の串を尻から頭まで貫き通して、何度もひっくり返しながら炙り、罪人の目・耳・鼻や毛穴(3)、口の中まで、炎でいっぱいにする。さらには熱した釜にほうり込んだり、鉄のやぐらに閉じ込めるなどして、焼けた鉄の炎で骨の髄までしっかりと焼く　以上は『瑜伽師地論』『大智度論』(4)による。

この地獄の火を人間の世界に持って来たならば、わずか豆粒ばかりだったとしても、世界は一瞬にして焼き尽くされるだろう。まして罪人の身体は若草[5]のように弱々しい。じっくりと焼かれてはたまったものではない。この地獄の罪人が見れば、前の五地獄の火など、雪か霜のようなものだ『正法念処経』[6]による。他化天《たけてん》[7]では、人間世界の千六百年が一昼夜に当たり、その寿命は一万六千年である。この焦熱地獄では、他化天の一生涯が一昼夜に当たり、その寿命は一万六千年である。殺生・盗み・邪婬・飲酒・嘘つき・邪見[8]の罪を犯した者がこの地獄に堕ちるのである。

　この地獄でも、四門の外に十六の小地獄が付随している。その中に分荼離迦《ふんだりか》[9]という名の地獄がある。ある罪人の身体が完全に炎に包まれている。それを見て他所の地獄の罪人が、「おーい、はやくこっちへ来い。はやくはやく。ここには蓮華の池があるぞー。水は飲めるし、涼しい木陰もあるぞー」などと言う。その言葉に誘われて走って行くと、途中に落とし穴があり、中では炎が燃えさかっている。罪人はその穴に落ち、身体をすっかり焼き尽くされる。焼け尽きたかと思えばすぐ元どおりに生き返り、生き返ってはまた焼き尽くされる。それでもなお喉の渇きは治まらず、穴から這い出して池を目指し、やっとのことで池にたどり着くと、白蓮華《びゃくれんげ》が燃え上がって炎が空を焦がす。その火に炙り焼かれて死に、また生き返る。生前、自ら食を絶ち餓死して天上界に生まれることを望んだ外道や、またそのような邪道を説いて人を陥れた者がこの地獄に堕ちるのである。

　ほかに闇火風《あんかふう》という名の地獄がある。そこでは、罪人がひどい風にあおられて空高く舞い上がり、つかまる所もなく、車輪のようにぐるぐると、身体が見えないほどに回転している。その回転が終わると、今度は別の烈風[10]が吹きつけて、身体は砂のようにばらばらに砕かれ、そこらじゅうに飛び散る。飛び散ってはまた生き返り、生き返ってはまた飛び散る。これを永遠に繰り返す。生前、「あらゆる存在の中には、永遠不変の実体を持つものと、常に移り変わるものとがある。身体の様相は変化するが、〈地・水・火・風〉の四元素(11)は不変の実体である」などと、外道の誤った見解を説いた者がこの地獄に堕ちる。経にはさらに詳しく説かれている『正法念処経』(12)による。

(1) **焦熱地獄**　火が常に身につきまとい、炎に焼かれて耐え難い苦を味わう地獄。

(2) **肉団子**　原文は「肉摶《にくだん》」。「摶」は「まるめる」の意。

(3) **目・耳・鼻**　原文は「諸根」。「あらゆる感覚器官」の意。「根（indriya）」は、機能の意で、感覚を起こす機能あるいは器官を指す。たとえば、「眼根・耳根・鼻根・舌根・身根」を「五根」と言い、これに「意根」を加えて「六根」と言う。

(4) **『瑜伽師地論』『大智度論』**　『瑜伽師地論』巻四（『大正蔵』三〇、二九六頁上）、『大智度論』巻十六（『大正蔵』二五、一七六頁中）。『瑜伽師地論』では「焼熱大那落迦」と呼んでいる。また『大智度論』では「第六第七熱大熱地獄」を一具にして紹介し、『往生要集』はそれを第六焦熱地獄の項に略抄する。

(5) **若草**　原文は「生蘇《しょうそ》」。「蘇」は葉と葉の間にすきまがある植物。

(6) **『正法念処経』**　『正法念処経』巻十（『大正蔵』一七、五五頁下）。

(7) **他化天（Para-nirmita-vaśa-vartinodeva）**　他化自在天《たけじざいてん》の略。欲界の第六天で、欲界の最高処である。この天の神々は、自分で楽具を用意することなく、他天の化作した欲境（欲望の対象）を自在に用いて楽を受ける。天《てん》魔《ま》波旬《はじゅん》とか魔王などと呼ばれ、常に多くの眷属を率いて人間界において仏道を妨害すると言われる。「四魔（煩悩魔・陰魔・死魔・天魔）」の「天魔」は、この天をさす。

（8）**邪見**　仏教に背く誤った考え方。特に因果の道理を否定する見解を指す。善悪の果報を認めないということは、縁起の理を説く仏教と根本的に対立する立場である。したがって、「五見（外道の見解＝身見・辺見・邪見・見取見・戒禁取見）」の中でも最悪のものとされる。

（9）**分荼離迦（puṇḍarīka）**　白蓮華。本来は悟りの象徴であるが、ここでは、白蓮華の咲く池が炎の池に変化し身を焼くという地獄を言う。

（10）**烈風**　原文は「刀風」。身体を切り裂くようなすさまじい風。臨終の苦痛を指す。

（11）**〈地・水・火・風〉の四元素**　原文は「四大《しだい》」。物質を形成する「地・水・火・風」の四元素のこと。それぞれ「堅・湿・煖《なん》・動」という本性を持ち、「支持・収摂・調熟・生長」というはたらきがある。人の身体もこの四大から成る。ここに提示された、「身体の様相は変化するが、〈地・水・火・風〉の四元素は不変の実体である」という見解は、「諸行無常・諸法無我（あらゆる現象は常にうつりかわり、あらゆる存在は永遠不変の本質を持たない）」を説く仏教と対立する立場である。

（12）**『正法念処経』**　『正法念処経』巻十、十一（『大正蔵』一七、五五頁下～五六頁中、六一頁中～下）。

第七に大焦熱《だいしょうねつ》地獄について。大焦熱地獄は、焦熱地獄の下にあり、広さや苦しみの内容は焦熱地獄と同じである『瑜伽師地論』『大智度論』[1]による。ただし苦しみの量は、等活地獄から焦熱地獄までの六つの地獄と、それに付随する十六別所のすべての苦をあわせて十倍したほどの重さである。すべてを説くことはできない。

その寿命は半中劫[2]である。殺生・盗み・邪婬・飲酒・嘘つき・邪見の者と、戒律を守って生活をしている尼僧を陵辱した者とがこの地獄に堕ちる。

そのような悪人は、地獄に到着するまでの間に[3]、あらかじめ大地獄の有様を見せつけられる。地獄の鬼は、面相醜悪で、手足は熱く、身体をねじり臂をいからせて威嚇する。罪人はこれを見て大いに恐れおののき[4]、また雷がとどろくような鬼の声を聞いて、さらに恐怖心をつのらせる。鬼は手に鋭い刀を持ち、突き出た腹[5]はまるで真っ黒な雲のよう、目から炎をあげ、鉤形の牙が鋒先のように尖っている。臂も手もみな長く、身体を揺り動かして威嚇すると、身体中の筋肉がもりあがる。このような種々の恐ろしい様相を見せつけることによって、罪人の喉元をしめつけ、動きを封じてそのまま連れ去ってゆくのである。幾千万もの山海国土を越えて、見知らぬ海の果てまで連行され、さらに遥かな行程を経て、次第に地の底深く潜ってゆく。あらゆる風の中でも、罪人を地獄に引きずり込む風[6]が最も激しい。その烈風が罪人を連れ去り、地獄へと送り届けるのである。

いよいよ地獄に到着すると、閻魔王が様々に罪人を叱りつける。それが終わると、悪業の縄で縛り、地獄へと引っ立ててゆく。

遥か彼方《かなた》に、果てしなくひろがる大焦熱地獄の火の海を見、罪人の泣き叫ぶ声を聞いて、悲しみと恐ろしさに心がしめつけられる。何億兆年という無限の時間をかけて泣き声を聞かされ、恐怖はさらに増幅し、震え上がる。それを見て鬼は、

「地獄の声を聞くだけで　そんなに震えているけれど

いよいよ地獄で焼かれたら　枯れ草のようによく燃える
地獄の炎が焼くんじゃない　おのれの罪が起こす火だ
ほかの炎は消せるけど　おのれの罪の火は消せぬ」

と叱りつける。思う存分叱っておいて、地獄へと連行する。高さ五百由旬、幅二百由旬ほどもある山のような火の塊(7)が迫ってくる。燃えさかる炎は、罪人の悪業の力を表している。ふいに鬼は罪人をつかんで火の中に投げ入れる。高い山のてっぺんから、断崖の谷底に突き落とすように　以上は『正法念処経』(8)の大意をまとめたものである。

この大焦熱地獄の四門の外にも、十六の小地獄が付随している。その中の一つは、空の彼方まで、針の穴ほどの隙間もなく炎に満たされている。ここの罪人は、炎の中から救いを求めて声を限りに叫び続けるが、何億年もの間、容赦なく身を焼かれ続ける。清らかな生活をする在家の女性信者(9)を犯した者がここに堕ちる。

ほかに普《ふ》受《じゆ》一切《いっさい》苦《く》悩《のう》という名の小地獄がある。そこでは、焼けた刀で身体中の皮膚を剝がされる。肉を傷つけずに皮だけをすっかり剝ぎ取ると、その皮を身とならべて焼けた地面に置き、火をつけて焼き、さらにどろどろに溶けた鉄の液を注ぐ。そのような苦しみを何億年もの間受け続ける。出家僧(10)でありながら、戒律を守って清らかな生活をする女性に対して、酒を飲ませて誘惑し、判断力を奪っておいて、一緒に暮らしたり金品を与えるなどした者が、この地獄に堕ちるのである。そのほかの地獄は、経に詳しく説かれている『正法念処経』(11)の文を略して引用した。

（1）『瑜伽師地論』『大智度論』　『瑜伽師地論』巻四（『大正蔵』三〇、二九六頁上～下）、『大智度論』巻十六（『大正蔵』二五、一七六頁中）。『瑜伽師地論』では「極焼熱大那落迦」と呼んでいる。

（2）半中劫　一中劫の半分。「劫（kalpa）」は時間の単位。一説に、一由旬四方の城に芥子の実を満たし、百年に一粒ずつ取り出して、芥子の実が無くなっても劫は終わらないとか、一由旬四方の磐石を布で百年に一度払って、磐石が磨滅し尽くしても劫は終わらない等と言う（『雑阿含経』巻三十四、『大正蔵』二、二四二頁中～下）。また、城の大きさが四十里四方の場合を一小劫、八十里を一中劫、百二十里を一大劫とする等と言う。

（3）地獄に到着するまでの間　原文は「中有《ちゅうう》」。前世での死の瞬間から次の生存を得るまでの間。中陰とも言う。「有（bhava）」とは「生存」の意。輪廻の生存を「四有」に分け、死んでから次の生をうけるまでの間を「中有」、生をうける瞬間を「生有」、生まれてから死ぬまでの間を「本有」、死の瞬間を「死有」と言う。「中有」の期間は四十九日間とする説が一般的であるが、中には「中有」を認めない学派もある。

（4）恐れおののき　原文は「惶怖《もうふ》」。「惶」は慌てふためくさま。

（5）突き出た腹　原文は「腹肚《ふくと》」。「腹」はふっくらとふくれたはら、「肚」はいっぱいに食物を蓄えたはら。

（6）罪人を地獄に引きずり込む風　原文は「業風《ごうふう》」。業の力を風に譬えたもの。「業（karman）」は「行為」の意で、苦楽の結果をもたらす力としての善悪の行為を指す。風が様々な方向に人を漂わせるように、善悪の行為も人を様々な方向へと向かわせる。中でも悪業が人を地獄へと追いやる力が最も強いということで、地獄に向かって吹く猛風を「業風」と言う。

（7）火の塊　原文は「火聚《かじゅ》」。「聚」は「あつまる」の意。

（8）『正法念処経』　『正法念処経』巻十一（『大正蔵』一七、六二頁上～六四頁上）。

（9）在家の女性信者　原文は「優婆夷《うばい》（upāsikā）」。「優婆塞《うばそく》（upāsaka 在家の男性信者）」とあわせて男女の在家信者を言う。仏教教団（僧伽 saṃgha）は、「四衆（比丘《びく》・比丘尼《びくに》・優婆塞・優婆夷）」からなる。「比丘（bhikṣu）」は男性の出家修行者、「比丘尼（bhikṣuṇī）」は女性の出家修行者である。在家信者は、比丘・比丘尼の教えを受けて、仏法僧の三宝に帰依し、定められた戒律を守って生活する。家庭生活・生産生活を続けながら、教団を経済的に支える役割を果たす。

（10）**出家僧**　原文は「比丘」。食を乞う者の意。

（11）**『正法念処経』**　『正法念処経』巻十二（『大正蔵』一七、六六頁下～六七頁上、六九頁下～七〇頁上）。

第八に阿鼻地獄(1)について。阿鼻地獄は、大焦熱地獄の下にある。欲界(2)の最下層である。ここに向かう罪人も、地獄に到着するまでの間に地獄の様相を垣間見る。そして泣き叫びながら、

「すべてが炎につつまれて　空いっぱいにすきまなく
四方八方天も地も　みなあかあかと燃えている
地面はわずかの余地もなく　悪人ばかりが満ちている
身を寄せる場所も見つからず　頼れる者は誰もない
暗闇の中をただ一人　炎に向かって堕ちて行く
虚空《そら》をながめてみたけれど　日も月も星も出ていない」

と歌うのである。すると鬼が怒りをあらわにして、

「いつまでも永遠に(3)　猛火がお前を焼くだろう
悪にまみれた罪人よ　今ごろ悔いてもしかたない
神が与える罰じゃない　龍神・悪鬼のせいでもない(4)
おのれの罪が縛るのだ　だから誰にも救えない
大海の水を手ですくい　一杯ずつ(5)でも汲み上げよ
今の苦痛は一杯分　大海の苦がまだあるぞ」

と叱りつけ、地獄へと引っ立ててゆく。地獄まであと二万五千由旬の地点に達すると、遥か彼方の地獄から、罪人どもの泣き叫ぶ声が聞こえてきて、十倍の恐怖におそわれ、もだえ苦しんで気を失う。頭を下に、足を上にして、逆さづりの状態で二千年の時間をかけ、下へ下へと堕ちてゆく　以上は『正法念処経』(6)の文を略して引用した。

阿鼻地獄は、八万由旬四方の広さで、鉄の城壁が七重にとり巻いている。それぞれに七層の鉄条網が張りめぐらされ、その下に十八層の隔壁を持つ城壁が造られ、城壁のまわりは刀の林がとり囲んでいる。

その四隅に、銅でできた犬がいる。体長は四十由旬もあって、眼光は稲妻のように鋭く、牙は剣のように尖っている。歯は刀の山、舌は鉄の刺のよう、体中の毛穴から激しい炎が噴き出し、その煙がひどい悪臭を放っている。十八人の獄卒がいて、頭は羅刹《らせつ》(7)、口は夜叉《やしゃ》(8)のように恐ろしく、六十四個の目があって、そこから鉄球を発射する。鉤のように曲がった牙が上を向いて突き出し、その長さは四由旬にも達する。牙の先から噴き出す炎が阿鼻地獄の城内を舐め尽くしている。獄卒の頭には八つの牛頭《ごず》が付いている。牛頭の一つひとつに十八本の角があり、そのすべてが火を噴いている。また七重の城壁の内側に七本の鉄柱[9]が立ち、その柱から噴水のように炎が上がっている。その炎が城内に満ちているのである。

城壁の四方に設けられた門の敷居[10]の上には、八十の釜が並んでいる。そこから煮えたぎった銅がぐつぐつとあふれ出して、城内のすみずみにまで流れてゆく。城壁を構成する何層もの隔壁の隙間には、鉄でできた無数の大蛇[11]がいて、毒を吐き火を噴きながら城内をくまなく練り歩く。その大蛇の吼える声は、雷の何千倍もけたたましく、口からは巨大な鉄球を雨のように撒き散らして、城内を埋め尽くす。また五百億の虫がいて、無数の嘴《くちばし》から火を噴きながら、天から雨のように降ってくる。この虫が降ると、炎はいよいよ燃えさかり、地獄のすみずみまであかあかと照らし出される。ありとあらゆる苦が、すべてここに集結するのである　以上は『観仏三昧海経』[12]の文を略して引用した。

『瑜伽師地論』巻四[13]に、「東の彼方[14]、三熱《さんねつ》の鉄の大地より[15]、猛火が押し寄せて罪人を刺す。炎の槍は罪人の皮膚を破り、肉をえぐり、筋を斬り、骨を砕き、髄を貫く。身体全体が蠟燭[16]のように炎に包まれるのである。東方からと同じように、南方・西方・北方からも猛火が襲ってくる。これによって罪人は猛火と一体になり、そのすがたを判別することができなくなる。ただ四方から炎の塊がやって来るように見えるだけである。すべての炎が一つになって隙間なく、苦痛も絶えることがない。苦痛のために泣き叫ぶ声を聞いて、炎の中に罪人[17]が居るとわかるのみである。獄卒は、鉄の箕《み》[18]で三熱の大地から鉄の燃え滓《かす》をすくい取り、前後左右に揺すってゴミを取り除き、罪人を見つけ出すと、今度は焼けた鉄の地面に立たせ、焼けた鉄の山に登らせる。登らせては下らせ、それを何度も繰り返す。口をこじあけて舌を引き出し、それに百本の鉄釘を打ち込んで板にはりつけ、牛の皮を張るように、皺がなくなるまでのばしてゆく。さらに焼けた地面に仰向けにし、焼けた金鋏で口をこじあけ、三熱の鉄球を口から入れて口と喉とを焼き、内臓を通して肛門より出す。またどろどろに溶けた銅を口から注ぎ、喉と口とを焼き、内臓を通して肛門より出す」と言う『瑜伽師地論』では「三熱」とは「焼燃・極焼燃・遍極焼燃」のことであると言う。

等活地獄から大焦熱地獄までの七地獄と、それぞれに付随する小地獄のすべての苦しみをあわせても、阿鼻地獄の苦しみはその千倍以上である。だから阿鼻地獄の人が大焦熱地獄の罪人を見ると、まるで他化自在天のような享楽の世界に見える。同じ欲界に属しながら、人間や神々の世界の者は、この地獄の気に触れると、たちまちのうちにみな消え失せてしまうだろう。なぜ地獄の臭気が我らの世界にまで届かないのか。それはこの地獄の罪人がすさまじい臭気を放っているからである。それは、出山《しゅっせん》・没山《もっせん》という二つの巨大な山があって、その臭気を遮断しているからである。この地獄のすべての苦を聞いて堪えられる人はいない。聞けばすぐに死んでしまうだろう。だから阿鼻地獄のことは千分の一も説かれていない。それは説き尽くすことも、聞くことも、譬喩《ひゆ》することさえもできないからである。もしも説き、また聞く人がいたならば、そんな人は血を吐いて死んでしまうだろう 以上は『正法念処経』(20)の大意をまとめた。(19)

阿鼻地獄の寿命は一中劫である『倶舎論』(21)による。五逆罪を造り、因果の道理を否定し、大乗仏教を誹謗し、四重の戒めを破り、不当に施物を受けた者がここに堕ちる『観仏三昧海経』(22)による。

この阿鼻地獄の四門の外にも、十六の小地獄が付随している。その中に鉄野《てつや》干食処《かんじきしょ》という名の地獄がある。そこでは、罪人の身体から十由旬の高さの炎が上がっている。あらゆる地獄の中で最も苦しい処である。鉄の瓦が雨期の豪雨のように降りそそぎ、それに当たると、身体がからからに渇いた乾し肉(23)のように木っ端微塵になる。牙から火を噴く狐がやってきては罪人の身をがつがつと食らう。片時も苦しみが途絶えることがない。生前、仏像を焼き、僧侶の住居を焼き、僧の寝具を焼いた者がここに堕ちる。

また、黒肚《こくと》処《しょ》という名の地獄がある。そこでは焼け付くような飢えと乾きにおそわれ、自分の肉を食う。食い終わるとまた生き返り、再び自分を食う。時に腹の黒い蛇がいて、罪人にからみつき、足の先から次第に上へ上へと食いすすむ。猛火に放り込まれて焼かれたり、鉄の釜で煎りつけられるなど、無限の時間をかけて苦を受け続ける。生前、仏前の供え物を盗んで食った者がここに堕ちる。

次に雨《う》山聚《せんじゅ》処《しょ》。一由旬ほどの高さの鉄の山が落下してきて、罪人の身体は土塊《つちくれ》のように砕け散る。砕けてはまた生き返り、生き返ってはまた砕ける。十一の炎が身体を取り巻いて焼き、あるいは獄卒が刀で身体中を切り裂き、その裂け目に焼け溶けた白蠟の汁を注ぐ。あらゆる病に冒され、いつまでも絶えることなく苦を受け続ける。生前、辟支仏《びゃくしぶつ》(24)の食べ物を奪い、誰にも与えずに食った者がここに堕ちる。

そして閻婆《えんば》度《ど》処《しょ》。ここには閻婆という名の、象のように大きな恐ろしい鳥がいる。嘴は鋭く、火を噴いている。罪人を捕らえて空高く舞い上がり、あちこち飛びまわった後、放して石の地面にたたきつけ、身体をばらばらに砕く。砕け散るとまた元どおりに生き返り、再び捕らえられ空中に舞い上がる。この地獄には、鋭い刃物をびっしりと敷きつめた道があって、罪人の足を切りきざむ。また歯から火を噴く犬がやってきて罪人に嚙みつくなど、永遠に苦を受け続ける。生前、飲料水の源となる河を決壊させ(25)、人々を渇死させた者がここに堕ちる。そのほかは経に詳しく説かれている 以上は『正法念処経(26)』による。

『瑜伽師地論』巻四(27)に、八大地獄に付随する小地獄を総括して、次のように言う。

「八大地獄はみな、四方を城壁で囲まれ、東西南北に門が設けられている。城壁は鉄でできている。四方の門を出た所に、それぞれ四つずつの外苑(28)がある。

その一つには、膝の高さまで熱い埋み火(29)が積もっている。門を出た罪人が住居を求めてさまよい、ここに至って、一歩足を踏み入れると、皮膚も肉も血液も、一瞬にして焼けただれて消え去る。しかし足を挙げるとまた生《は》えてくる。

この埋み火の苑のすぐ近くに、死体と糞泥の沼がある。罪人は住居を求めてさまよい続け、その沼に首までどっぷりと落ち込む。泥の中には虫がうようよしていて、中でも孃矩吒《じょうくた》という虫は、皮膚を破って肉に入り込み、筋を断り骨を砕いて髄をすすり食らう。

死体と糞泥の沼に続いて、鋭い刀剣の路がある。刃を上に向けた剣を敷きつめた道路である。住居を求めてさまよい歩く罪人が、ここに至って足を下ろすと、皮膚も肉も筋も血もみな消え失せ、足を挙げるとまた元どおりになる。

刀剣の路を過ぎると、やがて刃の葉を持つ樹林がある。住居を求めてここに至った罪人が、木陰を見つけて腰掛けた途端に、そよ風が吹いて刃の葉が落ち、身体がばらばらに切り裂かれ(30)、その場に崩れ落ちる。すると、薄汚れた黒犬(31)が飛びかかり、背中と腹(32)とに爪を立てて押さえつけ(33)、貪り食らう。

刃の葉を持つ樹林(34)に接して、鉄のとげの葉を持つ樹林がある。ここに迷いこんだ罪人は、住居を探すために木に登る。登ろうとすると、とげの葉の鋒先(35)がすべて下を向き、下りようとすると、鋒先がくるりと上を向く。そのため身体中にとげが貫通する。するとすぐに鉄の嘴の巨大な鳥がやってきて罪人の頭にとまり、あるいは肩にとまって、眼球をついばみ貪り食らう。[36][37][38]

鉄のとげの葉を持つ樹林を過ぎると、大河が流れている。河の水は火砕流のために沸騰し、溢れんばかりである。住居を求めてさまよい歩く罪人が、林を出てこの河に堕ちる。ぐらぐらと煮立った大釜で煮られる豆のように、罪人は沸騰する河水の勢いに身をまかせ、ぐるぐると回りながら浮沈する。河の両岸には獄卒がならび、鞭や網をもって、罪人が這い上がらないように監視している。時には縄でひっかけたり網ですくうなどして、再び焼けた鉄の地面に上げ、仰向けにねかせて尋問する。〈何が欲しいか〉[39]と。罪人が、〈今は何も考えられません。それでも腹がへったことだけはわかります〉と答えると、獄卒は鉄の金鋏で罪人の口をこじあけ、そこに焼けて真っ赤になった鉄球をほうり込む。その後のことは、前に述べた通りである。もしこの時罪人が、〈のどが渇いた〉と答えたならば、獄卒はどろどろに溶けた銅を口に注ぐだろう。このようにして、永遠に苦を受け続けるのである。地獄に堕ちる原因となったすべての悪業の罪が、完全に消し去られるまでは、ここから抜け出すことはできない。

以上、刀剣の路・刃の葉を持つ樹林・鉄のとげの葉を持つ樹林をあわせて一つと数えると、四つの外苑があるということになる」と　以上は『瑜伽師地論』と『倶舎論』[40]による。それぞれの地獄の東西南北の四門の外に各四つずつの外苑があるので、あわせて十六となる。『正法念処経』[41]にも八大地獄に付随する十六別所を説くが、これとは名称も様相も異なっている。

また、頞部陀《あぶだ》などの八寒地獄[42]もあるが、詳細は経論を見よ。ここでは詳しく述べているいとまはない。

（1）**阿鼻地獄**　「阿鼻（Avici）」は「無間《むけん》」の意。間断なく苦を受ける処という意味である。八熱地獄の最下に位置し、五逆や謗法などの重罪を犯した者が堕ちるという。

（2）**欲界**　三界の一つで、婬欲・食欲にまみれた者が住む。三界については、上15頁(1)参照。

（3）**いついつまでも永遠に**　原文は「あるいは増劫あるいは減劫に」。『倶舎論』巻十二（『大正蔵』二九、六二頁中〜）等によると、世界は「成劫《じょうこう》（成立期）・住劫《じゅう》（存続記）・壊劫《え》（破壊期）・空劫《くう》（空漠期）」の過程で生成と衰滅を繰り返すとされる。これを「四劫」と呼び、各二十小劫を経る。その中「住劫」では、人間の寿命が八万歳と十歳の間で増減を繰り返す。寿命の増減は百年に一歳の割合で起こり、人寿が十歳から八万歳へ増えてゆく期間を「増劫」、逆に減ってゆく期間を「減劫」と言う。人寿の増減は住劫の間に往復二十回繰り返されるという。極めて長い時間を表す言い回しと見て、このように訳した。

（4）**神が与える罰じゃない　龍神・悪鬼のせいでもない**　原文は、「これ天・修羅・健達婆《けんだつば》・龍・鬼のするにもあらず」。「健達婆（gandharva）」は、インド神話に登場する神で、帝釈天に仕える天上の楽師として知られる。ここに列挙されているのは、仏教を守護するいわゆる「天龍八部衆」の一部である。八部衆は通常、「1天（梵天・帝釈天など天上界の神々）2龍（海中や地中に住む龍神）3夜叉（森の神、毘沙門天の眷属）4乾闥婆《けんだつば》 5阿修羅（闘争の神で帝釈天に制圧されたという）6迦楼羅《かるら》（龍を襲う鳥の神、金翅鳥とも言う）7緊那羅《きんなら》（美しい声をもつ天上の楽神）8摩喉羅迦《まごらか》（蛇神）」を言う。

（5）**一杯ずつ**　原文は「一掬《きく》」。「掬」は「すくう」の意。また体積の単位で、両手一杯ほどの量（約一合）を言う。

（6）**『正法念処経』**　『正法念処経』巻十三（『大正蔵』一七、七四頁中〜七七頁下）。

（7）**羅刹（rakṣas）**　インドの神話・伝説に現れる鬼神の一種で、凶暴な破壊者、食人鬼。のちには仏教の守護神となることもあり、『法華経』の十羅刹女などは法華行者を守護する善神として登場する。

（8）**夜叉（yakṣa）**　森に住む神霊。仏教にとり入れられて八部衆の一とされ、毘沙門天の眷属、北方の守護神と考えられた。また羅刹と共に食人鬼の一とされることもある。

（9）**鉄柱**　原文は「鉄幢《どう》」。「幢」は「はた」、筒型の幕のこと。

（10）**敷居**　原文は「閫《とじきみ》」。音は「コン」。しきみ。くい。門の内外を仕切る横木、または両方の扉を止める杭。

（11）**鉄でできた無数の大蛇**　原文は「八万四千の鉄蟒《もう》・大蛇」。「蟒」は「おろち・うわばみ」。

（12）**『観仏三昧海経』**　『観仏三昧海経』巻五（『大正蔵』一五、六六八頁下）。

（13）**『瑜伽師地論』巻四**　『瑜伽師地論』巻四（『大正蔵』三〇、二九六頁中）。『瑜伽師地論』では、「無間大那落迦」と訳されている。

（14）**東の彼方**　原文は「東方の多百瑜《ゆ》繕那《ぜんな》」。「瑜繕那（yojana）」は「由旬」に同じ。

（15）**三熱の鉄の大地より**　原文は「三熱の大鉄地の上より」。引用文末の註記には、「瑜伽に三熱といふは、焼燃・極焼燃・遍極焼燃なり」とある。『瑜伽師地論』では、「東方の多百踰繕那の焼熱・極焼熱・遍極焼然《ママ》の大鉄地の上より」となっており、それを源信が「三熱の大鉄地の上より」と言い換えたようである。

（16）**蠟燭**　原文は「脂燭」。蠟燭のこと。

（17）**罪人**　原文は「衆生《しゆじよう》（sattva）」。多くの生きとし生けるもの。新訳では「有情《うじよう》」。ここでは意を取って「罪人」と訳した。本書では通常「衆生」は「人々」と訳すが、文脈によっては「生きとし生けるもの」と訳したり、あるいは訳さずにそのまま「衆生」と言うこともある。

（18）**箕**　農具の一。平らで四角いかご。穀物を入れて前後左右に揺すり、ちりやもみを取る。ここでは燃え滓の中から罪人を見つけ出すために使われる。

(19) **人間**　原文は「四《し》天下《てんげ》処《しょ》」。人の住む世界。須弥山の四方にあるという四つの大陸、「東勝身洲・南贍部洲・西牛貨洲・北倶盧洲」を指す。そのうちの南贍部洲が我らの住処である。

(20) **『正法念処経』**　『正法念処経』巻十三・十五（『大正蔵』一七、七四頁上、七七頁下、九〇頁下）。

(21) **『倶舎論』**　『倶舎論』巻十一（『大正蔵』二九、六一頁下）。

(22) **『観仏三昧海経』**　『観仏三昧海経』巻五（『大正蔵』一五、六六九頁中）。ここに挙げられた阿鼻地獄の業を略説すると、まず「五逆罪」は五無間業とも言い、一般には「殺父・殺母・殺阿羅漢・出仏身血・破和合僧」を指す。「撥無因果」とは因果の道理を否定すること、「誹謗大乗」は大乗仏教の教えをそしること。以上をあわせて「五逆謗法」と言う。無間業の代表である。また「四重を犯す」とは律蔵に説く「四波羅夷法（教団追放の罪）」、すなわち出家者が「婬・盗・断人命・大妄語」の罪を犯すことを言う。「虚しく信施を食らふ」というのも出家者の罪で、不当に施物を搾取したり、施しを受けるばかりで精進を怠ることを言う。

(23) **乾し肉**　原文は「脯《ほじし》」。音は「フ・ホ」。蒸して平らに伸ばし、乾した肉。

(24) **辟支仏（pratyeka-buddha）**　「独覚」と漢訳される。師なくして独自に悟りを開いた人をいう。十二因縁を観じて理法を悟り、あるいは飛花落葉などの外縁によって悟るので「縁覚」とも言う。他に説法しないという点で小乗とみなされる。

(25) **飲料水の源となる河を決壊させ**　原文は「人の用ゐる〔河を〕決断して」。青蓮院本では「決断人困之（人を決断してこれを困《たしな》んで）」となっているが、「困」字は諸本に「用」となっており、また西本願寺蔵『七祖聖教』所収本では「之」字の下に「河」字がある。直後の「人をして渇死せしめたるもの」という文言とのつながりを考えると、「人の用ゐる河を決断して」と読むほうが理解しやすい。

(26) **『正法念処経』**　『正法念処経』巻十四・十五（『大正蔵』一七、八三頁上、八四頁下～八五頁上、八七頁上～下）。

(27)『瑜伽師地論』巻四　『瑜伽師地論』巻四（『大正蔵』三〇、二九六頁下～二九七頁上）。

(28) 外苑　原文は「出園《しゅつおん》」。区域外の庭園。

(29) 埋み火　原文は「煻煨《とうわい》」。灰にうずめた火。

(30) ばらばらに切り裂かれ　原文は「斫截《しゃくぜつ》」。「斫」は刃物でたたききる。「截」は刃物でたちきる。

(31) 薄汚れた黒犬　原文は「黒黧《こくり》の狗」。「黧」は色あせた黒色。黄みを帯びて浅黒い。

(32) 背中と腹　原文は「脊《せき》・胎《たい》」。

(33) 爪を立てて押さえつけ　原文は「摣掣《しゃせい》」。「摣」はつかみとる。「掣」はおさえつける。

(34) 鉄のとげの葉を持つ樹林　原文は「鉄設拉末梨《しりゅうまつり》林」。「設拉末梨（śālmalī）」は刺《とげ》の意。

(35) 鉾先　原文は「刺鋒《しふ》」。とげのように鋭くとがった刃先。

(36) 肩　原文は「髆《かた》」。かたぼね。幅広く平らな肩胛骨。

(37) 眼球　原文は「眼精」。目玉。

(38) ついばみ　原文は「探啄《たんたく》」。「啄」はついばむ。探し求めてついばむこと。

(39) 何が欲しいか　原文は「いまなんの所須《しょしゅ》をか欲する」。「所須」は、求めるもの、所望。

(40)『瑜伽師地論』と『倶舎論』　引用文の冒頭にあるように、この部分は『瑜伽師地論』巻四の記述と合致する。ただし『倶舎論』巻十一（『大正蔵』二九、五八頁中～下）にも類似の記述が見え、特に十六増については、四門の外に「一煻煨増・二屍糞増・三鋒刃増・四烈河増」の四処を挙げ、「四面に各四の増あり。ゆゑにみな十六と言ふ」と述べている。

(41)『正法念処経』　『正法念処経』巻十四（『大正蔵』一七、八三頁上）等には、『瑜伽師地論』とは異なった別処が挙げられている。

（42）八寒地獄　『倶舎論』巻十一（『大正蔵』二九、五八頁下～五九頁上）には、「一頞部陀・二尼刺部陀・三頞哳吒・四臛臛婆・五虎虎婆・六嘔鉢羅・七鉢特摩・八摩訶鉢特摩」の八寒奈落迦を挙げている。

第二に「餓鬼」の世界(1)について明らかにしてゆこう。餓鬼の住みかは二箇所にある。一つは地下五百由旬の所、いわゆる閻魔王の世界である。もう一つは人間界と天上界の中間にある。餓鬼のすがたは多種多様である。今からそのごく一部を紹介しよう。身長は、わずか一尺の者もあり、人と同じくらいの者や千由旬もある者、あるいはヒマラヤ(2)ほどの怪物もいる『大集経』(3)による。

鑊身《かくしん》(4)という名の餓鬼は、身の丈が人の倍ほどで、顔も目もなく、手足は大釜の脚のような形をしている。体内に炎が満ちていて、その炎が身を焼いている。生前、財貨を貪るために生き物を殺した者がこの報いを受ける。

食吐《じきと》という名の餓鬼は、巨体で身長は半由旬ほど、いつも人の吐いたものをあさっているが、なかなかありつけなくて苦しんでいる。生前、自分だけがうまい物を食って妻子に分けてやらなかった男(5)や、夫や子に与えずに一人で貪り食った女がこの報いを受ける。

食気《じきけ》という名の餓鬼は、病気平癒の祈禱のために水辺や林の中に設けられた祭壇からただよってくる供え物の匂いを嗅いで命をつないでいる(6)。生前、妻や子の目の前で自分だけがうまいものを食った者がこの報いを受ける。

食法《じきほう》という名の餓鬼は、険難《けんなん》の地を走り回って食べ物をあさっている。真っ黒な身体で涙をぼろぼろ流している。寺で祈禱(7)や説法の集いがあると、それによって活力を得て生きのびる。生前、金と名誉のために説法をした者(8)がこの報いを受ける。

食水《じきすい》という名の餓鬼は、飢えと渇きに身を焼かれ、水を求めて錯乱状態に陥る(9)が、ありつくことができずに苦しむばかりである。長髪が顔を覆い目を塞いで何も見えない。河辺に走り寄り、河を渡る人の足より滴《したた》る水を見ると、すばやくそのしずくを吸い取って生きのびている。あるいは亡き父母のために子が手《た》向《む》けてくれた水だけは、その一部を口にすることができ、命をつなぐ糧となる。与えられもしないのに自分から手を出して飲もうとすると、水を守る鬼がぞろぞろと出てきて杖で打ち据える(10)。生前、水でうすめた酒を売ったり、小さな虫(11)を水に沈めて殺すなどして、善い行いのかけらもなかった者がこの報いを受ける。

悕望《けもう》という名の餓鬼は、亡き父母のために子が行ってくれた法事の供え物だけは食えるが、それ以外の物は一切口にすることができない。人が苦労してようやく手に入れたわずかな物を、騙して(12)横取りした者がこの報いを受ける。

海岸(13)で生まれる餓鬼がいる。そこは木も川もない、灼熱の渚である。真冬でも人間世界の夏の千倍も暑い。わずかな朝露を飲むだけで、かろうじて命をつないでいる。海岸に住みながら、海の水が涸れていると思い込んでいる。生前、病のために憔悴した旅の商人を騙し、わずかな代金で商品を手に入れた者がこの報いを受ける。

墓地に出没する餓鬼は、人を焼く火[14]を食いながら、いつも腹をすかせている。受刑者の食事を横取りした看守が、この報いを受ける。

木の中に住み、賊木虫《トクサムシ》[15]のように縮こまって苦[16]しむ餓鬼がいる。生前、涼しい木陰をもたらしてくれる木を切ったり、寺院の森を伐採した者がこの報いを受ける　以上は『正法念処経[17]』による。

頭髪が長く垂れ下がって身体にからみついている餓鬼がいる。その髪が刀のように身に突き刺さり、あるいは髪の毛の一本一本が火となって身体中が炎に包まれる。昼夜に五人ずつの子を産む餓鬼は、産んだ子をみな食ってしまうが、それでもいつも腹をすかせている　以上は『六波羅蜜経[18]』による。

自分の頭を割って脳みそを食うだけで、ほかに何も食うことのできない餓鬼、口から火を噴き、蛾を落として食う餓鬼、糞・涙・膿・血、それに皿を洗った汚れ水で生きながらえる餓鬼がいる　以上は『大智度論[19]』。

また外的要因によって食べ物を得られない餓鬼がいる。たとえば、飢えと渇きのために枯れ枝のような身体になった餓鬼が、きれいな川の流れを見つけて走り寄ると、怪力の鬼がいて、杖でめった打ちにされる。あるいは清流が火の川となったり、すっかり水が涸れてしまったりする。

また内的要因によって食べ物を得られない餓鬼もいる。たとえば、口が針の穴ほどしかないのに、腹は山のように膨れていて、目の前に食べ物があっても、食べようがない。

あるいは内外共に障害がないのに、食物を摂取できない餓鬼がいる。たとえば、やっとのことでわずかな食べ物にありついて、貪り食うと、その食べ物が突如猛烈な炎となって身体を焼いて排泄される　『瑜伽師地論[20]』による。

人間世界の一箇月が餓鬼世界の一昼夜に当たる。その寿命は餓鬼世界の時間で五百年である。『正法念処経』[21]には、「物惜しみ・貪り[22]・嫉《ねた》み・妬《そね》みの心によって餓鬼世界に堕ちる」と言われている。

（1）**「餓鬼」の世界**　原文は「餓鬼道」。「餓鬼（preta）」は「鬼」とも訳され、もとは「死者」あるいは「父祖」の意。「道（gati）」は「趣」とも訳され、「場所」あるいは「生存の状態」の意。「輪廻の世界」を指す。ここに言う「餓鬼道」は、六道輪廻の世界の一つで、貪りや物惜しみの報いとして、飢渇の苦しみを受ける処である。『大毘婆沙論』巻百七十二（『大正蔵』二七、八六七頁中）に「贍部洲の下、五百踰繕那にして琰魔王界あり。これ一切の鬼の本所住処なり。彼より流転してまた余処にも在り」と言うなど、餓鬼の本住処を閻魔王界とする説が随所に見えるが、これは閻魔王を死者（preta）の世界の支配者と見る立場による。ただし、「彼より流転してまた余処にも在り」と言うように、餓鬼は、悪道のみならず、人天の間にも現れる。『正法念処経』巻十六（『大正蔵』一七、九二頁上）に、「諸の餓鬼を観るに、略して二種あり。何等をか二となす。一は人中に住し、二は餓鬼世界に住す」とあり、『大智度論』巻三十（『大正蔵』二五、二七九頁下）には、「鬼に二種あり。弊鬼と餓鬼となり。弊鬼は天のごとく楽を受く。ただし餓鬼と同住し、即ちその主となる」等と言う。餓鬼の様相については、『正法念処経』巻十六（『大正蔵』一七、九二頁上～）に三十六種の餓鬼を挙げ、『阿毘達磨順正理論』巻三十一（『大正蔵』二九、五一七頁中）には、無財・少財・多財の三類に各三種、合計九種の餓鬼を挙げている。『往生要集』は、『正法念処経』の説を中心に、『大集経』『六波羅蜜経』『大智度論』『瑜伽師地論』を用いて、餓鬼の苦相を描き出すことにに力を注いでいる。

（2）**ヒマラヤ**　原文は「雪山《せっせん》（Himavat）」。「雪を有するもの」の意。ヒマラヤ（Himālaya）山脈を指す。パミールの西南方のヒンドゥークシュ山脈を含むこともある。

（3）『大集経』　『大方等大集経』巻三十三（以下『大集経』と略称する。『大正蔵』一三、二二六頁中）。なお、「身長は、わずか一尺の者もあり、人と同じくらいの者や千由旬もある者、あるいはヒマラヤほどの怪物もいる『大集経』による」の文は、建保四年刊本・建長五年刊本には見えない。
（4）鑊身　「鑊」は「かなえ」。大釜の意。
（5）男　原文は「丈夫（puruṣa）」。男子。勇気ある者。菩薩を指すこともある。ここでは「一人前の男であるのに」という意が含まれている。
（6）命をつないでいる　原文は「活命《かつみょう》す」。生活する。
（7）祈禱　原文は「呪願《じゅがん》」。食事や法会の際、施主の意に応じて法語を唱え、施主あるいは先亡の福利のために仏・菩薩の加護を願うこと。
（8）金と名誉のために説法をした者　原文は「不浄に説法せしもの」。自己の名誉のため、あるいは報酬を期待して説法することを「不浄説法」と言う。
（9）錯乱状態に陥る　原文は「周慞《しゅうしょう》」。うろたえあわてること。「慞」は、どうしてよいかわからずあわてるさま。
（10）打ち据える　原文は「撾打《ただ》」。うちすえる。「撾」は、「打つ」の意。
（11）小さな虫　原文は「蚓《いん》・蛾《が》」。「みみず」と「が」。
（12）騙して　原文は「誑惑《おうわく》して」。嘘を言って惑わす。「誑」は、「たぶらかす、あざむく」の意。
（13）海岸　原文は「海渚《かいしょ》」。「渚」は「波打ちぎわ」「中州」の意。
（14）人を焼く火　原文は「焼屍の火」。死骸を焼く火。龍谷大学蔵室町時代刊本等には「焼火の屍」となっており、それによると「火に焼かれた死骸」ということになる。
（15）賊木虫　木食い虫。諸本および『正法念処経』でも「賊木虫」となっているが、通常は「木賊虫」と書く。

（16）縮こまって　原文は「逼迮《ひっさく》」。身をまるめてちぢこまる。「逼」「迮」共に、「せまる」の意。

（17）『正法念処経』　『正法念処経』巻十六、十七（『大正蔵』一七、九二頁上〜）に、三十六種の餓鬼を列挙し、その相を詳説するが、『往生要集』はその中から九種を選び出して略説している。

（18）『六波羅蜜経』　般若訳『大乗理趣六波羅蜜多経』巻三（以下『六波羅蜜経』と略称する。『大正蔵』八、八七六頁下）。

（19）『大智度論』　『大智度論』巻十六（『大正蔵』二五、一七五頁下）。

（20）『瑜伽師地論』　『瑜伽師地論』巻四（『大正蔵』三〇、二九七頁中）。

（21）『正法念処経』　『正法念処経』巻十六（『大正蔵』一七、九二頁上）。

（22）物惜しみ・貪り　原文は「慳貪《けんどん》（mātsarya-mala）」。「慳」は「ものおしみする」の意。

第三に「畜生」の世界[1]について明らかにしてゆこう。畜生の住みかは二箇所にあって、第一に大海の中が本来の住処であるが、第二にそこからあちこちに散らばり、人や神に混じって生きているものもいる。細分すれば三十四億種にも及ぶが、総括すると、鳥類・獣類・虫類の三種類に収まる。

いずれも互いに傷つけあい、飲み食いをする間も、心安らかな時間は全くない。朝から晩まで常にびくびくしている。その上、水の中で暮らすものは漁師に捕らえられ、陸に住むものは狩人に命を狙われる。象や馬、牛、ロバ、ラクダ、ラバなどは、鉄の鉤《かぎ》で頭を割られ[2]、あるいは鼻に穴をあけられ、くつわ[3]を付けて首を繋がれ、重い荷物を背負わされ、何かにつけて鞭打たれる[4]。水と草を欲しがるだけで、ほかには何も考えられない。ナメクジやイタチは暗闇で生まれ闇の中で死んでゆく。シラミやノミは人に寄生し、したがってその宿主と共に死んでゆく。龍の類は、様々な苦を受けて[5]、一日中、身も心も休まることがない。大蛇[6]は、身体は大きいけれど、知恵は乏しく[7]、地面を這いずり回り、小さな虫に身を食われる。このほか、毛髪の百分の一ほどの小さいもの、窓に積もる塵《ちり》のようなもの、あるいは十五由旬もの巨大なものもある[8]。

これら種々の畜生は、あるものはわずか二時間[9]ほどの間、または半日ばかり、あるいは一劫、百劫、千万億劫もの間、計り知れないほどの苦を受ける。予期せぬ災難に遭って叩きのめされることも珍しくない。その苦しみは数えきれない。

愚かで恥を知らず[10]、施しを受けるだけで何もお返しをしない者が、この報いを受ける　以上は経論に散見する文言によった[11]。

（1）「畜生」の世界　原文は「畜生道」。「畜生（tiryag-yoni）」は、人が食用あるいは使役のために畜養する生き物の意であるが、広くは鳥獣虫魚などあらゆる動物を指す。「傍生」「横生」とも訳される。地面に這いつくばって生きるものという意味である。愚痴の行為の報いとして趣き、互いに憎しみを抱いて殺傷しあうという苦しみを受ける世界である。悪道としての畜生道の教説は、我ら無知闇鈍の者を誡めるために設けられたものであり、鳥獣等を蔑むことを目的とするのではない。『大毘婆沙論』巻百七十二（『大正蔵』二七、八六七頁上）によると、本来の住処は大海の中だが、そこから流転して諸趣に遍在するという。『正法念処経』巻十八（『大正蔵』一七、一〇三頁中）には、三十四億種の畜生がいると言い、『往生要集』はこれらの説を採用しているようである。

（2）割られ　原文は「斲《うが》ち」。音は「タク」。「きる、けずる」の意。

（3）くつわ　原文は「轡」。音は「ヒ」。「くつわ」と読むと馬の口にはめる金具を指し、「たづな」と読むとくつわに結びつける綱を言う。

（4）鞭打たれる　原文は「杖捶《じょうすい》を加へらる」。「杖」「捶」共に「むち」の意。

（5）様々な苦　原文は「三熱の苦」。龍の受ける三つの苦しみ。熱風熱沙に皮肉骨髄を焼かれる苦しみ、暴風が吹いて宝で飾られた衣服が奪われる苦しみ、宮中で楽しんでいる時に金翅鳥が飛んできて食べられてしまう苦しみを言う。『大楼炭経』巻一（『大正蔵』一、二七八頁下）等に説く。

（6）大蛇　原文は「蟒蛇《もうじゃ》」。「蟒」は「おろち、うわばみ」。

（7）知恵は乏しく　原文は「聾騃《ろうがい》」。「聾」は「耳の聞こえないこと」。転じて「おろか」の意。「騃」は「おろか」。差別を助長するような表現である。

（8）このほか、毛髪の百分の一ほどの小さいもの、窓に積もる塵のようなもの、あるいは十五由旬もの巨大なものもある　この一文は、建保四年刊本・建長五年刊本にはない。

（9）二時間　原文は「一時」。「あるものはわずか二時間ほどの間、または半日ばかり、あるいは一劫、百劫、千万億劫もの間」の一節は、建保四年刊本・建長五年刊本では「あるいは一中劫を経て」となっている。

（10）恥を知らず　原文は「無慚《むざん》」。「慚」は、罪を犯して自分自身に対して恥じる心。他人に対して自分の罪を恥じる心を「愧《ぎ》」と言い、あわせて「慚愧《ざんぎ》」と言う。

（11）以上は経論に散見する文言によった　この註記は、建保四年刊本・建長五年刊本にはない。

第四に「阿修羅」の世界(1)について明らかにしよう。阿修羅には二種あり、大半の能力すぐれたものは須弥山(2)の北方、大海の底に住んでいる。一部力の劣ったものは、四大洲(3)の山の岩陰にいる。雷鳴が轟くと、攻め寄せる帝釈天の太鼓(4)の音かと思って、恐怖にすくみ(5)、おろおろびくびく(6)している。また常に神々から責め立てられて、身体を傷つけられ、若くして命を落とす。毎日三度(7)、責め道具がひとりでにやってきて痛めつけられる。ほかにも幾多の苦しみがあって、到底言い尽くせない。

（1）**「阿修羅」の世界**　原文は「阿修羅道」。「阿修羅（asura）」は「非天」「無酒」「非端正」等と訳され、また「霊魂」を意味するとも言われる。asura は古代ペルシャ語の ahura に通じ、もとは ahura と同じく善神を意味したが、後に帝釈天（Indra）信仰が盛んになると、阿修羅はその敵となり、常に神々に戦いを挑む悪神と見なされるようなった。仏教では六趣の一つとされるが、五趣説の場合は阿修羅を天または餓鬼、畜生などに摂める。『正法念処経』巻十八（『大正蔵』一七、一〇七頁上）には、阿修羅を餓鬼・畜生の所摂とし、「鬼道に摂せらるるは魔身餓鬼にして神通力あり、畜生に摂せらるるは阿修羅にして大海底の須弥山の側に住し、海の地下八万四千由旬にあり」と言い、以下巻二十一まで、四大阿修羅王の住処・宮殿・園林・侍者・婇女・業因・寿命などについて詳述する。『起世経』巻五、六（『大正蔵』一、三三六頁上〜）によると、四大阿修羅王の住処は須弥山の四方、東南西北の大海の下にあり、中でも北方に住む羅睺羅《らごら》阿修羅王の能力が最もすぐれていると言う。

（2）**須弥山（Sumeru）**　世界の中心にあると考えられている山。上19頁(2)参照。

（3）**四大洲**　須弥山の四方の海にある四つの大陸。東勝身洲・南贍部洲・西牛貨洲・北倶盧洲を指す。上19頁(2)参照。

（4）帝釈天の太鼓　原文は「天の鼓」。帝釈天が住む忉利天の善法堂にあるという鼓。帝釈天が阿修羅と戦う際、自然に音を出すという。

（5）恐怖にすくみ　原文は「怖畏周章《ふいしゅうしょう》」。恐怖のために心がすくみ、あわてふためくこと。

（6）おろおろびくびく　原文は「戦悼《せんとう》」。おそれおののくこと。

（7）毎日三度　原文は「日々三時」。昼夜六時のうち、晨朝・日中・日没を昼三時、初夜・中夜・後夜を夜三時と言うが、ここでは、「毎日、朝・昼・晩に」と解釈してよかろう。

第五に「人《にん》」の世界[1]について明らかにしてゆこう。おおよそ三つの様相を示すので、詳細に観察せよ。その第一は不浄の相、第二は苦の相、第三は無常の相である。

（1）「人」の世界　原文は「人道《にんどう》」。「人」の原語は、「manuṣya・pudgala・nara・puruṣa」等。manuṣya は思考する者の意。pudgala は個人存在の意で、輪廻の主体を指し、ほとんど「我（ātman）」と同義。五戒および下品の十善を因として生まれ、須弥山の四方に住み、寿命は八万歳と十歳との間を増減するという。源信は人道を明かすに当たり「不浄・苦・無常」の三相を説くことに終始し、それを詳細に観察せよと言う。人道が厭離すべき世界であることを行者に認識させるためであろう。ちなみに「不浄・苦・無常」は四念処によるものと思われる。四念処（新訳では四念住）とは、「浄・楽・常・我」の四顛倒を打破するための修行法で、身体は「不浄」であり（身念処）、感受は「苦」であり（受念処）、心は「無常」であり（心念処）、法は「無我」である（法念処）と観察することである。原始仏教以来、三十七道品の一として説かれ、『倶舎論』賢聖品では、聖者の位に入る前段階の修行位（加行位のうち外凡三賢位）で、まずこの四項を別々に観察し（別相念住）、次に一括して観察する（総相念住）。天台宗の修行の中にも採用されている。

第一に不浄の様相を示す。およそ人の身体には三百六十の骨があって、節によって相互に支え合っている。つまり、足の指の骨は足の骨を支え、足の骨は踝《くるぶし》の骨を支え、踝の骨はふくらはぎの骨を支え、ふくらはぎの骨は膝《ひざ》の骨を支え、膝の骨はももの骨を支え、ももの骨は尻の骨を支え、尻の骨は腰の骨を支え、腰の骨は脊《せなか》の骨を支え、脊の骨は肋骨を支えている。また脊の骨は首の骨を支え、首の骨は頷《あご》の骨を支え、頷の骨は歯を支え、その上に頭蓋骨を頂く。また首の骨は肩の骨を支え、肩の骨は臂《ひじ》の骨を支え、臂の骨は腕の骨を支え、腕の骨は掌《てのひら》の骨を支え、掌の骨は指の骨を支えている。このように次々と鎖のように連なっているのである（1）以上は『涅槃経』（2）による。

『大宝積経』には、「人の身体は、三百六十の骨が集まって成り立っている。それはあたかも腐って崩れた家屋のようなものだ。多くの関節が身体を支え、四本の細い筋が巻き付いて全身をまとめている。その上に、泥壁を塗るように五百片の筋肉が付いている。六本の筋が肉片を繋ぎ、さらに五百本の筋が絡み付いている。その上を七百本の細い血管が網目のように纏わり、十六本の太い血管がそれを束ねて全身を巡っている。長さ六メートルを超える筋肉のひもが二本あって、内側から全体をまとめている。十六の内臓が腹腔内に配置されている。二十五の気管は窓の隙間のよう、百七の器官は毀れた茶碗のようである。八万の毛孔は雑草に覆われた庭、目・耳・鼻・口(3)は汚物の溢れた便所である。七重の皮膚に包まれ、六種の味(4)の飲食によって命をつなぐ。その貪欲ぶりは、火祭りの炎(5)があらゆるものを無尽蔵に飲み込むようである。このような身体は、何もかもが臭く汚く、本来腐りきったものである。どうしてこんなものに愛着したりうぬぼれたりできようか」と言う『大宝積経』巻九十六(6)。

あるいはまた、次のようにも説かれている。九百片の肉塊が骨を覆い、九百本の筋がその間に連なっている。三万六千本の血管の中には、三升の血が流れている。九十九万の毛孔があって、常に大量の汗を出し、九十九重の皮膚がそれを包んでいる 以上は身体を支える骨と筋肉に関する記述である。

腹腔内には五臓がある。互いに重なりあって上から下へと連なっている(7)。まるで蓮の花びらのような形である。器官内部は空洞で、したがって臓器は外気と接しており、各器官は九十の層を成している。肺臓が一番上にあって、白い色をしている。肝臓は青い。心臓は中央にあって、赤色をしている。脾臓は黄色、腎臓は一番下にあって、色は黒である。

また六腑がある。大腸は排泄物を送り出す器官であり、肺と関連している。長さは六メートル余りで、白色である。胆嚢には身体を清浄にする機能があり、肝臓と関連している。色は青である。小腸は栄養を吸収する所で、心臓と関連している。長さは三十メートル弱、赤色をしている。胃は食べ物を受け容れる所で、脾臓と関連している。三升の糞を蓄えて黄色い。膀胱は尿を貯めておく所で、腎臓と関連している。一斗の尿を貯め、色は黒である。三膲《さんしょう》(8)は消化・排泄を司る器官である。このような様々な臓器が身体中に分布し、その間を大腸・小腸の赤白が十八重にも絡まり重なり合っているさまは、まるで毒蛇がとぐろを巻いているようである　以上は腹腔内の臓器の様子である。

　頭のてっぺんから足の裏まで、骨の髄から皮膚に至るまで、八万の虫が巣くっている。頭が四つ口が四つ、九十九本の尻尾があって、いろいろな形をしている。その一匹一匹の虫の中に、九万の小さな虫がいる。うぶ毛[9]よりも細かい虫である　以上は『禅経』の類ならびに『次第禅門』[10]等による。

『大宝積経』[11]に、「人は生まれて七日目に、身体から八万匹の虫がわき出し、身体中あちこちを食い荒らされる。舐髪《しほつ》という名の虫が二匹いて、髪の毛根に住み、髪の毛を食い続ける。繞眼《にょうげん》という名の虫も二匹で、眼に住んで眼を食い続ける。脳には四匹いて脳を食う。稲葉《とうよう》というやつは一匹で、耳に住んで耳を食う。蔵口《ぞうく》も一匹で、鼻に住んで鼻を食う。遙擲《ようじやく》・遍擲《へんじやく》の二匹は、唇に住んで唇を食う。針口《しんく》は一匹で、舌に住んで舌を食う。五百匹が左半身にいて左半身を食う。右半身も同様である。四匹が胃を食い、二匹が腸を食う。小便の経路に四匹いて尿を食い、大便の経路にも四匹いて糞を食う。以下略して、最後に黒頭《こくず》という名の虫が一匹、脚にいて脚を食う。このように、人の身体には八万匹の虫が寄生していて、朝から晩まで食い荒らしているので、身には苦痛、心には憂愁を感じるのである。あらゆる病が起こってくるが、どんな名医にも治せない」と言う　『大宝積経』巻五十七に見える。略して引用した。

『僧伽吒経《そうぎやたきょう》』[12]には、「人の命が尽きようとする時、寄生している虫たちも死に直面して恐れおののき、互いに食い合いを始めるので、当人の苦しみはいよいよ激しく、見守る親族も悲しみにくれる。虫たちは食い合いを続け、最後に生き残った二匹が、七日間死闘を繰り広げる。七日後に片方は死ぬが、もう片方はさらに生き続ける」と説かれている　以上はウジ虫に関する経説である。

たとえどんな豪華な食事をしたとしても、一晩のうちにすべて糞便となる。糞便は大きかろうと小さかろうと臭いことにかわりがないように、この身体も同様である。子供から老人まで、一貫して不浄なのである。海の水をすべて使って洗っても清浄にはならない。どれほど立派に着飾ってみても、身の内は汚物でいっぱいである。それはちょうど美しい彩色をほどこした瓶に、糞便を満たしたようなものである　以上は『大智度論』『摩訶止観』[13]等の記述に依った。

だから『禅経』[14]の偈には、

「不浄の身とは知りながら　　愛しさつのる愚かさよ
見目麗しさにとらわれて　　内の汚れは見もしない」

と説かれているのである　以上は生身の身体の不浄相[15]を挙げた。

まして死後には、墓場に捨てられ、一日二日と過ぎ、七日もすると、死体は膨張し、青黒く変色し、腐乱して、皮膚は破れ、血膿が流れ出す。すると今度は、鵰《クマタカ》・鷲《ワシ》・鵄《トビ》・梟《フクロウ》・野干《キツネ》・狗《イヌ》など、様々な鳥獣がよってたかって食いあさる。鳥獣が食い終わると、汚く爛れ崩れ、数えきれないほど様々な虫が、汚い所からうじゃうじゃとわいてきて、その気持ちの悪いこと、犬の死骸よりも甚だしい。やがて白骨化すると、関節ごとにばらばらになり、手・足・頭蓋骨があちこちに散らばる。風が吹き、日にさらされ、雨が降り注ぎ、霜に覆われ、年月が経過すると、色も形も変わりはて、ついには朽ちはてて粉々になり、土となる　以上は死後の不浄相[16]である。『大般若経』『摩訶止観』[17]等に見える。

　このように人の身体は生まれてから死ぬまで、一貫して不浄だということが知られよう。愛欲の対象となる女も男も、みな同じく不浄である。智慧ある者は決して愛着など生じないだろう。

　だから『摩訶止観』(18)には、「この不浄の相を見ないうちは、愛欲が盛んに起こるけれども、一旦これを見てしまえば、愛欲は全く消えてなくなる。遠ざけてもなお耐え難いほどの嫌悪感にさいなまれる。糞便を見ぬうちは盛んに飯を食うけれども、一旦その臭いをかげば、たちまち嘔吐してしまうようなものである」と言い、さらに、「この不浄の相を明らかに知れば、ととのった目鼻立ちも、深く澄んだ瞳も、白く輝く歯や赤い唇さえも、糞のかたまりに白粉《おしろい》をはたいたようなもの、または腐乱死体に一時的に綺麗な絹の衣を着せたようなものだとわかる。目にすることさえ憚られる。まして近づこうなどとは夢にも思わなくなる。鹿杖梵士《ろくじょうぼんし》(19)にたのんで殺してもらいたいほどのものである。抱き合って(20)婬欲にふけるなど、とんでもないことである。このように不浄の相を観ずることは、性欲を制御する特効薬(21)である」とも言われるのである。

（1）腕　青蓮院本では「脘」となっているが、右傍に「腕イウテ」と註記があり、また他本はすべて「腕」となっている。「脘（カン・胃の内部）」では意味が通じないので、原文は「腕」と改めている。

（2）『涅槃経』　原文は「『大経』」。この略称は頻出するが、以下ことわりなく『涅槃経』と表記する。曇無讖訳『大般涅槃経』巻十二（以下、北本『涅槃経』と略称する。『大正蔵』一二、四三四頁上）。天台『禅波羅蜜次第法門』巻十（以下『次第禅門』と略称する。『大正蔵』四六、五四一頁下）に類似の記述が見える。引文中の難字を解説しておきたい。「踝（カ・エ）」は「くびす・くるぶし」の意。「踌（セン）」は「腨（セン）」と同義で「ふくらはぎ」の意。「胜（ヒ・ビ）」は「もも」の意。「臗（コン・カン）」は「もものつけね・しり」の意。「脊（セキ・シャク）」は「せぼね」の意、異本に「背」となっているものがある。「勒（ロク）」は「あばら」の意、右傍に「肋アワライ」と註記がある。「項（コウ）」は「くび」の意、右傍に「頸イクヒ」という註記がある。

（3）**目・耳・鼻・口**　原文は「五根・七竅」。「根（indriya）」は「力・能力」の意。感覚の能力あるいは器官を言い、「五根」は、「眼・耳・鼻・舌・身」を指す。「七竅」は、頭部にある七つの穴。両目・両耳・鼻・口の穴を指す。

（4）**六種の味**　原文は「六味」。「苦（にがい）・酸（すっぱい）・甘（あまい）・辛（からい）・鹹（しおからい）・淡（あわい）」を指す。

（5）**火祭りの炎**　原文は「祠火《しか》」。バラモンの火祭りを指す。

（6）**『大宝積経』巻九十六**　『大宝積経』巻九十六（『大正蔵』一一、五四一頁上）。

（7）**上から下へと連なっている**　原文は「靡々として下に向かへり」。「靡（ビ・ミ）」は「なびく」の意。外から加わる力に従ってなびくさまを言う。

（8）**三膲**　消化器官の一で、上中下よりなる。三焦とも表記する。上膲は胃の上口にあって食物を胃に運ぶはたらきをし、中膲は胃の中にあって消化をつかさどり、下膲は膀胱の上口にあって排泄をつかさどるという。

（9）**うぶ毛**　原文は「秋の毫《のぎ》」。獣類の秋の細毛。微細なことの譬え。

（10）**『禅経』の類ならびに『次第禅門』等**　原文は「『禅経』『次第禅門』等」。「骨肉」の部分の記述は『達摩多羅禅経』巻下（『大正蔵』一五、三二五頁下）に類似箇所がある。「五臓六腑」および「虫」の記述は『次第禅門』巻八（『大正蔵』四六、五三〇頁中、五三二頁上）に依っている。末尾の「虫」の記述は、『治禅病秘要法』巻上（『大正蔵』一五、三三四頁中）にも類似箇所がある。

(11)『大宝積経』　『大宝積経』巻五十五、五十七（『大正蔵』一一、三二五頁上～中、三三一頁上～下）。引文の末尾に「第五十七に出でたり」とあるが、「第五十五、七……」となっている異本が複数ある。

(12)『僧伽吒経』　『僧伽吒経』巻四（『大正蔵』一三、九七二頁下）。

(13)『大智度論』『摩訶止観』等　『大智度論』巻十九（『大正蔵』二五、一九九頁上）、『摩訶止観』巻七上（『大正蔵』四六、九三頁中）に類似の記述が見える。『大智度論』巻十九には三十七品について述べられているが、その中、四念処を説く冒頭に、「生処不浄・種子不浄・自性不浄・自相不浄・究竟不浄」の五種不浄観を示している。『摩訶止観』巻七上には、鈍根にして遮障の重い者のために様々な助道を説く一段があるが、その末尾に愚痴の者に対して事観によって四顚倒を破する方法が示され、そこに『大智度論』巻十九の四念処に関する教説が依用されている。源信はここに両書から五種不浄の中「自性不浄」を説く部分を引用している。

(14)『禅経』　現存の『禅経』の類には完全に一致する文はない。石田瑞麿氏の註（岩波日本思想大系『源信』三六頁～）には、『法苑珠林』巻七十五（『大正蔵』五三、八四七頁下～）の「『禅秘要経』に云ふ、……汝身を自ら荘厳し　華香もって瓔珞とす　凡夫は貪愛するところなるも　智者は惑はざるところ……」という記述に近いとの指摘がある。この偈文は『禅要経』（『大正蔵』一五、二三八頁中～）『禅法要解』巻上（同、二八六頁下～）等に見える。ほかに、『次第禅門』巻二（『大正蔵』四六、四八八頁上）の「『禅経』中に偈を説くがごとし、……身臭きこと死屍のごとく　九孔より不浄を流す　厠虫の糞を楽しむがごとく　愚かにして身を貪ることに異なるなし　智者まさに身を観じて　世間に貪染せざれ……」という記述にも近い。この偈文は『治禅病秘要法』（『大正蔵』一五、二三六頁下）に見え、『禅要経』（『大正蔵』一五、二三八頁下）にも類似の記述がある。

(15)生身の身体の不浄相　原文は「体の不浄」。次段落の「究竟不浄」には、死後の不浄相が説かれているので、ここの「体の不浄」は、「生きている状態での身体の不浄相」と解してよかろう。あるいは、本項(13)に触れた五種不浄の中「自性不浄」を指して「体の不浄」と呼んだのかもしれない。

（16）**死後の不浄相**　原文は「究竟不浄」。五種不浄の第五に当たる。五種不浄は、本項（13）に指摘した『摩訶止観』巻七上のほか、『次第禅門』巻八（『大正蔵』四六、五三〇頁中）にも見え、そこには「一には外の十物の相は不浄なりと見て心に厭患を生ず、これを〈自相不浄〉と名づく。二には身内の二十六物の内性は不浄なりと見る、これを〈自性不浄〉と名づく。三には自らこの身は歌羅邏《からら》の時より父母の精血の和合するをもって身種となすと覚す、これを〈種子不浄〉と名づく。四にはこの身の処胎の時は生熟二蔵の間にあり、これを〈生処不浄〉と名づく。五にはもしそれこの身死して後に、塚間に捐棄され壊爛し臭穢となるこれを〈究竟不浄〉と名づく」と述べられている。「究竟不浄」の説明に一部『往生要集』の文言との一致が見られる。

（17）**『大般若経』『摩訶止観』等**　『大般若経』巻五十三（『大正蔵』五、二九八頁下〜）、『摩訶止観』巻九上（『大正蔵』四六、一二二頁下〜）。『往生要集』は『大般若経』の文を略抄している。『摩訶止観』巻九上には、死体の不浄を観ずる方法として「九想（一脹想、二壊想、三血塗想、四膿爛想、五青瘀想、六噉想、七散想、八骨想、九焼想）」を説く。これは『大品般若経』巻四（『大正蔵』八、二四二頁下）の「九相とは、脹相・血相・壊相・膿爛相・青相・噉相・散相・骨相・焼相なり」という文を釈した『大智度論』巻二十一（『大正蔵』二五、二一七頁上〜）の説を承けたものである。

（18）**『摩訶止観』**　『摩訶止観』巻九上（『大正蔵』四六、一二二頁上〜下）。前段・後段共に九想を説く一連の記述からの引用である。

（19）**鹿杖梵士**　原文は「鹿杖」。不浄観を修して自身を厭悪した比丘が、鹿杖梵士にたのんで自分を殺してもらったという逸話による。『十誦律』巻二（『大正蔵』二三、七頁下）に見え、湛然の『止観輔行伝弘決』巻九ノ二（『大正蔵』四六、四一六頁中〜）に引用されている。

（20）抱き合って　原文は「歍《くちす》ひ抱きて」。口づけ抱擁すること。「歍（ウ・ヲ）」は「口と口とが着く」という意味。

（21）特効薬　原文は「大黄湯《だいおうとう》」。生薬の名。「大黄」は、タデ科の多年生草本の根茎部より製し、健胃剤・瀉下剤として用いられる。

第二に苦の様相を示す。この身は生まれた瞬間から苦しみを受け続ける。

『大宝積経』(1)には次のように説かれている。「男も女も、自分の意志とは関係なく生まれてくる。生まれおちる時、両手で抱きとめられ、あるいは衣服にくるまれるとしても、冬の冷風、夏の熱風にさらされて、大きな苦痛を感じる。それはちょうど、皮を剝ぎとられた牛が、壁にこすりつけられるほどの痛みである」と 以上は取意文。

成長の後もまた苦しみは多い。

同じく『大宝積経』(2)に、「人として生まれた者には、二種の苦しみがある。ひとつは、眼・耳・鼻・舌・喉・歯・胸・腹・手・足などの器官に生ずる病気の苦しみである。四百四病(3)が身をさいなむ苦しみを〈内の苦〉と名づける。もう一つは〈外の苦〉である。たとえば牢獄につながれて殴られ鞭打たれ(4)、あるいは耳や鼻をそぎ取られ、手足を傷つけられること。悪鬼妖怪に取り憑かれること。蚊・虻・蜂などの毒虫に食われたり、暑さ寒さ、飢えと渇き、風雨が襲いかかるなど、様々な苦しみが身に迫り来る。この身と心とを持つ(5)限り、どのような振る舞いをしようとも(6)、苦しみから逃れることはできない。休みなく歩き続けること、これを〈行苦〉(7)と名づける。同様に、〈住苦〉立ち続けることも、〈坐苦〉座り続けることも、〈臥苦〉寝続けることも、みな苦しみである」と説かれている 以上略して引用した。

ほかにも様々な苦しみがあるが、いつも目の当たりにしているだろうから、これ以上説明する必要はなかろう。

(1)『大宝積経』 『大宝積経』巻五十五・五十七(『大正蔵』一一、三二五頁上・三三一頁上)。

(2)同じく『大宝積経』 『大宝積経』巻五十五(『大正蔵』一一、三二五頁下〜三二六頁上)。

(3)四百四病 人体を構成する「地・水・火・風」の四大にそれぞれ百一の病を生ずるという。上32頁(13)参照。

(4)殴られ鞭打たれ 原文は「撾打楚撻《かだそたつ》」。なぐりつけむちうつこと。「撾」は「うちすえる」、「楚」は「むち」、「撻」は「うちのめす」。

(5)この身と心と 原文は「五陰《おん》(pañca-skandha)」。新訳では「五蘊《うん》」。「色(肉体)・受(感受作用)・想(表象作用)・行(意志形成作用)・識(認識作用)」の五種の集まり。人間存在を肉体と精神の五つの集まりとして示したものである。

(6)どのような振る舞いをしようとも 原文は「一々の威儀、行住坐臥」。「威儀」は「立ち居振る舞い」の意。「行住坐臥」は人の日常を、「歩く(行)・止まる(住)・すわる(坐)・ねる(臥)」という四つの基本動作としてとらえたもの。「四威儀」とも言う。

(7)行苦 青蓮院本は「行苦」だが、最明寺本は「苦」、諸版本は「外苦」となっている。原文では、他本によって「外苦」と改められている。しかし、ここには行住坐臥の苦を順に挙げているのであり、文脈から考えて青蓮院本の「行苦」が最もふさわしい。

第三に無常[1]の様相を示す。『涅槃経[2]』に、「人のいのちの移ろいは、谷川の流れよりもはやい。今日のいのちが明日もあるとは限らない。勝手気ままに、まちがった生活を続けることは許されない」と説かれている。

『出曜経[3]』には、

「この一日が暮れるたび　いのちがひとつ削られる
　水漏れ鉢の魚のよう　楽しみなんてどこにもない」

と説かれ、『摩訶摩耶経[4]』には、

「奴隷[5]が牛を引っぱって　屠所へと向かうその道は
　一歩一歩が死への旅　人のいのちも同じこと」

と歌われている。どれほど寿命が延びようと[6]、死は決して免れない。どんなに金持ちになろうとも、身体は必ず衰え蝕まれてゆく。

『涅槃経[7]』の偈に、

「この世に生まれたものはみな　一人残らず死んでゆく
　無限のいのちと思っても　いつか終わりがおとずれる

盛り過ぎれば衰える　出会えば別れは避けられぬ
若さも元気も続かない　美貌は病におかされる
死は容赦なくやって来る　変わらぬものは何もない」

と説かれている通りである。

また『罪業応報経』[8]の偈には、次のように言う。

「波打ち際[9]の水は引き　燃えさかる火も消えてゆく
昇る日はすぐに[10]かたむいて　月は満ちたら欠けてゆく
栄光の座を去るよりも　さらに素早く死は迫る
今そのことに気付いたら　つとめて仏を拝むべし[11]」と。

愚かな凡人のみが死の恐怖を感ずるのではない。神仙の道を極め神通力を得た者でも同じことである。それは『法句譬喩経』[12]の偈に、

「空のかなたや海の中　天に通ずる山でさえ
この世に生きているかぎり　死から逃れる場所はない」

と説かれている通りである　空に昇り、海に入り、須弥山の岩陰に隠れて、死を逃れようとした三人の話は、この経に詳しく紹介されている。

病気や災難は、幸運にして免れる場合もあろうが、死だけは決して避けられないことは明白である。仏の教説に順って修行を積み、永遠の悟りの境地すなわち極楽浄土[13]を願い求めなければならない。

『摩訶止観[14]』には、「死神はいかなる豪傑・賢者といえども依怙贔屓《えこひいき》しない。人はひとしく脆《もろ》く弱く、頼りない存在である。[15]どうして安閑として百年も生きるつもりでいられようか。あちこちかけずりまわって蓄財にいそしんだところで、目標を達成することなく急死すれば[16]、すべての財は人手に渡ってしまうのだ。ひとりぼっちで野垂れ死んでも、安否を気遣ってくれる者など一人もいない。死の難が、洪水・暴風・落雷[17]よりも切迫していることに気付いても、山にも海にも空にも町にも、避難できる所はどこにもない。このように考えると、心は恐怖につつまれ、おちおち眠ることもできず、食事ものどを通らないだろう。だから一刻の猶予も許されない[18]。今すぐに迷いの世界を離れる道[19]を求めなければならないのだ」と説かれている。

また同じく『摩訶止観[20]』に、「耳や尾、牙を失うまでは、狸寝入りをして難を逃れられるとたかをくくっていた狐が、〈頭を切り落とせ〉という声を聞き、恐怖に震え上がったようなものだ。生まれたこと・年老いてゆくこと・病におかされること、いずれもまだ火急のことではない。しかし死ぬことだけはおろそかにできない。怖れずにはいられない。死の恐怖が起こる時は、熱湯や炎に足を突っ込むようなもので、余計な欲望などに耽っている余裕などないのだ[21]」と言う　以上略して引用した。

人の世界はこのようなものである。まことに厭い離れなければならない。

（1）無常（anitya）　あらゆるものが移り変わり、とどまることがないということ。四念処の無常観は、心の無常を観ずる修行であるが、本項に源信が用いた「無常」の語は、すべて「死」を意味する。後世一般化する「無常

＝死」という観念の典拠の一つと言えよう。

（2）『涅槃経』　北本『涅槃経』巻二十三（『大正蔵』一二、四九八頁下）。

（3）『出曜経』　『出曜経』巻二・三（『大正蔵』四、六一六頁中、六二一頁中〜下）。

（4）『摩訶摩耶経』　『摩訶摩耶経』巻上（『大正蔵』一二、一〇〇七頁下）。

（5）奴隷　原文は「旃陀羅《せんだら》（caṇḍāla）」。古代インドの身分社会の中で最下層に属し激しい差別を受けてきたグループを指す。ここでは屠者の意で用いられている。仏教は本来、身分制度を否定し万人平等を主張する宗教である。その姿勢に反する記述であると言えよう。

（6）どれほど寿命が延びようと　原文は、「たとひ長寿の業ありといへども」。「長寿の業」とは、長寿の果報を得られるような善い行いを言う。善業は寿命を延ばすという、延年転寿の思想は、インド仏教にも見られるが、道教の増寿益算の思想を承けて中国で熟成したものと思われる。善行によって人の寿命が加算され、悪行によって奪算されることを説く偽経類が、六朝時代以降頻出する。これは、短命を悪行の報いと見る差別思想であり、前項同様注意が必要である。

（7）『涅槃経』　北本『涅槃経』巻二（『大正蔵』一二、三七三頁上）。

（8）『罪業応報経』　『罪業応報教化地獄経』（『大正蔵』一七、四五二頁中）。

（9）波打ち際　原文は「水渚《すいしょ》」。青蓮院本では「渚」字の右傍に「流 イ」と註記されている。『罪業応報経』では「流」字であり、それによると「水流るれば常には満たず（流れる水は溜まらない）」となる。

（10）すぐに　原文は「須臾《しゅゆ》に」。「須臾（muhūrta 牟呼栗多）」は、「ほんの短い時間」の意。

（11）仏を拝むべし　原文は、「無上の尊を頂礼すべし」。「無上尊（vadatāṃ varaḥ）」は、「この上なく尊い人」の意で、仏の尊称。「頂礼」は、最高の敬意を表わす礼拝の作法で、尊者の前にひれ伏し頭を地につけて足もとを拝する。

(12)『法句譬喩経』『法句譬喩経』巻一（『大正蔵』四、五七七頁上）。超能力を得た四人兄弟のバラモンが、七日後にみな死ぬことを宣告され、死神から逃れるため、一人は大海に、一人は須弥山の中腹に、一人は空中に、一人は市中に隠れた。はたして七日後、市中に隠れたバラモンの死が伝えられた。その時釈尊は、どこに隠れようとも、生・老・病・死は避けられないと説かれた。その中に見える偈文である。

(13)永遠の悟りの境地すなわち極楽浄土　原文は、「常楽の果」。悟りの果徳のこと。北本『涅槃経』巻二十三（『大正蔵』一二、五〇二頁中）に、「常楽我浄をすなはち名づけて大涅槃となすことを得るなり」とあり、『勝鬘経』（『大正蔵』一二、二二二頁上）に、「如来の法身はこれ常波羅蜜、楽波羅蜜、我波羅蜜、浄波羅蜜なり……」と言うなど、涅槃には「永遠（常）・安楽（楽）・絶対（我）・清浄（浄）」の四徳が備わるという。ここでは「永遠の安楽」すなわち「極楽世界」を指すものと思われる。

(14)『摩訶止観』『摩訶止観』巻七上（『大正蔵』四六、九三頁下～九四頁上）。上68頁(13)に指摘した箇所の続き。『大智度論』巻十九（『大正蔵』二五、一九八頁下～）に説く四念処観の教説を承けて「無常観」について述べた部分からの引用である。この中に見える「山・海・空・市に、逃げ避くる処なし」という文言は、前掲『法句譬喩経』の逸話を想定している。そのことは『止観輔行伝弘決』七ノ三（『大正蔵』四六、三七四頁下）に指摘されている。また『往生要集』に引用された箇所の直後に「野干が絶透するごとく……」という記述があるが、次の引用文（『摩訶止観』巻四上）はこの話の典拠を示している。

(15)頼りない存在である　原文は「恃怙《じこ》すべきこと難し」。「恃怙」は「よるべ」の意。「恃」は「たのむ、あてにしてじっと待つ」、「怙」は「たのむ、しっかりしたものをたよりにする」の意。

(16)急死すれば　原文は「溘然《こうねん》として長く往きぬれば」。「溘」は「たちまち、にわかに」の意。人が急死することを言う。

（17）落雷　原文は「掣電《せいでん》」。いなずま、電光。短い時間のたとえ。「掣」は「おさえる、ひく」、途中で切って止めること。

（18）一刻の猶予も許されない　原文は「頭燃《ずねん》を救《はら》はん」。頭髪に火がついて燃え始めた、その火を手で払い消そうとすること。切迫した状態を言う。

（19）迷いの世界を離れる道　原文は「出要」。出離の肝要。「出離（naiṣkramya）」は、煩悩の束縛から解き放たれて、生死輪廻の世界を脱すること。

（20）同じく『摩訶止観』　『摩訶止観』巻四上（『大正蔵』四六、四〇頁上）。野干の譬喩は『大智度論』巻十四（『大正蔵』二五、一六二頁下～）よりの略抄。人に捕まり、死んだふりをして難を逃れようとした狐が、耳や尾を切られても動かなかったが、いよいよ頭を切られそうになり、必死で逃げたという話。

（21）余計な欲望などに耽っている余裕などないのだ　原文は「五塵《ごじん》・六欲《ろくよく》も貪染《とんぜん》するに暇《いとま》あらず」。「五塵」は、「色・声・香・味・触」の五境、すなわち「眼・耳・鼻・舌・身」の五根の対象を言う。人の本性をけがすので五塵と言う。意根の対象としての法境を加えて六境、六塵と言う。「六欲」は「眼・耳・鼻・舌・身・意」の六根より生ずる欲望を言う。

第六に「天」の世界[1]について明らかにしてゆこう。天すなわち神々の世界は欲界・色界・無色界の三界にある。その様相は様々で、すべてを詳しく述べることは難しい。そこでとりあえず一箇所だけを紹介し、

その他の世界を類推する手がかりとしてもらおう。

かの有名な「忉利天《とうりてん》」は、この上なく気持ちの良い楽しい世界であるが、死ぬ時が近づくと、神の身に五種の衰弱のしるし(2)が現れる。第一に、頭にさした花の髪飾りが突然しぼむ。第二に、羽衣に垢がこびりつく。第三に、腋の下に汗をかく。第四に、両目がかすんでしきりにまばたきをする(3)ようになる。第五に、天上界での生活が楽しくなくなる。このような症状が現れると、天女も一族の者も誰も近寄らなくなり、雑草のように見捨てられる。神は林の中に倒れ伏し、涙を流して悲しみ嘆きつつ、「この天女たちには、常に情けをかけてきたというのに、なぜ急に雑草のように見捨てられなければならないんだ。今や私には頼れるものがない。誰か助けてくれないか。私は今、善見城《ぜんけんじょう》(4)から消え去ろうとしている。帝釈天の玉座に拝謁するすべもない。殊勝殿《しゅしょうでん》に入って、その美しさを仰ぎみる機会もなかろう。帝釈天の宝象(5)に同乗する日も来ないだろう。衆車苑《しゅしゃおん》の素晴らしい情景を再び目にすることも、麁渋苑《そじゅうおん》で甲冑を身につけることも、雑林苑《ぞうりんおん》で宴会の席に列することも、歓喜苑《かんぎおん》を散策することも、もはやなかろう。劫波樹《こうはじゅ》(6)の下に据えられた柔らかな白玉の座に坐ることも、曼陀枳尼《まんだきに》の清らかな池(7)の水で沐浴することもないのだろう。種々の甘露(8)を口にすることも、美しい音楽(9)を耳にすることも、もう望めない。悲しいなあ。この世界で私一人だけが苦しんでいる。どうか誰か憐れみをかけてくれないだろうか。この命をもう少しだけでも延ばしてくれたなら、どんなに嬉しいことだろう。馬頭《めず》の山(10)や沃焦《おくしょう》(11)の海に突き落とすなんてことはやめてくれ！」と言う。こんなことを言っても、わざわざ助けに来るような者はない『六波羅蜜経(12)』の説である。この苦しみが、地獄の苦より甚だしいことがわかるだろう。

だから『正法念処経』(13)に、

「天上宮を去る時に　神のあじわう苦しみは
　地獄の苦よりも烈しくて　十六倍にもまさるほど」

と歌われているのである。

次代を担う立派な神が誕生したならば、一族の者たちは元の主をあっさりと見捨て、新しい方に付き従う。新たに威力すぐれた神が立ち、その心にかなわぬようであれば、老神は天宮を追い出され、そこに居ることさえも許されないのだ『瑜伽師地論』(14)の説。

欲界では、忉利天以外の五つの天界にも、全てこの苦しみがある。色界・無色界の苦は、これほどではないけれども、結局は命を終わらねばならない苦しみは存在する。三界の最高処、無色界の非想天といえども、次に阿毘地獄に堕ちることもあるのだ。天上界も、願い求める場所ではないということがわかるだろう 天道の説明は以上である。

（1）「天」の世界　原文は「天道」。「天（deva）」は「神」を意味する。三界六道の中では最上の世界である。三界に二十六〜二十八天を数える。まず「欲界」にはいまだ欲望を離れられない神々が住む。下から順に「四天王天・忉利天・夜摩《やま》天・兜率《とそつ》天・化楽《けらく》天・他化自在《たけじざい》天」の六天が配され、これを六欲天とよぶ。「四天王天」は須弥山の中腹にあり、仏法を守護する四天王（東方の持国天・南方の増長天・西方の広目天・北方の多聞天）とその眷属が住む。本項に紹介される「忉利天」は、須弥山の頂上にあって帝釈天（Indra）とその眷属が住む。四方の峰に各八天があり、それに中央の帝釈天を加えて三十三天からなる。「夜摩天」は焔摩《えんま》天とも言い、須弥山の上方空中にある。日夜・時節・時分が分かれる時、不可思議の歓楽を受けるという。「兜率天」は、知足・妙足などと意訳され、将来仏となる菩薩が最後生を過ごす場所とされる。「化楽天」は自ら妙楽の境地をつくり出して楽しむ神々の世界、「他化自在天」の神々は自分で楽具を用意することなく、他天の化作した欲境を自在に用いて楽を受ける。次に「色界」には、欲望を離れた神々が住む。浄妙な物質（色）より成る世界である。禅定の深浅によって四階級を立てて四禅天と呼び、さらに十六～十八天に分かれる。そして「無色界」は、物質の束縛をも離れた、清らかな精神世界で、四無色定を修めた神々の住処である。「空無辺処」「識無辺処」「無所有処」「非想非非想処」の四天よりなり、その最高処「非想非非想処」を有頂天と言う。神々の世界の捉え方は様々であるが、六欲天の第二「忉利天」は荘厳と快楽とが強調され、帝釈天の住処として信仰を集める。後には諸仏浄土の荘厳をあらわす記述に影響を与えたほどである。しかるに『往生要集』の天道の項は、諸天の代表として「忉利天」を取り上げながら、荘厳や快楽に言及することはなく、五衰の難をはじめとする苦しみの相を説くことに終始している。あくまでも天道が厭離すべき世界であることを主張しているのである。

（2）**五種の衰弱のしるし**　原文は「五衰《ごすい》の相」。神が臨終を迎える時に現れるという五種の衰弱の相。「1髪を飾る花が萎み、2天衣が汚れ、3腋より汗を出し、4身の威光を失い、5天界での生活が楽しくなくなる」など。ほかに身体から異臭を放つ、目がかすむ、天女が造反するなどの事項をあげる経論もある。北本『涅槃経』巻十九（『大正蔵』一二、四七八頁中）、『摩訶摩耶経』巻下（同、一〇一二頁上）などに見える。『往生要集』は『六波羅蜜経』巻三（『大正蔵』八、八七八頁上）の説を用い、悲歎にくれる神の言葉を紹介している。

（3）**かすんでしきりにまばたきをする**　原文は「眴《まじろ》く」。「眴」は、「ジュン・シュン＝まじろく、またたく、まばたきをする」、「ケン＝くらむ、目がくらむ、目がまわる」。

（4）**善見城**　原文は「善見宮城《ぜんけんくじょう》」。帝釈天の住処。須弥山の頂上、忉利天の中央にあって、四面各二千五百由旬、高さ一由旬半。地面は平坦で黄金よりなり、しかも柔軟である。風に乗って花びらが舞い散る。城中には宝玉で飾られた「殊勝殿」という名の宮殿がある。城外には「衆車苑・麁渋苑・雑林苑・歓喜苑」という四つの庭園があって諸天が遊び戯れている等と言う。なお「麁渋苑」は原文では「粗渋苑」と表記されているが、諸本は「麁」であるので改めた。『倶舎論』巻十一（『大正蔵』二九、五九頁下〜）等。また『正法念処経』巻二十五〜三十五（『大正蔵』一七、一四二頁中〜二〇九頁上）に極めて詳細な記述がある。

（5）**帝釈天の宝象**　帝釈天の乗る白象王。伊羅婆那象と言う。帝釈天はこの象に乗って阿修羅と戦う。『正法念処経』巻二十一（『大正蔵』一七、一二〇頁上〜）等に見える。

（6）**劫波樹**　帝釈天の歓喜苑にあるという樹木。必要なものは何でも出すという如意樹である。『正法念処経』巻四（『大正蔵』一七、一八頁中〜下）等に見える。

（7）**曼陀枳尼の清らかな池**　原文は「曼陀枳尼の殊勝池」。忉利天上の池の名。「曼陀枳尼（mandākinī）」は「ゆるやかに流れる」の意。

（8）**種々の甘露**　原文は「四種の甘露」。青・赤・黄・白の四種の甘露。「甘露（amṛta）」は「不死」あるいは「天酒」の意。神々の用いる不死の霊薬。

（9）**美しい音楽**　原文は「五妙の音楽」。天上に流れる妙なる音楽。「五」は「宮《きゅう》・商《しょう》・角《かく》・徴《ち》・羽《う》」の五音階を指す。

（10）**馬頭の山**　須弥山世界の果てにあるという山。『増一阿含経』巻三十四（『大正蔵』二、七三六頁上）等に見える。

（11）**沃焦の海**　沃焦石の沈む海。衆生が苦を受ける処である。沃焦石は、大海の底にあり、阿鼻地獄の火に熱せられて、海の水を吸い続けているという。

（12）『六波羅蜜経』『六波羅蜜経』巻三（『大正蔵』八、八七八頁上）。
（13）『正法念処経』『正法念処経』巻二十三（『大正蔵』一七、一三二頁中）。
（14）『瑜伽師地論』『瑜伽師地論』巻四（『大正蔵』三〇、二九七頁下）。

第七に「総結」、三界六道の厭うべき様相を総括し、「厭離穢土」の章を結びたい。

「地・水・火・風」の四大よりなる我らの肉体は、四匹の毒蛇を入れた箱のようなもので、(1)苦以外の何者でもない。楽しみに耽っている場合ではない。(2)生老病死の苦が襲ってきたならば、(3)逃げも隠れもできない。それでも我らは、限りない欲望によってわが身を覆い隠してその真実から目をそむけ、依然として五つの欲に取りつかれている。(4)永遠でないものを永遠だと思い、楽しみとは言えないようなことを楽しみだと思っている。それはちょうど、腫れ物に水をかけて気持ち良いと思っているような、また、睫毛を掌に置いて逆さまつげの痛みを知らず安閑としているようなものである。(5)どうしてそれを厭わしいと思わないのだろう。ましてや、我らは今着実に、地獄の剣の山や火の池に近づきつつあるのである。智慧ある者は、自分の身を宝物のように大切にするなどということは決してなかろう。

だから『正法念処経』(6)の偈に、次のように言うのである。

「智者の心は憂い満ち　　牢獄《ろうごく》中の人のよう
愚者の心は楽《らく》あふれ　　光音天(7)の神のよう」と。

『大宝積経』[8]の偈には、次のように言う。

「悪事を重ねて財をなし　家族のためにと思ったが
死に臨む身の苦しみは　妻子でさえも救えない
悪道[9]の恐怖せまる中　親しい者は誰もない
車も財も奪われて　苦しみ分かつ人もない
父母兄弟も妻も子も　友も家来[10]も財宝も
死んだら何も残らない　悪業[11]だけがつきまとう　中略
閻魔大王つねに言う　どんな小さな罪でさえ
俺には捏造できないぜ　自業自得だ思い知れ
父母も妻子も救えない　自分で励むしかないぞ
繋《け》縛《ばく》[12]の業を捨て去って　ただ極楽をねがうのだ」と。

『大集経』[13]の偈には、

「妻子も財も王の座も　死ぬ時はみな捨てるのだ
持戒と布施と精進が　生死を超えて添い遂げる」

と言う。我らはこのように、次々と悪を作っては苦を受け、むなしい生死を果てしなく繰り返しているのである。

ちょうど『雑阿含経』[14]の偈に、

「ひとりの人が一劫に　受けた身体の亡きがらを
　重ね積みあげ腐らねば　毘《び》夫《ふ》羅《ら》(15)の山を越えるだろう」

と歌っている通りである。一劫でさえこうなのだ。まして無量劫ともなれば如何ほどのものか、考えも及ばない。

我らは今まで一度も仏道の成就を目指して精進することがなかった。だから虚しい生死を果てしなく繰り返してきたのである。今ここで努力することがなかったならば、未来永劫再び機会に恵まれることはなかろう。無限の生死の中で、人間に生まれることは極めて難しいことである。たとえ人間に生まれたとしても、肉体精神の機能が万全であるとは限らない。もし万全であったとしても、仏の教えに出遇うことは難しく、たとえ仏の教えに出遇えたとしても、その教えに信順する心が開かれることは、極めて希《まれ》である。

そのことを『涅槃経』(16)には、「人の世界に生まれる者は、爪の先に付く土ほどにわずかであり、三悪道に堕ちる者は、世界中の土を集めたほどに数知れない」と説く。

また、『法華経』(17)の偈には、

「何度生まれてこようとも　このみ教えには遇い難い
　ましてや耳を傾けて　法を聞くことなお難い」

と歌われている。

ところが今、我らは幸いにも仏法を聞いて信順するためのすべての条件に恵まれた。苦しみの世界を離れて、極楽浄土に生まれてゆくことのできる機会は、今この時をおいてほかにないということは明白である。それなのに我らは、白髪頭になるほど歳を重ねても、心は依然世俗の欲望に支配されている。いのちが今まさに終わろうとする時に至っても、欲望はなくならない。ついに今生の光に別れを告げ、ひとり黄《よ》泉《み》[18]の闇へと下ってゆく時になって、見わたす限りの猛烈[19]な炎の中に堕ちながら、天に向かって助けを求めても、地面をたたいて悔やみ嘆いても、もはやどうにもならない。道を求める人々よ、どうか一刻もはやく、汚れにみちたこの世界を厭う心を起こし、悟りへの道を歩み始めてほしい。宝の山に入りながら、手ぶらで帰って来るような、愚かな生き方をしてはならない。

問う。どのような様相を心に想念して、迷いの世界を厭う心を起こせばよいのか。

答え。広く様々なことを観念したいのならば、本書の冒頭より述べてきたようなこと、つまり「地獄・餓鬼・畜生・阿修羅・人・天」という六つの世界について、それぞれの世界に趣く原因となる行い、その結果として自ら受けなければならない不浄や苦などを観ずればよい。

あるいはまた、龍樹《りゆうじゆ》菩薩が禅陀迦《ぜんだか》王を仏道へと導くために説いた偈[20]には、次のように歌われている。

「わが身は不浄九穴《くけつ》[21]より　流れ続けて止まらない
皮膚一枚を飾り立て　ごまかせるのはうわべだけ
智慧ある者はすぐ気付き　偽りの身を捨て放つ
皮膚の痒み[22]を火にかざし　その場しのぎをするように
貪る心も同じこと　楽はわずかで苦が残る
わが身の不浄を知ることは　空《くう》と無我《むが》とを悟ること

もしそのことをよく知れば
見目麗しい賢者でも(23)
愚か者でも戒守り
煩悩の種(24)は多いけど
行者・僧侶に命ぜられ
造った罪も己《おの》が罪
人を思ってなす罪も
罪の報いを受けるまで
臨終にみな露見して
信《しん》・戒《かい》・施《せ》・聞《もん》・慧《え》・慚《ざん》・愧《ぎ》(25)
最も尊い宝だと
足ること知れば心富み
財産増えれば苦も増える
おいしいものは害毒だ
ものを食うのは生きるため
すべての欲に背を向けて
まず体調をととのえて

これよりまさる利益《りやく》なし
戒・智なければ獣《けもの》なみ
仏智を目指す尊さよ
断ち切れたなら無敵の身
あるいは家族のためにとて
どんな罪でも許されぬ
罰は自分が受けるだけ
しばしの猶予があるけれど
地獄でじわじわ責められる
これら七つの心こそ
釈迦牟尼仏は説きたまう
欲深ければ心貧し
多頭の龍の苦(26)と同じ
智慧の水かけ毒流せ
えらそうに美味求めるな
ほとけの悟りを目指すべし
その後行事に参加せよ(27)

一夜を五つの時（28）に分け
朝まで生死の苦を観じ
ガンジス河に塩撒けど
大きな善を重ねれば
神の世界は楽しいが
光あふれる天宮《てんぐ》より
黒縄《こくじょう》・等活《とうかつ》・阿鼻《あび》地獄
八つの地獄に燃える火は
地獄の絵図や経の文《もん》
思うだけでも耐え難い
一日のうち三百度
阿鼻地獄の苦に較べれば
畜生の苦も限りなし
肉や毛皮や角とられ
餓鬼道もまた苦は深く
飢えと渇きと寒熱に
糞尿求めてさまよえど

そのうち二時だけ眠るのだ
悟り（29）求めて怠るな
味に変化がないように
小さな罪は消えるだろう
地獄のおそれ拭われず
地獄の闇へ墜ちてゆく
焼かれ裂かれて終わりなし
衆生の罪の報いなり
ひとから聞いて想像し
自分が堕ちればなお苦し
剣でこの身を切られても
何もされないのと同じ
つながれしばられむち打たれ
身を切り裂かれ殺される（30）
どんな願いもかなわずに
身を削られて力なく
手に入ることは永久《とわ》になく

やっと手にした物でさえ　おどし取られて(31)何もない
秋の月見て汗流し　春の日ざしに身は凍え
くだもの畑に実りなく　せせらぎ聞いても水はなし
罪をつぐなうためだけの　いのち一万五千歳
激痛のやむ暇もない　これみな餓鬼の苦しみだ
煩悩の滝に身をまかせ　恐怖の淵へと墜ちてゆく
そんな流れを断つために　悟りに至る道(32)求め
幻のような(33)娑婆離れ　まことの国を目指すべし」と　以上、原典には百十行の偈が説かれているが、ここには略して引用した。

もし簡単に観ずる方法を知りたいというのならば、馬鳴《めみょう》菩薩が造ったという頼吒《らいた》和羅《わら》を讃える伎楽(34)の文句を紹介しよう。

「この世に生まれたものはみな　まぼろしのように消えてゆく
迷いの世界にしばられて　まことの楽しみ何もない
王位にあれば力満ち　思い通りにできるけど
死に臨んだら力なく　あとには何も残らない
空に漂う雲のよう　あっという間に消えてゆく
この身のもろさはかなさは　咲いてすぐ散る芭蕉花《ばしょうばな》

自分は敵《かたき》だと思え　気を許したら傷つくぞ
毒蛇うずまく箱のよう　愛着すべきものじゃない
だからすべてのみほとけは　常にこの身を責め叱る」と。

ここには、「無常・苦・空(35)」すなわち、生じたものは必ず消え去り、迷いの生存はすべて思い通りにならず、この世のあらゆるものには固定的な実体はないという、三つの教えがすべてそなわっている。この偈を聞いた者がみな悟ったと説かれているのはそのためである。

また、堅牢《けんろう》比丘が石窟の壁に刻みつけたという偈文(36)には、

「迷いのいのちが続くのは　欲にまみれているためだ
怨みを墓まで持ち込んで　意味なくあれこれ苦を受ける
屍《かばね》のような悪臭を　放つ身体は糞まみれ
わが身を愛《め》でる愚かさは　糞を楽しむウジのよう
損得ずくの分別《ふんべつ》は　五つの欲の起こるもと
智慧者は分別しないから　五欲たちまち消えてゆく
まことを知らぬこころから　貪《むさぼ》り(37)苦しみ起こり来る
こころ正して欲消せば　すべての煩悩尽きるだろう」

と説かれている。むかし弥楼《みる》犍駄《けんだ》仏《ぶつ》が入滅した後、その教えが伝えられなくなってしまった時(38)、陀摩尸利《だましり》菩薩《ぼさつ》が、石壁に刻まれたこの偈文を見つけ出し、仏の教えを説きひろめて多くの人々を救ったということ

である。

このほか、『仁王般若経《にんのうはんにゃきょう》』(39)には「無常・苦・空・無我」の四非常を説いた偈がある。参照せよ。

もし、さらに簡略な方法を示してほしいと言うのならば、『金剛般若経』(40)に説かれた、

「世にあらわれたものはみな　ゆめ・まぼろしか泡・影か

露・稲妻かと思うほど　はかないものと観ずべし」

という偈、あるいは『涅槃経』(41)の、

「あらゆるものはとどまらず　生じてはまた消えてゆく

その生滅を断ち切れば　悟りの岸へとたどりつく」

という偈を挙げることができる。

祇園精舎《ぎおんしょうじゃ》(42)の無常堂の四隅に、玻璃《はり》でできた鐘がかかっている。その鐘の音色の中に、この偈の言葉が聞こえるというのである。臨終の床にある僧が、この鐘の音を聞くと、たちまち苦悩が消えて爽快感につつまれ、天上界にいるような快楽(43)を感じ、あるいは浄土に生まれるような気がするという。

さらに言えば、この偈は雪山童子《せっせんどうじ》(44)が身を捨てて聞き得たものである。仏道を求める者は、このことをよく肝に銘じ、決しておろそかにしてはならない。

教説の通り心に観じ、「むさぼり・いかり・おろかさ」という煩悩を捨て去ることを目指して、まっすぐに人を追いかける獅子のように(45)努めよ。仏教を知らない者は、いたずらに自分の身体を痛めつけるような修行をするが、それは愚かな犬が人と見誤って土の塊を追い続けるようなことである。決してそのよう

なことがあってはならない。

問う。この身は汚れているという「不浄」の教え、迷いの生存はすべて思い通りにならぬものだという「苦」の教え、生じたものは必ず消え去るのだという「無常」の教え、この三つは容易に理解できる。しかし、今我らが現に存在(46)として認識しているものが、実は固定的な実体を持たないという「空」の教えは、理解しがたい。

答え。先に挙げた経の文に「ゆめ・まぼろしのごとし」と説かれていたではないか。だから夢の世界になぞらえて、「空」の教えを理解するのがよかろう。

『大唐西域記(47)』に、次のような話が紹介されている。

「ベナレスの鹿野苑《ろくやおん》(48)から東の方に二〜三里行った所に、水の涸れた池がある。むかし一人の修行者が、この池のほとりに小屋をたて、世間との交渉を断って暮らしていた。仙術を修めて不思議な力を身につけ、がらくたを宝石に変えることや、人や動物を変身させることができた。しかし仙人のように天空を自由に駆け回ることまではできなかった。そこで書物を読み、古人の事跡を学んで、さらに高度な仙術を求めたところ、ある方法を知るに至った。その方法とは、一人の勇者に長刀を持たせ、修法壇の隅に立たせて、息を殺し言葉を発することなく、夕方から翌朝までの間じっとしているように言いつける。そして修行者本人は、壇の中央に座り、手に長刀を持ち、呪文を唱えつつ、何も見ず何も聞かずにいる。そうすれば明け方には仙人になることができるというものであった。

修行者は、仙術を使ってやっと一人の勇者を探しだし、たびたび贈り物(49)をして、ひそかに恩を売っておいた。その上で、〈一晩だけ声を出さずにいてほしい〉とたのんだ。勇者は、〈あなたのためなら死んでもいいと思っています。息を殺していることくらいはお安いご用です〉と引きうけた。そこで修法壇を設け、仙法にのっとり指示にしたがって準備をととのえ、坐って日の暮れるのを待った。日が暮れると、各自の務めにとりかかり、修行者は呪文を唱え、勇者は刀をにぎった。ほとんど夜が明けようかという時になって、突如勇者は大声をあげた。〈声を出さぬようにとあれほど言っておいたのに、どうして急に叫んだりしたのだ〉。修行者が問うと、勇者は次のように答えた。

〈言われた通りにしていましたところ、夜中になって意識が薄れ、[50]夢心地の中で次々とおかしなことが起こってきたのです。ふと見ると、むかし仕えていた主人がやってきて私をねぎらってくれました。しかしあなたへのご恩を思い、じっとこらえて黙っていました。すると主人は怒りに震え、とうとう私は殺されてしまいました。中有[51]の身となり、自分の死骸を見て悲しみでいっぱいになりましたが、それでも、生まれかわっても物言わず、あなたのご恩に報いようと心に誓いました。結局は南インドの立派なバラモンの家に生まれることになりました。母胎にやどり、やがて生まれて、様々な苦しみや災いを経験しましたが、ご恩を思って、声を出すことはありませんでした。家業を継ぎ、成人し結婚し、親が死に、子が生まれましたが、常に前世のご恩を思い、我慢してしゃべらずにおりました。家族親戚[52]はみな不審に思いました。六十五歳を過ぎて、妻から《あなた、物を言ってください。さもなくばこの子を殺します》と言われ、私は思いました。《すでに生まれかわって久しい[53]。私自身も年老いて、よるべといえばこの幼子《おさなご》だけだ。この子だけは何としても殺させるわけにはいかない》と。それでとうとう声をあげてしまったのです〉。

これを聞いた修行者は、〈私が間違っていた。悪魔のように君の心を悩ませただけだったね〉と詫びた。しかし勇者は、恩に報いられず、失敗に終わったことを悔やみ、憤死してしまった」と 以上は略して引用した。

夢の世界とはこのようなものだ。この世のあらゆるものもこれと同じである。迷いの心にとらわれているうちは、実体のないものが実在するように見えてしまう。

『成唯識論』[54]は、それを示そうとして、「真実の悟りが得られないうちは、夢の中にいるようなものだ。だから仏は、生死の繰り返しを〈長い夜〉に譬えられる」と述べているのである。

問う。「無常・苦・空」などを観ずるという修行は、自分の心をととのえて自分だけの悟りを目指す、小乗の実践[55]と変わらないではないか。

答え。これらの修行は、小乗だけに限ったものではなく、大乗仏教にも共通する。

『法華経』[56]に、

「慈悲のこころを部屋として　優しさという服身にまとい
　空という名の座を設け　衆生のために法を説け」

と歌われている通りである。

自心を制御して、あらゆるものは固定的な実体を持たないのだということを観ずる「空観」の実践でさえも、慈悲利他の心に反するものではない。ましてや、菩薩が利他の誓いを発《おこ》す根拠となる「苦観」や「無常観」はなおさらである。

だからこそ『大般若経』[57]等の経に、「不浄観」などを菩薩の修行として示しているのである。詳細を知りたければ、経文を読め。

問う。以上のような観想の実践によって、どのような利益《りやく》[58]が得られるのか。

答え。常に心を正しく制御することができれば、肉体的欲望は薄れ、やがて臨終を迎える時には、心が正しく保たれて[59]乱れることなく、したがって悪道に堕ちることがない。

『大荘厳論経』[60]に、心を一処に集中することを勧める偈がある。そこには、

「年が若くて元気なら　悟りを目指す気起こらない
日々のつとめで手一杯　仏道はげむ暇がない
死の足音を聞いた時　はじめて悔やみ善をなす
智慧ある者は日ごろから　五欲を断ずる心持て
仏道つとめる者はみな　臨終に悔やむことはない
心一つに定まって　かき乱されることもない
智者は自心を保つから　死に臨んでも不安なし
心が定まらない者は　臨終必ず取り乱す」

と説かれている。

また、『大宝積経』巻五十七[61]の偈には、

「わが身をつくづく観ずれば　筋肉・血管からみあい
それに湿った皮かぶせ　いたるところに穴をあけ

それらすべての穴からは　常に不浄の汁流す
ちょうど粗末な米倉（62）に　雑多な穀物詰めたよう
わが身もこれとかわりなく　いろんな汚物が満ちている
骨をあちこち動かせば　折れ曲がったりはずれたり
こんな身体《からだ》を愛でるのは　何も知らない愚か者
表面《おもて》にきたない汁つけて　内面《うち》に血膿《ちうみ》をたくわえる
あぶらと乳とが混じりあい　頭蓋骨にはミソ詰めて
胸の中（63）には痰（64）あふれ　その内側は消化管
脂肪（65）の層の裏側に　五臓六腑がぶら下がる
腐りただれた臓物と　一緒に暮らす気味悪さ
罪の報いの身に注意　この身は自分を怨んでいる
そんなこととはつゆ知らず　わが身をかばっているけれど
臭くてきたないこの身体《からだ》　まるで崩れた城のよう
朝な夕なに苦が襲い　心落ち着く暇もなく
身の城とりまく骨の塀　血肉の壁土塗りこめて
貪り・怒り・愚かさの　三色《みいろ》の塗料で飾りたて
憎き骨・身は血や肉と　手を携えて攻めかかる

内にも外にも敵[66]ばかり　休むことなく責めたてる
仏はつねに説きたまう　難陀[67]よおぼえておくがよい
昼夜心を集中し　欲との縁を断ずべし
欲望の苦を避けるため　わが身の汚れを観じつつ
悟りの境地を目指すなら　迷いを脱することだろう」

と歌われている。

このほかの利益については、『大智度論』や『摩訶止観[68]』などを参照せよ。

（1）**四匹の毒蛇を入れた箱**　原文は「一篋《いっきょう》」。「篋」は「はこ」。「地・水・火・風」の四大和合の身を、四匹の毒蛇が一つの箱に入っていることに譬える。北本『涅槃経』巻二十三（『大正蔵』一二、四九九頁中）に「王あり、四の毒蛇をもってこれを一篋に盛るに……身を観ずるに篋のごとし。地水火風は四毒蛇のごとし」とある。

（2）**楽しみに耽っている**　原文は「耽荒《たんこう》」。度をすぎて楽しみにふけること。「耽」は「ふける」、「荒」は「すさむ」。

（3）**生老病死の苦**　原文は「四の山」。「生・老・病・死」の四苦を山に譬えている。北本『涅槃経』巻二十九（『大正蔵』一二、五三六頁下）に見える。『摩訶止観』巻一下（『大正蔵』四六、八頁上）には、「一篋四蛇」の譬えと共に、「三界は無常、一篋ひとえに苦なり。四山合し来たれば逃れ避くる処なし」と述べられている。

（4）**五つの欲**　原文は「五欲」。「色欲・声欲・香欲・味欲・触欲」を言う。「眼・耳・鼻・舌・身」の五根（感覚器官）が、認識の対象となる五境（色・声・香・味・触）に執着することによって起こる。また、「財欲・色欲・

飲食欲・名欲・睡眠欲」を五欲と言うこともある。

（5）**腫れ物に水をかけて気持ち良いと思っているような、また、睫毛を掌に置いて逆さまつげの痛みを知らず安閑としているようなものである**　原文は「癰《よう》を洗ひ睫《まつげ》を置く」。苦を認識できずに穢土の楽しみに耽っている愚か者のこと。「癰」は「悪性の腫れ物」。「癰を洗う」とは、腫れ物に水をかけると、やや痛みが和らぐが、愚か者は、それを気持ち良いと感じ、腫れ物は気持ちの良いものだと思ってしまう。また、睫毛は目に入るととても痛いが、掌に置いても何ともない。「睫を置く」とは、掌に睫毛を置いて、その痛みを知らず、安閑としている愚か者を言う。『倶舎論』巻二十二（『大正蔵』二九、一一四頁中〜下）に、「もし一の睫毛をもって掌に置かば、人は覚せざるも、もし眼睛の上に置かば、損を為し及び安からざるがごとし。愚夫は手掌のごとく、行苦の睫を覚せず、智者は眼睛のごとく、縁じて極めて厭怖を生ず……誰か有智の者にして、水を瀝《したた》らせて癰に澆《そそ》ぎ、少しく楽の生ずることあるをもって、癰を計りて楽となさんや」とある。

（6）**『正法念処経』**　『正法念処経』には該当の文は見えない。『増一阿含経』巻二十四（『大正蔵』二、六七五頁下）の、「愚者の常に喜悦すること、また光音天のごとく、智者の常に憂をいだくこと、獄の中に囚はれたるに似たるがごとし」という記述にほぼ一致する。

（7）**光音天**　色界第二禅天の最高所で、極光浄天ともいう。この天が語ると、口から清らかな光を発し、その光が言葉となると言う。

（8）**『大宝積経』**　『大宝積経』巻九十六（『大正蔵』一一、五四二頁上〜中）。

（9）**悪道**　原文は「三途《さんず》」。「地獄・餓鬼・畜生」の三悪道を指す。地獄を火途、畜生を血途、餓鬼を刀途と言う。

（10）**家来**　原文は「僮僕《どうぼく》」。めしつかい。

（11）**悪業**　原文は「黒業《こくごう》」。白業《びゃくごう》（善業）の対。

(12) **繋縛**　原文は「枷鎖《かさ》」。首かせと鎖。罪人の自由を奪う道具。「枷」は「かせ」。

(13) **『大集経』**　『大集経』巻十六（『大正蔵』一三、一〇九頁上）。『栄花物語』巻二「花山たづぬる中納言」（新訂増補『国史大系』二〇、六〇頁）によると、この偈文は花山院出家のきっかけとなったということである。

(14) **『雑阿含経』**　原文は「経」。『雑阿含経』巻三十四（『大正蔵』二、二四二頁中）。

(15) **毘布羅の山**　原文は「毘布羅山《びふらせん》」。大きな山の意。『大唐西域記』巻九（『大正蔵』五一、九二一頁中）によると、マガダ城北門の西に毘布羅山という山があったという。『大智度論』巻二十八（『大正蔵』二五、二六六頁中）にも「一劫中に一人の積む骨は、鞞浮羅大山に過ぎたり」とある。

(16) **『涅槃経』**　北本『涅槃経』巻三十三（『大正蔵』一二、五六三頁上）に、類似の記述がある。『四明尊者教行録』巻五所収「法智復楊文公書」（『大正蔵』四六、八九九頁中）に、「涅槃経に云はく、人身を得るは爪上の土のごとく、人身を失うは大地の土のごとし」という文言が見える。

(17) **『法華経』**　『法華経』巻一（『大正蔵』九、一〇頁上）。

(18) **黄泉**　「よみ・よもつくに・よみのくに」とも読む。死者の趣く世界で、「冥府・冥土・冥途」と同義。

(19) **猛烈な**　原文は「洞然《どうねん》」。すべてをつらぬき通すような。「洞」は「つらぬく」。

(20) **龍樹菩薩が禅陀迦王を仏道へと導くために説いた偈**　原文は「龍樹菩薩の、禅陀迦王を勧発《かんぼつ》する偈」。求那跋摩訳『龍樹菩薩為禅陀迦王説法要偈』（『大正蔵』三二、七四五頁下～七四七頁下）。龍樹（Nāgārjuna 一五〇～二五〇頃。龍猛・龍勝とも訳される）は初期大乗仏教教理の大成者である。南インドを中心に活動したとされ、晩年はアーンドラ王国のシャータバーハナ王朝（Sātavāhana 禅陀迦）の保護を受け、ナーガールジュナコンダで没したと言われる。伝記資料として、鳩摩羅什《くまらじゅう》訳の『龍樹菩薩伝』等がある。主著『中論頌《ちゅうろんじゅ》』は、『般若経』の思想に依拠して、釈尊の根本思想「縁起」の法を「空」の立場で示したものである。縁起を「不生不滅、不常不断、不一不異、不来不去」の八不中道で示し、諸法は無自性空であることを主張している。サンスクリット本・チベット訳が現存、漢訳は鳩摩羅什訳で青目《しょうもく》（Pingala）による註が付されている。その他多くの著述が伝わるが、本書に頻出するものを紹介しておきたい。まず『大智度論《だいちどろん》』は、『大品《だいぼん》般若経』の註釈書で、サンスクリット本・チベット訳はなく、鳩摩羅什による漢訳百巻のみが伝わる。訳者の見解がかなり盛り込まれていると言われるが、初期大乗仏教の教理を網羅する書として重要である。次に『十住毘婆沙論《じゅうじゅうびばしゃろん》』は、『十地経』の初地・第二地の註釈書である。これもサンスクリット本・チベット訳はなく、鳩摩羅什による漢訳十七巻のみが伝わる。三十五品からなり、その第九「易行品」には阿弥陀仏に関する見解が述べられている。

（21）**九穴**　原文は「九の孔」。人体にある九つの穴。口・両眼・両耳・両鼻孔・両便（大小便）の穴のこと。「九《きゅう》竅《きょう》」ともいう。

（22）**皮膚の痒み**　原文は「疥者《けしゃ》」。皮膚病の人。「疥」は、疥癬虫の寄生によって起こる皮膚病。かゆみがひどい。

（23）**見目麗しい賢者でも**　原文は「色・族および多聞」。容姿も家柄もよく、知識が豊富であること。「色」は「容色」、「族」は「族姓」、「多聞」は「見聞がひろいこと」。

（24）**煩悩の種**　原文は「利衰の八法」。利得・衰損など、順逆にかかわらず人の心を扇動するもの。八風とも言う。「利・衰・毀・誉・称・譏・苦・楽」を指す。『十住毘婆沙論』巻二（『大正蔵』二六、二七頁中）に、「世間に利・衰・毀・誉・称・譏・苦・楽あり」、同巻十五（同、一〇五頁上）に、「利衰等の八法は、世に処して必ずまさに受くべし」等とある。

（25）**信・戒・施・聞・慧・慚・愧**　「七財」あるいは「七聖財」と言う。仏道修行に必要な七種の財産。『長阿含経』巻九（『大正蔵』一、五四頁中）、『中阿含経』巻二十一（『大正蔵』一、五六五頁中）等に見える。仏に帰依して浄信を得、戒律を持《たも》ち、物惜しみなく施し、如来の正教を聞き、真如の理を知り、己の罪を自覚して自らに恥じ、また人に対して恥じるという七法。僧肇の『注維摩詰経』巻七（『大正蔵』三八、三九四頁下）に、羅什・道生・僧肇の見解が記されている。天台『維摩疏』（『維摩経略疏』巻九、『大正蔵』三八、六八八頁中）にも説明がある。

(26) **苦**　原文は「酸毒」。苦しみ。「酸」は「辛苦」の意。

(27) **行事に参加せよ**　原文は「斎戒《さいかい》を修すべし」。「斎戒」は「八戒斎」のこと。在家の信者が一日を限って守る規範。「1不殺生　2不偸盗　3不婬　4不妄語　5不飲酒」の五戒に、「6不香油塗身戒（身を飾らない）7不歌舞観聴戒（歌舞を行ったり視聴したりしない）8不高広大床戒（ゆったりとしたベッドに寝ない）」を加えて八戒とし、さらに「9不非時食戒（正午を過ぎて食事をしない）」という、食事に関する戒めを加えて八斎戒という。六斎日（一月のうちの八・十四・十五・二十三・二十九・三十日）には、在家信者が八斎戒を守って出家の生活を体験する。原始仏教以来、出家行者と在家信者とを結ぶ行事として行われた。

(28) **五つの時**　一夜を五分して「五更」と言うが、これを指すものか。五更とは、初更（甲夜）、二更（乙夜）、三更（丙夜）、四更（丁夜）、五更（戊夜）。午後七時〜八時から、順次二時間ずつに区切った時刻に相当する。ただし次に言う「初・中・後夜」とは、一日を「日没・初夜・中夜・後夜・晨朝・日中」の六時に分けた半分に当たり、一晩中を意味する。よって、五時の中の二時を眠息にあてよ、という「二時」が何時なのかよくわからない。日没（夕方）と晨朝（明け方）とに休息せよということか。

(29) **悟り**　原文は「度」。滅度（parinirvāṇa）の意。「渡」に通じ、悟りの世界にわたるという意味を含んでいる。

(30) **身を切り裂かれ殺される**　原文は「残害せらるることを致す」。傷つけ殺されてしまう。青蓮院本および建長五年刊本は「致残害」となっているが、他本には「被残害（残害せらる）」となっているものもある。

(31) **おどし取られて**　原文は「劫奪《こうだつ》して」。おどして奪い取る。「劫」は「おびやかす」、力で相手をおじけさせるの意。

(32) **悟りに至る道**　原文は「真実の解脱の諦《たい》」。「諦（satya）」は「真理」の意。

(33) **幻のような**　原文は「仮名《けみょう》の法」。名ばかりで実体のないもの。

(34) **馬鳴菩薩が造ったという頼吒和羅を讃える伎楽**　原文は「馬鳴菩薩の、頼吒和羅の伎声《ぎしょう》」。馬鳴（Aśvaghoṣa）はインドの詩人。仏伝を主題とする叙事詩『ブッダチャリタ』（Buddhacarita『仏所行讃』）の作者として有名である。年代は諸説あって確定できないが、羅什訳『馬鳴菩薩伝』にはカニシカ王との親交が伝えられており、それによると一〜二世紀頃の人ということになる。『付法蔵因縁伝』巻五（『大正蔵』五〇、三一五頁上）に、馬鳴が頼吒和羅（Rāṣṭrapāla）を讃える伎楽を作ったことを伝える。ここに引用されているのはその偈文である。苦・空・無我の義を説いたもので、馬鳴自ら楽人に加わると、すばらしい音色となり、これを聞いた城中の五百人の王子がみな出家して悟りを得たという。頼吒和羅は長者の子で、釈尊が彼の小欲知足を讃えたことが『四分律』巻三（『大正蔵』二二、五八五頁上〜中）に見える。

(35) **無常・苦・空**　「生じたものは必ず消え去り（無常）、迷いの生存はすべて思い通りにならず（苦）、この世のあらゆるものには固定的な実体はない（空）」という教説、これに、「わがものと見なされるものは何もない（無我）」という教説を加えて「四無常」という。新訳では「非常・苦・空・非我」で「四非常」と言う（本項(39)参照）。「四非常」は有漏の果報の四相であり、苦諦を観ずる際にはこの四相を観ずる。たとえば『倶舎論』巻二十三（賢聖品）では、内凡四善根位における修行として、苦・集・滅・道の四諦に各四種ずつの観法を挙げて十六行相を説いている。すなわち、苦諦について「非常・苦・空・非我」と観じ、集諦については「因・集・生・縁」、滅諦については「滅・静・妙・離」、道諦については「道・如・行・出」と観ぜよと言うのである（『大正蔵』二九、一一九頁中）。

（36）**堅牢比丘が石窟の壁に刻みつけたという偈文**　原文は「堅牢比丘の壁の上の偈」。『大宝積経』巻七十八（『大正蔵』一一、四四六頁下）。弥楼犍駄仏の弟子に堅牢という名の比丘がいた。堅牢は深山での修行中、石窟の壁に偈を刻んだ。ここに引用されているのはその偈文である。その後、五濁の世となり、弥楼犍駄仏の正法が滅尽しようとした際、陀摩尸利という名の比丘が、この偈文を見つけ出して読誦したところ、五神通を得た。そこで陀摩尸利は弥楼犍駄仏の教えを求め、ついに聞くことを得て、多くの人に説きひろめたという。

（37）**貪り**　原文は「貪着《とんじやく》」。むさぼり、執着すること

（38）**その教えが伝えられなくなってしまった時**　原文は「正法滅せし時」。弥楼犍駄仏については、前掲『大宝積経』に「仏の滅後に法の住すること五百歳なり」とある。

（39）『**仁王般若経**』　羅什訳『仁王般若経』巻下（『大正蔵』八、八三〇頁中）。普明王が百法師を招請し百高座を設けて般若波羅蜜を講ぜしめた際、その第一の法師が普明王のために説いたという偈を指す。「劫焼つひに訖れば　乾坤も洞燃たり　須弥も巨海も　すべて灰となりて煬せん　天龍も福尽き　中において彫喪し　二儀すらなほ殞ぶ　国に何の常かあらん　生老病死は　輪転して際なく　事と願と違へば　憂悲して害をなす　欲深ければ禍重く　瘡疣は外になし　三界は皆苦なり　国に何の頼かあらん　有は本より自ら無なり　因縁もって諸を成ず　盛なる者は必ず衰へ　実なる者は必ず虚し　衆生は蠢蠢として　すべて幻居のごとく　声響ともに空にして　国土もまた如なり　識神は形なく　仮に四馳（蛇イ）に乗り　無明の宝象を　楽車とおもへり　形には常の主なく　神には常の家なし　形神すらなほ離る　あに国あらんや」と、「無常・苦・空・無我」を説いているので、「四無常偈」「四非常偈」と呼ばれている。『法華文句』巻一上（『大正蔵』三四、五頁中）、『止観輔行伝弘決』巻一之二、巻七之二（『大正蔵』四六、一五四頁中、三七〇頁中）等に言及されている。

（40）『**金剛般若経**』　羅什訳『金剛般若経』（『大正蔵』八、七五二頁中）。

（41）**『涅槃経』**　北本『涅槃経』巻十四（『大正蔵』一二、四五〇頁上、四五一頁上）に説く譬喩話中の偈。「諸行無常是生滅法　生滅滅已　寂滅為楽」と言う。本項（44）参照。

（42）**祇園精舎**　「祇園寺の無常堂の四の隅に、頗梨の鐘あり。鐘の音のなかにまたこの偈を説く。病僧音を聞きて、苦悩すなはち除こりて、清涼の楽を得ること、三禅に入り浄土に生れなんとするがごとし。いはんやまた」という一節は、建長五年刊本では欠落している。「祇園寺」は、祇樹給孤独園（祇園）精舎のこと。コーサラ国のスダッタ長者が、都シュラーヴァスティー（舎衛城）にあったジェータ太子の苑林を買い取って精舎を建立し、釈尊とその教団に布施したと言われる。祇園精舎の「無常院」において臨終の行儀が修せられたという伝説は、道宣の『四分律行事鈔』巻下四（『大正蔵』四〇、一四四頁上）等に見え、『往生要集』巻中、大文第六「別時念仏」の臨終行儀の項に引用されている。また、無常堂の四隅にあるという頗黎（水晶）の鐘のことは、道宣の『祇園寺図経』巻下（『大正蔵』四五、八九三頁下）に見え、「その頗黎鐘の形腰鼓のごとく、鼻に一の金毘崙あり。金の師子に乗りて手に白払を執る。病僧の気、まさに大漸せんとするに、この金毘崙口より〈無常・苦・空・無我〉を説く。手に白払を挙ぐれば、鍾すなはちおのずから鳴る。音の中にまた〈諸行無常是生滅法、生滅滅已寂滅為楽〉と説く。病僧音を聞き、苦悩すなはち除こり、清涼楽を得ること、三禅に入りて浄土に生まれなんとするがごとし」とある。この話は『栄花物語』巻十七「おむがく」（新訂増補『国史大系』二〇、三九五頁）に継承され、さらに『平家物語』冒頭の文言に影響を与えたものと思われる。

（43）**天上界にいるような快楽**　原文は「三禅」。色界四禅のうちの第三段階の禅定を指す。ここでの享楽が三界中の最高であることから、快楽の譬えに用いられる。

（44）**雪山童子**　原文は「雪山の大士《だいじ》」。「雪山」は「ヒマラヤ」、「大士」は「菩薩」。釈尊の前生のすがたで、本項（41）に指摘した北本『涅槃経』巻十四に出る。雪山童子が山中で修行していると、その道心を試そうとした帝釈天が、羅刹に身を変えて童子に近づき、「諸行無常　是生滅法」と二句の偈を唱えた。童子は心に歓喜を生じ、後に続く二句を問う。空腹であることを理由に説くことを拒む羅刹に対し、童子はわが身を施すことを提言する。羅刹は承諾し、「生滅滅已　寂滅為楽」という二句を説いた。聞き終えると、童子は樹下に身を投げて羅刹に施そうとする。羅刹は帝釈天のすがたに戻り、童子の身を空中に受けとめて地上に安置し、敬礼したという。ここに説かれた偈の和訳が伊呂波歌であると言われている。

（45）**人を追いかける獅子のように**　原文は「獅子の、人を追ふがごとく」。『法華玄義』巻二上（『大正蔵』三三、六九七頁上）に、「言語は覚観より生ず。心慮息まざれば語何によりてか絶せん。痴なる犬の塊を逐ふていたづらに自ら疲労すれども塊つひに絶へざるがごとし。もしよく寰中を妙悟せば覚観の風息み、心水澄清にして言思みな絶せん。黠《さか》しき師子の塊を放ちて人を逐ふがごとく、塊の本すでに除これば、塊則ち絶す」とある。絶待妙を釈する中に見える譬喩であるが、源信はこれを援用したものと思われる。すなわち、観察の対象を正しく見据えているか否かを、攻撃の対象としての人を正しく捉えている獅子と、人のすがたを見失い土の塊を攻撃している犬とに譬えているのである。

（46）**存在**　原文は「法体」。諸法の体性。有為・無為の法の本体。説一切有部では、「三世実有、法体恒有（過去・現在・未来を通じて実有なる諸法の自体が永久に存在する）」と説くが、大乗仏教ではこれを否定し、「諸法空（すべての現象は固定的実体がない）」を主張する。

（47）**『大唐西域記』**　『大唐西域記』巻七（『大正蔵』五一、九〇六頁下～九〇七頁中）。

（48）**ベナレスの鹿野苑**　原文は「婆羅痆斯国（Bārāṇasī）の施鹿林（Migadāya）」。釈尊の初転法輪の地である。

（49）**贈り物**　原文は「重貽《ちょうい》」。鄭重な贈り物。「貽」は「遺（のこす）」「贈（おくる）」の意。

（50）**意識が薄れ**　原文は「惛然《こんねん》」。意識が朦朧とした状態。「惛」は「くらい」「ぼける」の意。

(51) **中有**　原文は「中陰」。前世での死の瞬間から次の生存を得るまでの間。上40頁(3)参照。

(52) **家族親戚**　原文は「宗親戚属《そうしんしゃくぞく》」。「宗親」は「宗族（共通の先祖を持つ一族）」と「親族（親子・兄弟・夫婦）」、「戚属」は「母方や妻方の家につながる一族」。

(53) **生まれかわって久しい**　原文は「生世《しょうぜ》を隔つ」。

(54) **『成唯識論』**　『成唯識論』巻七（『大正蔵』三一、三九頁下）。

(55) **自分の心をととのえて自分だけの悟りを目指す、小乗の実践**　原文は「小乗の自調・自度」。自身の悟りのみを目指す小乗の態度を言う。

(56) **『法華経』**　『法華経』巻四、法師品（『大正蔵』九、三二頁上）。この偈は古来「衣座室の三軌」を説くものとされる。仏滅後の弘経者の心得を示したもので、「弘経の三軌」とも言う。『法華文句』巻八上（『大正蔵』三四、一〇八頁上）に、「慈悲もって物を覆ひ、恵利己に帰す、これを名づくるに室の如し。彼の悪を遮し、己が醜を障ふる、これを名づけて衣と為す。心を空に安んじてまさによく他を安んず、他を安んじ己を安んず、これを名づけて座と為す。これすなはち自ら三法を軌とす、また法師と名づく。物を利するには必ず慈悲をもって室に入るを首と為す。有に渉るには忍辱をもって基と為す。他を済ふには我を亡ずるをもって本と為す」と言う。

(57) **『大般若経』**　『大般若経』巻五十三（『大正蔵』五、二九八頁中～）等に、四念処を菩薩の法として説いている。

(58) **利益**　仏・菩薩の慈悲あるいは修行の結果として得られる幸福。以下「利益」という言葉は訳さずに用いることが多い。

(59) **心が正しく保たれて**　原文は「正念にして」。臨終に正念が得られると言うのである。臨終に心を正しく保つことすなわち「臨終正念」を獲得することが念仏修行の最終目標であるという見解は、『往生要集』最大の特徴である。

(60)『大荘厳論経』　『大荘厳論経』巻三、八（『大正蔵』四、二七一頁下、三〇二頁下）。前半の六句は巻三からの略抄、「智者」以下は巻八からの略抄であるが、これとほぼ同様の引文が道綽『安楽集』巻上（『大正蔵』四七、一三頁中～下）に見える。人天二趣に生ずること難く、三悪道を常家とする衆生に対し、繋念現前すべきことを勧める中に挙げられた文である。源信はこれを参照したものと思われる。

(61)『大宝積経』巻五十七　『大宝積経』巻五十七（『大正蔵』一一、三三五頁上）。

(62)粗末な米倉　原文は「舎と篅《せん》」。「舎」は「建物」、「篅」は食物を入れる竹製のざる、あるいは竹囲の米倉。

(63)胸の中　原文は「胸鬲《きょうかく》」。胸の内側。「鬲」は諸版本では「膈」となっている。「横膈膜」を指すか。

(64)痰　原文は「痰癊《たんおん》」。痰と血膿。「癊」は「胸の病」あるいは「血の塊」。

(65)脂肪　原文は「肪膏《ぼうこう》」。「肪」「膏」共に「あぶら」の意。

(66)敵　原文は「悪知識」。「善知識」の反対語。邪悪な教えによって人を間違った方向に導く者。

(67)難陀（Nanda）　釈尊の異母弟。釈尊に従って出家するが、愛妻スンダリーを忘れられず愛欲に苦しむ。釈尊は彼に醜い雌猿や美しい天女のすがたを見せ、その愛欲を断たせたと言う。

(68)『大智度論』や『摩訶止観』　『大智度論』巻二十一（『大正蔵』二五、二一七頁上～）、『摩訶止観』巻九上（『大正蔵』四六、一二二頁下～）に九想について述べている。

大文第二「欣求浄土《ごんぐじょうど》」――「清らかな世界を願い求めよ」と説く章――。

極楽の国土や仏菩薩[1]のすばらしさ[2]は無限にあって、いつまで説き続けても説き尽くすことはできない。数で表すことも、譬喩《ひゆ》で示すこともできないほどである。しかし『群疑論』[3]には三十種類の利益《りやく》を説き、『安国抄』[4]には二十四種類の楽しみを挙げている。よってその誉め讃え方は、人それぞれの心次第であることが知られよう。ここでは十種類の楽しみを挙げて極楽浄土を讃嘆するが、それは大海の水を汲み出そうとして一本の毛髪を海水に浸けたという程度のことにすぎない。

その十種類の楽しみとは、第一に「聖衆来迎《しょうじゅらいごう》」の楽しみ、第二に「蓮華初開《れんげしょかい》」の楽しみ、第三に「身相《しんそう》神通《じんずう》」の楽しみ、第四に「五妙境界《ごみょうきょうがい》」の楽しみ、第五に「快楽無退《けらくむたい》」の楽しみ、第六に「引接《いんじょう》結縁《けちえん》」の楽しみ、第七に「聖衆倶会《しょうじゅくえ》」の楽しみ、第八に「見仏聞法《けんぶつもんぼう》」の楽しみ、第九に「随心供仏《ずいしんくぶつ》」の楽しみ、第十に「増進仏道《ぞうしんぶつどう》」の楽しみである。

(1) 国土や仏菩薩　原文は「依正《えしょう》」。依報《えほう》と正報《しょうぼう》。正報とは衆生の身心、依報とはその身心の拠り所となる国土・環境。いずれも過去の行為の報いとして受けたものであるから依報・正報と言う。極楽の依報とは国土・樹林・宮殿・楼閣や衆鳥・虚空音声など、正報とは阿弥陀仏や聖衆を指す。

(2) すばらしさ　原文は「功徳《くどく》(guṇa)」。善い行いによって得られたすぐれた性質・機能。以下「功徳」という言葉は訳さずに用いることが多い。世親『往生論』には、極楽の依正荘厳相を指して、「正道の大慈悲、出世の善根より生ず」（『大正蔵』二六、二三〇頁下）と言う。さらにその荘厳相を観察する方法を示すに当たり、「三厳二十九種の荘厳功徳（仏国土荘厳功徳十七種、阿弥陀仏荘厳功徳八種、諸菩薩荘厳功徳四種）」を列挙し、「この三種の成就は、願心をもって荘厳せり」（同、二三二頁中）と述べている。極楽依正の荘厳は、法蔵菩薩の誓願に報いて成就されたものであるから、無量の功徳を備えていると言うのである。

（3）『群疑論』　懐感『釈浄土群疑論』巻五（以下『群疑論』と略称する。『大正蔵』四七、六一頁上）。懐感《えかん》（～七〇〇頃）は長安千福寺の僧。唯識学に明るく、のち善導（六一三～六八一）に出遇い念仏三昧を証得したという。『群疑論』は、善導の思想を承けて浄土教教理の諸問題を論じた書で、七巻十二編百十六章よりなる。未完のうちに懐感が没したため、法友懐惲《えうん》が完成させたという。『往生要集』には二十五箇所に引用され、ほかに数箇所言及されている。ここに言う三十種益は、『称讃浄土経』『観無量寿経』『無量寿経』四十八願によって列挙されたもので、「一受用種種功徳荘厳清浄仏土益、二大乗法楽益、三親近供養無量寿仏益、四遊歴十方供養諸仏益、五於諸仏所聞法授記益、六福慧資糧疾円満益、七速証無上正等菩提益、八諸大士等同一集会益、九常無退転益、十無量行願念念増進益、十一鸚鵡舎利宣揚法音益、十二清風動樹如天衆楽益、十三摩尼水流宣説苦空益、十四諸楽音声奏諸法音益、十五四十八弘誓願中永絶三塗益、十六真金色身益、十七形無美醜益、十八具足五通益、十九住正定聚益、二十無諸不善益、二十一寿命長遠益、二十二衣食自然益、二十三唯受衆楽益、二十四三十二相益、二十五無有宝女人益、二十六無有小乗益、二十七離諸八難益、二十八得三法忍益、二十九身有光明尽夜常光益、三十得那羅延力益」を指す。

（4）『安国抄』　古佚。延寿（九〇四～九七五）の『万善同帰集』巻上（『大正蔵』四八、九六七頁中～下）に、「安国鈔に云ふ、言ふところの極楽とは、二十四種の楽あり。一欄楯遮防楽、二宝網羅空楽、三樹陰通衢楽、四七宝浴池楽、五八水澄漪楽、六下見金沙楽、七階際光明楽、八楼台陵空楽、九四蓮華香楽、十黄金為地楽、十一八音常

奏楽、十二昼夜雨華楽、十三清晨策励楽、十四厳持妙華楽、十五供養他方楽、十六経行本国楽、十七衆鳥和鳴楽、十八六時聞法楽、十九存念三宝楽、二十無三悪道楽、二十一有仏変化楽、二十二樹揺羅網楽、二十三千国同声楽、二十四声聞発心楽」とある。

第一に「聖衆来迎《しょうじゅらいごう》」(1)、臨終の時、阿弥陀仏・諸菩薩が極楽より迎えに来てくださるという楽しみ。

多くの場合、悪人が死ぬ時は、肉体を形成する地・水・火・風の四元素のうち、まず風・火の二元素(2)が身体から離れてゆく。そのため激しい変化と発熱とが起こって苦しみが大きい。善人が死ぬ時には、まず地・水の二元素が離れてゆくので、変化が緩やかで苦しまずにすむ。

まして平素より念仏の功徳を積み、長年にわたり心の底から極楽への往生を願ってきた者(3)は、臨終の時、大きな喜びが自然とこみ上げてくる。それは阿弥陀仏が、本願(4)の誓いを実現するため、たくさんの菩薩や修行僧を率いて、まばゆい光を放ちながら、はっきりと(5)目の前にすがたを現されるからである。その時大悲観世音菩薩(6)は、仏と同じくらい美しい(7)手を差しのべ、宝玉で飾られた蓮華の台《うてな》を捧げて行者の前にすすみ、大勢至菩薩(8)をはじめたくさんの菩薩たちと共に、声をそろえて行者を誉め讃え、その手で抱き取ってくださる。この時、行者はその様子を目の当たりにして心に喜びがわき起こり、身も心も安らいで、深い瞑想の境地に入ったようになる。娑婆の草庵で目を閉じ息絶えるのと、観世音菩薩の差し出す蓮華の台に坐(9)るのとが、同時だということがわかるはずだ。そのまま阿弥陀仏の後に従い、菩薩たちと共に、あっというまに西方極楽世界に往生することができるのである[10]『観無量寿経』『平等覚経』および伝記[11]などの意をとって記した。

忉利天[12]での無限に続くかと思われる楽しみも、また大梵王宮[13]での深い瞑想の安らぎも、三界の享楽など何ひとつとして、本当の楽と言えるようなものはない。無限に繰り返す迷いの生存の中にいる限り、悪道に堕ちる危険が常につきまとうからである。ところが今、観世音菩薩の手に抱かれ、宝玉の蓮華台に乗り、苦しみの世界に永遠の別れを告げて、やっと極楽浄土に往生することができたのである。その時の喜びの心は、とても言葉には表せないだろう。

龍樹の造った偈[14]には、

「この世のいのち終わる時　浄土に往生する人は
無量の功徳を身にうける　ゆえに阿弥陀を敬信《きょうしん》す」[15]

と歌われている。

（1）聖衆来迎　往生極楽を目指す行者の臨終に、阿弥陀仏・諸菩薩が迎えに来て極楽に連れ帰ること。『観無量寿経』に詳述されるほか、『無量寿経』『阿弥陀経』等にも見える、阿弥陀仏の衆生救済法の特徴である。「臨終の時、阿弥陀仏・諸菩薩の来迎を得て、極楽に往生したい」という願望は、十世紀の貴族社会に芽生え、院政期には庶民の間にまで浸透した、日本の阿弥陀仏信仰の典型と言える。

ここに言及した『無量寿経』『観無量寿経』『阿弥陀経』は、本書に頻出する基本典籍であるので、以下に簡単に紹介しておきたい。

『無量寿経』は、阿弥陀仏の誓願を明かし、それに酬報する仏身・仏土の荘厳と衆生救済の成就とを説く経典である。原初形態は一世紀の西北インドで成立し、その後二〜三世紀にかけて増広・整備されたと考えられる。サンスクリット本・チベット訳が現存する。漢訳は次の五本が現存する。

1『阿弥陀三耶三仏薩楼仏檀過度人道経』二巻（略称『大阿弥陀経』、呉の支謙訳）

2『無量清浄平等覚経』四巻（略称『平等覚経』、後漢の支婁迦讖訳と伝わるが、魏の帛延訳とする説が有力）

3『無量寿経』二巻（略称『大経』『双巻経』等、魏の康僧鎧訳と伝わるが、東晋の仏陀跋陀羅・劉宋の宝雲の共訳とする説が有力）

4『無量寿如来会』二巻（『大宝積経』巻十七・十八、略称『如来会』、唐の菩提流志訳）

5『大乗無量寿荘厳経』三巻（略称『荘厳経』、宋の法賢訳）

普通『無量寿経』と呼ぶのは3であるが、『往生要集』には古訳の1・2も用いられている。

『観無量寿経』は、阿弥陀仏の依正荘厳相および極楽往生人の諸相を観想する方法を説く経典である。四〜五世紀の成立とされるが、インド撰述を疑う学者が多く、中央アジアか中国でできたとする説、その両方にまたがる地域で段階的に成立したとする説等があっていまだ判然としない。サンスクリット本・チベット訳はなく、漢訳は畺良耶舎訳とされる『観無量寿経』一巻のみが現存する。『観経』と略称されることがある。

『阿弥陀経』は、阿弥陀仏の依正荘厳を示して極楽への往生を勧めると共に、六方諸仏の証誠護念を説いて浄土法門の真実を主張する経典である。一〜二世紀に西北インドで成立したと見られ、サンスクリット本・チベット訳が現存する。漢訳は、鳩摩羅什訳『阿弥陀経』一巻、玄奘訳『称讃浄土経』一巻の二本が現存する。

（2）**風・火**　人体を構成する「地大・水大・火大・風大」の四大の中の二つ。地大には固さと保持、水大には湿潤と収集、火大には熱さと熟成、風大には動きと成長という特質・作用がある。良忠の『往生要集義記』巻三

（『浄土宗全書』一五、二一五頁下）には、「大論に云ふ、悪業の人は風大まづ去るがゆゑに身動く。火大まづ去るがゆゑに身熱す。善行の人は地大まづ去るがゆゑに身静かなり。水大まづ去るがゆゑに身冷なり取意」と言うが、『大智度論』には該当文は見えない。臨終の時、風大・火大が身体より離れる際には、熱を発して激しく動くために苦しみが大きく、地大・水大は冷たく緩やかに離れてゆくので苦しみがないということであろう。良忠はほかにも種々の見解を示している。一例を挙げると、「有るもの云ふ、風火は上昇の法、地水は沈下の法」（この説は『金光明経』巻一、『大正蔵』一六、三四〇頁中に見える）と言い、「一義に云ふ、風火まづ去るものは頭より死す。地水まづ去るものは足より死す……悪趣に堕するものは上より冷触起こりて識は足に滅す。ゆゑに風火まづ去れば動熱して苦を生ず……もし人天に生ずるものは下より冷触起こりて識は臍と心とに滅す。ゆゑに地水まづ去れば緩慢として苦なし」と述べ、その根拠として、『成唯識論』巻三（『大正蔵』三一、一七頁上）の、「将に死せんとする時、善悪の業に由って下上の身分に冷触漸く起こる」という文言、およびそれを釈した『成唯識論述記』巻四本（『大正蔵』四三、三六五頁中）の、「世親と無性との摂論にみな、善業のものは下より冷え、悪業のものは上より冷ゆ。勝趣と悪趣とに生ずること別なるによるがゆゑにと云ふ」等の記述を引用している。出典は曖昧であるが、源信はこれによって、死後に趣く世界の善悪は臨終の様相に反映するという見解を示しているのである。

（3）**長年にわたり心の底から極楽への往生を願ってきた者**　原文は「運心年深きもの」。「運心」は、心を一定の方向に傾けること。天台宗では、菩薩戒を受ける際、戒師の前で心をめぐらして罪過を懺悔することを言う（湛然『授菩薩戒儀』、『続蔵』二―一〇、六丁右下）が、ここでは、「極楽浄土に心を寄せること」の意であろう。

（4）**本願（pūrva-praṇidhāna）**　以前からの願い。菩薩が仏道修行の志を立てる際に発《おこ》す誓願。諸仏に共通の誓願である四弘誓願（衆生無辺誓願度、煩悩無尽誓願断、法門無量誓願知、無上菩提誓願証）を総願と言い、阿弥陀仏の四十八願、釈迦牟尼仏の五百誓願、薬師仏の十二願、普賢菩薩の十大願など、それぞれ独自の立場で立てる誓願を別願という。『無量寿経』によると、阿弥陀仏は世自在王仏のもとで出家して法蔵と名のり、師仏より二百一十億の諸仏国土の善悪麁妙を聞き、五劫の間思惟して四十八項目よりなる大悲の本願を建立したという。ここではその中、来迎引接を誓った第十九願を指す。第十九願には、「たとひわれ仏を得たらんに、十方の衆生、菩提心を発し、もろもろの功徳を修して、至心発願してわが国に生ぜんと欲せん。寿終はる時に臨んで、たとひ大衆と囲繞してその人の前に現ぜずは、正覚を取らじ」（『大正蔵』十二、二六八頁上〜下）とある。

（5）**はっきりと**　原文は「皓然《こうねん》」。はっきりと明らかなさま。「皓」は「ひかる、あきらか、しろい、きよい、いさぎよい」の意。

（6）**大悲観世音菩薩**　慈悲救済を本願とする菩薩。「観世音」の原語は「Avalokiteśvara（観察することに自在な）」で、「観自在」とも訳される。『法華経』観世音菩薩普門品には、「もし無量百千億の衆生あって諸の苦悩を受けんに、この観世音菩薩を聞いて一心に名を称せば、観世音菩薩即時にその音声を観じて、みな解脱することを得しめん」と言う。『無量寿経』には阿弥陀仏の浄土に観世音・大勢至の二菩薩が居ることを説き、『大阿弥陀経』『平等覚経』『観世音菩薩授記経』などでは、阿弥陀仏の滅後に観世音・大勢至の二菩薩が順に成仏することを説く。『観無量寿経』には観世音・大勢至を観念する方法を説く。また上品上生の来迎相を示すところでは、観世音・大勢至の二菩薩が阿弥陀仏を助けて行者の前に至り、特に観世音は手に金剛台を持って行者を迎え取ると説かれる。これらによって観世音・大勢至の二菩薩は阿弥陀仏の脇侍として信仰される。

（7）**仏と同じくらい美しい**　原文は「百福荘厳」。百の福徳によって飾られた。仏の三十二相は、その一々が百福で飾られている。『般舟三昧経』巻上（三巻本、『大正蔵』十三、九〇六頁中）に、「仏は色金光のごとく、身に三十二相あり、一相に百福荘厳あり」と言う。『観無量寿経』（『大正蔵』十二、三四四頁上）には、観世音菩薩の手掌荘厳を説いて、「なほ印文のごとし。一々の画に八万四千色あり。一々の色に八万四千の光あり。その光柔軟にしてあまねく一切を照らし、この宝手をもつて衆生を接引す」と言う。

（8）**大勢至菩薩**　原語はMahāsthāmaprāptaで、「得大勢菩薩」とも訳す。観世音菩薩は阿弥陀仏の慈悲の徳を表すのに対し、大勢至菩薩は智慧の徳を表す。

（9）**蓮華の台に坐る**　原文は「蓮台結跏《けっか》」。観世音菩薩の差し出した蓮華の台の上に結跏趺坐《ふざ》する。「結跏趺坐」とは、両足の甲を左右のももの上に置いて坐ること。「趺」は足の甲、結跏は、趺を交わらせ、反対の足のももの上に乗せること。

（10）**あっというまに**　原文は「一念」。1 eka-kṣaṇaの訳で、極めて短い時間、「一瞬」の意。kṣaṇaは「刹那《せつな》」と音写される時間の単位。九十刹那を一念とする説もある。2 eka-citta-utpādaの訳で、心のわずかなはたらきを意味する。「一念発起」とは初発菩提心のこと、「一念信」とはわずかな信心、また、「念」を心念・観念・称念などと解して、ひとたびの念仏、一声の称名を意味することもある。ここでは1の意。

（11）**『観無量寿経』『平等覚経』および伝記**　『観無量寿経』上品上生の来迎相の文（『大正蔵』一二、三四四頁下〜三四五頁上）。『平等覚経』（『無量寿経』の古訳、具名は『無量清浄平等覚経』、以下『平等覚経』と略称する）巻三、三輩段の文（『大正蔵』一二、二九一頁下〜）。「伝記」は、慶滋保胤の『日本往生極楽記』のほか、唐の迦才『浄土論』巻下所掲の往生伝や、少康・文諗《もんしん》『往生西方浄土瑞応刪《さん》伝』などを指すものと思われる。

（12）**忉利天**　欲界第二天。須弥山の頂上にあって帝釈天（Indra）とその眷属が住む。ことに荘厳と快楽とが強調される。上78頁参照。

（13）**大梵王宮**　色界初禅天の第三天。大梵天王の住処。梵天は、インド思想における万有の根元ブラフマン（brahman）を神格化したもので、仏教に入って護法天と見なされ、また娑婆世界の主とされた。色界の初禅天は、梵衆天・梵輔天・大梵天の三天よりなる。
(14) **龍樹の造った偈** 『十住毘婆沙論』巻五、易行品(『大正蔵』二六、四三頁上)。
(15) **敬信す** 原文は「帰命《きみよう》(namas)」。「南無《なも》」と音写する。心から敬い信ずること。いのちを捧げて仏に帰依すること、仏の教命に帰順すること、仏を礼拝すること。

第二に「蓮華《れんげ》初開《しよかい》」(1)、行者を乗せた蓮華が極楽に到着し、初めて花を開く時の楽しみ。

行者が極楽に往生して、蓮華が初めて開く時、その喜びは来迎の時の百千倍にも達する。それはまるで盲目の人が突如見えるようになった、または田舎暮らしの人が突然王宮に入ったというほどの驚きである。往生の後、ふと自身を見ると、すでにその身体は紫磨金色(2)に輝き、生まれながらに美しい衣(3)を身にまとい、耳輪・腕輪・宝冠など数えきれない装身具で身を飾っている。仏の光明に照らされて清らかな目となり、前世の行い(4)に応じて種々の説法の声を聞いている。見るもの聞くものみな珍しい。見わたす限りの美しい情景は、どこまで続いているのわからないほどだ。すばらしい説法の声が国中に響いて(5)いる。宮殿・楼閣、樹林・宝池は、互いに光を投げかけあってきらきらと輝き、鳧《かも》・雁《かり》・鴛鴦《おしどり》などの美しい鳥があちこち群れをなして飛びかう。

あらゆる世界から、夕立(6)が降るように続々と往生人がやって来るのが見え、また無数の仏国土より、数えきれないほど(7)の菩薩たちが参集するのが見える。展望台に登ってあたりを見わたす者や、宮殿に乗って虚空を漂う者、天空にあって経を唱え説法する者、あるいは空中で坐禅瞑想する者もいる。地上にも林の中にも同じようにたくさんの聖者が見える。あちらこちらに、河をわたり歩き、せせらぎに足を浸す者、音楽を奏でたり、花びらをまき散らしたり、宮殿・楼閣に出入りして、仏を礼拝し誉め讃える者もいる。(8)このようにたくさんの聖者が天にも地にもいて、みな思い思いの振る舞いをしている。もちろん化仏《けぶつ》(9)や菩薩たちは、かぐわしい雲、うるわしい雲と共に、国中に溢れていて、一々紹介などしていられない。

ゆっくりと視線を移して遥か彼方を仰ぎ見ると、阿弥陀如来は金山王《こんせんおう》(10)のように気高く、宝玉の蓮華台に坐り、宝玉の池の中央にましします。観世音・大勢至の両菩薩は、威厳に満ちたすがたで、やはり宝玉の蓮華台に坐って、仏の左右に控えている。それを無数の菩薩たちが謹み敬いの心をもってとり囲んでいる。宝玉の地面には宝玉の樹々が立ち並び、樹下にはそれぞれ一仏二菩薩がましします。それが光明で身を飾り、瑠璃《るり》(11)の大地を埋め尽くしている情景は、闇夜に巨大なかがり火が燃えているようである。

その時観世音・大勢至の両菩薩が往生人の前にやって来て、慈愛あふれる声であれこれとねぎらいの言葉をかけてくださる。往生人は蓮華台より下り、全身を地面に投げ出し(12)顔を地につけて礼拝し、そのまま両菩薩の後に従ってゆっくりと阿弥陀仏の前にすすみ出る。(13)七宝で飾られた階段に跪《ひざまず》き、あらゆる徳を備えた尊いすがたを仰ぎつつ、真実の悟りの教え(14)を聞き、普賢菩薩と同じような誓願(15)を立てて仏道に邁進する身となる。往生人は喜びに涙を流し、悟りを求めて突き進もうと決意を新たにする。初めて仏の世界に身を置き、かつてない境地に入ったのである。生前、娑婆でわずかばかり経を読んで聞きかじっていたが、今それを現実の世界として目の当たりにしているのである。その喜びはどれほど大きかろう 以上、主に『観無量寿経』[16]の意を取って記した。

龍樹の造った偈[17]には、

「ほとけの智慧を疑えば　決して蓮華は開かない
　信心まことに定まれば　蓮華開いて仏を見る」

と歌われている。

（1）**蓮華初開**　蓮華が極楽に到着し花を開く瞬間。来迎の蓮台は、行者を乗せると花を閉じ、極楽に着くと再び花を開く。ここでは主として『観無量寿経』九品往生段によって、初めて極楽の荘厳を目の当たりにした往生人が歓喜する様子を描いている。

（2）**紫磨金色**　紫色を帯びた黄金の輝き。「紫《し》磨《ま》金《ごん》」は「閻浮《えんぶ》檀金《だんごん》」のこと。閻浮樹の森を流れる河の底に産する最高級の黄金で、紫色を帯びているという。

（3）**生まれながらに美しい衣**　原文は「自然《じねん》の宝衣」。「自然」は「ひとりでに、おのずから、もとより」の意。極楽に往生する人は蓮華化生という形で生まれるので、赤ん坊のすがたではなく、生まれながらに衣を身に着けている。その衣は思い通りに調い、裁縫や洗濯をする必要がなく、常に美しいという。『無量寿経』巻上、第三十八願（『大正蔵』一二、二六九頁上）に、「たとひわれ仏を得たらんに、国中の人・天、衣服を得んと欲はば、念に随ひてすなはち至らん。仏の所讃の応法の妙服のごとく、自然に身にあらん。もし裁縫・擣染・浣濯することあらば、正覚を取らじ」とあり、同巻上、弥陀果徳の中、眷属荘厳を説く一節（同、二七一頁中）には、「処するところの宮殿・衣服・飲食・衆妙華香・荘厳の具は、なほ第六天の自然の物のごとし」等とある。良忠の『往生要集義記』巻三（『浄土宗全書』一五、二二〇頁下）には、「自然宝衣とは、裁縫染治等の務なし。ゆゑに自然と云ふなり」と言う。

（4）**前世の行い**　原文は「宿習《しゅくじゅう》（pūrva-abhyāsa）」。宿世《しゅくせ》（前世・過去世）に身につけたもの。宿世の行為（宿業《しゅくごう》）が、善・悪の名残りとなってとどまっていることを言う。

（5）**国中**　原文は「宝刹《ほうせつ》」。仏国土の意。「刹」は kṣetra あるいは yaṣṭi 音写。前者は「土・地・田・国・国土」、後者は「はた竿」転じて「寺」の意。ここでは前者。

（6）**夕立**　原文は「駃《と》き雨」。大雨。「駃《けつ》」は「はやい」の意。青蓮院本は「駃」の右傍に「駛ィ」と註記がある。「駛《し》」も「はやい」の意。

（7）**数えきれないほど**　原文は「恒沙《ごうじゃ》」。「恒河沙《ごうがじゃ》」の略。「ガンジス河の砂」の意で、数えきれないほどの無限の数量をあらわす。

（8）**礼拝し誉め讃える**　原文は「礼讃《らいさん》（vandana）」。仏や法や僧などを礼拝し、その徳を誉め讃えること。

（9）**化仏**　仏・菩薩が、衆生を導くため、神通力によって仮につくりだした仏。衆生の性質や能力に応じて様々なすがたを現す。

（10）**金山王**　仏の雄々しいすがたを金山《こんせん》にたとえたもの。金山は須弥山をめぐる七重の山で、黄金でできているという。

（11）**瑠璃**（vaiḍūrya）　原文は「流璃」。緑柱石のこと。ガラスを指すこともある。「毘瑠璃《びるり》」などと音写し、「流璃」「瑠璃」「琉璃」等の文字が用いられるが、本書ではすべて「瑠璃」と表記する。

（12）**全身を地面に投げ出し**　原文は「五体を地に投げて」。全身を地面にたたきつけるようにして仏や師に敬いを捧げる、最も丁寧な礼拝の作法。「五体投地《ごたいとうじ》」と言う。「五体」とは、額と両肘、両膝を言う。

（13）**七宝**　七種の貴金属や宝石。金・銀・瑠璃・玻璃《はり》（水晶）・硨磲《しゃこ》（車渠、貝の一種）・赤珠《しゃくしゅ》（珊瑚あるいは赤真珠）・瑪瑙《めのう》などを指す。

（14）**真実の悟りの教え**　原文は「一実の道」。真如のこと。「一」は「平等」、「実」は「実相」、「道」は「悟り」の意。法界に遍満する平等無差別の真理。

（15）**普賢菩薩と同じような誓願**　原文は「普賢の願海」。普賢菩薩の立てた広大な誓願の世界。普賢菩薩（Samantabhadra）は、文殊菩薩と共に釈迦如来の脇侍として知られる。『法華経』には、白象に乗った普賢菩薩が現れてこの経を受持する者を守護すると説き、『華厳経』では、善財童子が五十三の善知識に歴参した後、最後に普賢菩薩に会って大願の法門を聴聞し、志願を満足して法界に証入したという。普賢菩薩は「十大願」を発したとされ、四十巻本『華厳経』巻四十、普賢行願品（『大正蔵』一〇、八四四頁中）に、「もしこの功徳門を成就せんと欲せば、まさに十種広大の行願を修すべし。何等を十と為す。一には諸仏を礼敬す。二には如来を称讃す。三には広く供養を修す。四には業障を懺悔す。五には功徳を随喜す。六には転法輪を請ふ。七には仏の世に住せんことを請ふ。八には常に仏に随ひて学ぶ。九には恒に衆生に順ふ。十には普くみな回向す」と説かれる。本章では、第六「引接結縁楽」の項に「『華厳経』の普賢の願にのたまはく」として四十巻本『華厳経』巻四十の偈文が引かれるほか随所に言及される。また、大文第三「極楽証拠」の第一「対十方」の項、極楽を勧める経論を列挙する中に、「『四十華厳経』の普賢願」とあり、大文第九「往生諸行」の第一「明諸経」の項、往生の諸行を説く経を列挙する中にも、「『四十華厳経』の普賢願」とある。

（16）**『観無量寿経』**　『観無量寿経』上品中生（『大正蔵』一二、三四五頁上）を中心に、諸経論の記述を参照している。

（17）**龍樹の造った偈**　『十住毘婆沙論』巻五、易行品（『大正蔵』二六、四三頁中）。『無量寿経』巻下（『大正蔵』一

二、二七八頁上〜中）の説による。たとえ罪福を信じ善本を修習しようとも、仏智を疑う者は、胎生の宮殿（極楽の辺地《へんじ》のこと。疑城胎宮《ぎじょうたいぐ》とも言う）にとどまって、五百歳の間仏を見ることも法を聞くこともできない。それに対し、仏智を信ずるものは、七宝華中に自然化生し、即座に菩薩と等しい身相・光明、智慧・功徳を備えると説かれる。『観無量寿経』（『大正蔵』一二、三四五頁上〜）でも、上品上生人の乗った蓮華は極楽に到着すると同時に花開くが、上品中生以下、次第に花開くまでの時間が延び、下品下生人に至っては十二大劫の間蓮華の中に留め置かれると言う。

第三に「身相神通《しんそうじんずう》」(1)、極楽に往生すると、仏と同じような容貌や能力が身に備わるという楽しみ。極楽の往生人は、身体が金色に輝き、内面も外見も共に清らかで、常に光を放って互いに照らし合っている。仏と同じ三十二種のすぐれた身体的特徴(2)を持ち、見たこともないほど容姿端麗である。声聞僧が放つ光は一尋《いちじん》(3)ほどを照らすのみだが、菩薩の光は百由旬(4)あるいは十万由旬にも達する。往生人の壮麗なすがたは、この世の何者にも及ばない。欲界の最高所である他化自在天の主(5)と較べても雲泥の差(6)である。また往生人はみな五種の神通力(7)を備えている。その威力(8)は絶大で、あらゆることが意のままである。どこか他所《よそ》の世界の様子を見たければ、その場を動くことなくあらゆる世界を見ることができ、他所の世界の音を聞きたければ、居ながらにしてあらゆる世界の音を聞くことができる。無限の過去(9)の出来事も、今日のことのように知ることができ、六道に迷う人々の心の中など、きれいに磨かれた鏡に映し出すように、

はっきりと見通すことができる。また、無数の仏の国々をまるで目と鼻の先(10)のように行き来することができる。つまり空間的にも時間的にも無限の広がりをもって(11)、一瞬のうちにすべてを知ることができるのである。

今この娑婆世界に暮らす人の中に、三十二相の一つでも備えた人がいるだろうか。五神通の一つでも身につけた人がいるだろうか。灯火や太陽の光のほかに闇を照らすものを知らず、自分の足で歩かなければどこへも行けない。紙一枚隔てればその先を見ることもできず、一瞬先でも未来のことはわからない。迷いの籠(12)に閉じ込められて、あらゆることが制限される。

それに対して極楽の往生人は、一人残らず三十二相と五神通とを備えている。三阿僧祇劫の修行を終えた聖者がさらに百大劫の間積み重ねなければならないという、相好を備えるための修行(13)をしたわけでもない。四静慮《しじょうりょ》(14)の実践の中で行われるべき、神通を得るための修行をしたわけでもない。これらは、極楽に往生すれば自然に得られる果報(15)なのである。何と嬉しいことではないか　以上大半は『無量寿経』『平等覚経』(16)などの記述によるものである。

龍樹の造った偈(17)には、

「極楽浄土のひとはみな　ほとけのように厳かで
十方聖者に拝まれる　ゆえに阿弥陀に平伏《へいふく》す(18)
極楽浄土に生まれたら　天眼《てんげん》・天耳《てんに》を身に備え
十方世界を意のままに　行きて諸仏を礼拝す(19)

極楽浄土の人々は　神足《じんそく》・他心《たしん》・宿命《しゅくみょう》の
神通用いて苦をすくう(20)　ゆえに阿弥陀を敬礼《きょうらい》す(21)」

と歌われている。

（1）**身相神通**　極楽に往生すると自然に備わる、すぐれた身体的特徴と自由自在の活動能力。ここでは三十二相と五神通のことが述べられている。

（2）**仏と同じ三十二種のすぐれた身体的特徴**　原文は「三十二相《さんじゅうにそう》」。仏や転輪聖王に備わる三十二種の身体的特徴。また仏に備わる八十種の微細な特徴を「八十随形好《はちじゅうずいぎょうこう》」と言い、両者をあわせて「相好《そうごう》」という。三十二相には種々の説があるが、『大智度論』巻四（『大正蔵』二五、九〇頁上～九一頁上）には、「1足下安平立相　2足下二輪相　3長指相　4足跟広平相　5手足指縵網相　6手足柔軟相　7足趺高満相　8伊泥延腨相　9正立手摩膝相　10陰蔵相　11身広長等相　12毛上向相　13一一孔一毛生相　14金色相　15丈光相　16細薄皮相　17七処隆満相　18両腋下隆満相　19上身如師子相　20大直身相　21肩円満相　22四十歯相　23歯斉相　24牙白相　25師子頬相　26味中得上味相　27大舌相　28梵声相　29真青眼相　30牛眼睫相　31頂髻相　32白毛相」が挙げられている。極楽に往生した者が三十二相を具足するということについては、『無量寿経』巻上、第二十一願（『大正蔵』一二、二六八頁中）に、「たとひわれ仏を得たらんに、国中の人・天、ことごとく三十二大人相を成満せずは、正覚を取らじ」とあり、同巻下、衆生往生の果を説く一節（同、二七三頁中）には、「それ衆生ありてかの国に生るるものは、みなことごとく三十二相を具足す。智慧成満して深く諸法に入り、要妙を究暢し、神通無礙にして諸根明利なり」と説かれている。

（3）**一尋**　長さの単位。両手を広げた長さで、約一八〇センチメートル。中国では八尺、日本では六尺にあたる。

（4）**由旬**　長さの単位。一由旬は約七キロメートル。一説に一四・四キロメートルともいう。上19頁（3）参照。

（5）**欲界の最高所である他化自在天の主**　原文は「第六の天の主」。六欲天の最高所、他化自在天の主。天魔波旬あるいは魔王と呼ばれる。常に多くの眷属を率いて仏道の妨げをするといわれる。上36頁(7)参照。

（6）**雲泥の差**　原文は「乞丐《こつがい》の、帝王の辺にあらんがごとし」。「乞丐」は物乞い。乞人と帝王の容貌を比較してその差歴然たることの譬えとする記述は、『無量寿経』巻上（『大正蔵』一二、二七一頁下）にある。そこには貧窮人の人格を否定するような記述が見え、注意を要する。

（7）**五種の神通力**　原文は「五神通」。「神通（abhijñā）」は「超自然的な知」の意。人知を超えた自由自在な活動能力のこと。五神通は、「1神足通（自在に飛行・変身などをする能力）2天眼通（あらゆるものを見通す能力）3天耳通（あらゆる音を聴く能力）4他心通（他人の考えていることを知る能力）5宿命通（前世の生存の状態を知る能力）」を言う。五神通は外道でも得ることができるが、仏・菩薩は、これに「漏尽通（自己の煩悩が尽きたことを知る能力）」を加えた六神通を得るという。『無量寿経』巻上では、四十八願の第五～十願（『大正蔵』一二、二六七頁下～二六八頁上）に極楽の人天が六神通を得ることが誓われており、同巻下、衆生往生の果を説くところ（同、二七三頁中）には、「またかの菩薩、乃至成仏まで悪趣に更《かえ》らず。神通自在にしてつねに宿命を識《さと》る」等とある。源信があえて五神通を挙げたことについて、良忠の『往生要集義記』巻三（『浄土宗全書』一五、二二一頁上）に議論されている。その中に、「浄影・憬興は六通の義を存し、懐感・義寂は五通の義を釈す」という記述が見える。懐感『群疑論』巻五（『大正蔵』四七、六一頁上）には、往生極楽によって得られる三十の利益を列挙する中、第十八に「具足五通の益」、第二十四に「三十二相の益」を挙げている。また源信がこの項の末尾に引用する『十住毘婆沙論』易行品の偈でも、「天眼耳通……神変および心の通……宿命智」と五神通に触れるのみである。

（8）**威力**　原文は「妙用《みょうゆう》」。すぐれたはたらき。「用」は「はたらき、作用」の意。

（9）**過去**　原文は「宿命《しゆくみよう》」。宿世《しゆくせ》（前世）における生活。「命」は「生活」の意。

（10）**目と鼻の先**　原文は「只尺《しせき》」。わずかな距離。すぐ近く。

（11）**空間的にも時間的にも無限の広がりをもって**　原文は「横《よこさま》に百千万億那由他《なゆた》の国において、竪《たてさま》に百千万億那由他の劫において」。「横」は空間、「竪」は時間を意味する。「那由他（nayuta）」は数の単位。大数をあらわす。一説に一千億と言う。

（12）**迷いの籠**　原文は「樊籠《はんろう》」。禽獣を入れるかご。木製を「樊」、竹製を「籠」という。煩悩の繋縛あるいは三界の火宅に譬える。

（13）**相好を備えるための修行**　原文は「相好の業」。菩薩は通常、三阿僧祇劫と百大劫の間修行を重ねて仏となるが、相好を備えるための因は、後の百大劫に修するという。

（14）**四静慮**　色界における四段階の禅。「静慮」は「禅那（dhyāna）」の訳で「禅」と略し、心静かに瞑想し真理を観察することを言う。「初禅」は、欲愛を離れ、心寂静にして審慮し、尋伺（対象について考察すること）あって喜楽に住す。「二禅」は、尋伺を離れ、信相明浄にして喜楽に住す。「三禅」は、喜楽を離れ、正念正知にして自地の妙楽に住す。「四禅」は、身心の楽を離れ、不苦不楽にして極善清浄の境地に住す。神通の智慧はこの第四禅において得られるという。

（15）**自然に得られる果報**　原文は「任運生得《にんうんしようとく》の果報」。「任運生得」は、生まれながらに備わっているということ。「任運」はもともと老荘思想の用語で、「人為を棄て、すべてを天の理法にゆだねること」の意。仏典では、「sva-rasena（それ自身の性向によって、自然に）」「ayatnena（努力を要しないで、自然に）」等の訳語として用いられる。「果報」は、「過去の行為を因とし、その報いとして受ける現在の結果」の意。

（16）**『無量寿経』『平等覚経』**　『無量寿経』巻上、弥陀果徳の中、眷属荘厳の文（『大正蔵』一二、二七一頁中～下）、同巻下、衆生往生果の文（同、二七三頁中～下）、『平等覚経』巻二（『大正蔵』一二、二八七頁上～下）。

（17）龍樹の造った偈　『十住毘婆沙論』巻五、易行品（『大正蔵』二六、四三頁上～中）。

（18）平伏す　原文は「頭面《ずめん》をもって礼す」。頭を地面につけて敬いの意を表す礼拝の作法。

（19）礼拝す　原文は「稽首《けいしゅ》」。ひざまずいて頭を地につけること。

（20）神足・他心・宿命の　神通用いて苦をすくう　原文は「神変《じんぺん》および心の通あり。また宿命智《しゅくみょうち》を具せり」。「神変」は神足通、「心の通」は他心通、「宿命智」は宿命通を指す。先の「天眼・天耳」と合わせて五神通のことが歌われている。ここの「心の通」の「心」は、青蓮院本では「身」となっているが、他本によって「心」に改めている。他心通を指すので「心」が妥当である。

（21）敬礼す　原文は「帰命《きみょう》し礼したてまつる」。帰命は上115頁（15）参照。

第四に「五妙境界《ごみょうきょうがい》」[1]、清らかな悟りの世界を五感で捉えることができる楽しみ。

極楽は、阿弥陀仏が四十八願[2]に基づいて自ら荘厳を完成させた世界であるから、あらゆるものが美を極め、言葉にならないほどのすばらしさである。目に映るものは何もかも美しく清らかで、耳に届く音はすべて悟りへと導く仏の声となる。香りも味も、身に触れるものも、みな同じく絶妙である。

極楽は、地面が瑠璃《るり》でできていて、道路の仕切には黄金の縄[3]が使われているという。起伏のない平原がどこまでも果てしなく広がり[4]、きらきらと輝いて言葉に表せないほど[5]うるわしく清らかである。見たこともない美しい衣が地面に敷きつめられ、それを踏みつつ神々や人々が行きかう　以上は地面の様相である。

宝玉を敷きつめた地面の区画の一つひとつに、五百億の七宝でつくられた宮殿・楼閣が建ち並んでいる。建物の高さ広さは、思いのままに変化する。宝玉製の座具には美しい衣が敷かれ、手すり(6)は七重、花飾りの幢《はたほこ》(7)が百億も立ち並び、それぞれに珠玉を連ねた紐飾《ひもかざ》(8)りを垂らし、宝玉をちりばめた幡《はた》や蓋《かさ》(9)が吊り下げられている。建物の中や周囲の空には、たくさんの神々・人々がいて、常に音楽を奏で、歌をうたって如来の徳を讃えている　以上は宮殿の様相。

講堂や僧院、宮殿・楼閣の周囲には、沐浴のための池がある。黄金でできた池の底には白銀の砂が敷きつめられ、白銀の池の底には黄金の砂が敷かれている。水晶の池には瑠璃《るり》の砂、瑠璃の池には水晶の砂が敷かれている。ほかにも珊瑚《さんご》・琥珀《こはく》・車渠《しゃこ》・瑪瑙《めのう》・白玉《はくぎょく》・紫金《しこん》などを組み合わせて、様々な池がつくられている。池には八つの功徳を備えた水が満ちている。水は底まで澄みわたり、宝玉の砂が光を受けて輝いている「八つの功徳」とは、第一に清く透き通っていること、第二に爽やかで冷たいこと、第三に甘くておいしいこと、第四に柔らかく軽やかなこと、第五につやと潤いがあること、第六にやさしくて穏やかなこと、第七に飲めば飢え渇きなどのあらゆる患いが除かれ、第八に飲むと必ず感覚が冴えて力がみなぎり、ますます善行を積むことができる。この説明は『称讃浄土経』(10)に見える。

池の四辺の階段(11)は、種々の宝玉を合わせて作ってある。池の表面は色とりどりの蓮華に覆われている。青い蓮華は青く光り、黄色い蓮華は黄色く輝き、赤い蓮華も白い蓮華もそれぞれの色の光を放っている。そよ風が吹くと、花が揺れて光が交じりあう。その花の一つひとつに菩薩が、光の一つひとつに化仏がまします。さざ波(12)が立つと水があふれてどんどん流れだす。遅からず速からず、ゆったりと(13)流れてゆく。その水音は、何とも言えない響きで、すべてが仏法を説く声となる。ある時は苦・空・無我(14)の教えによって迷いの世界の現実を示し、様々な波羅蜜《はらみつ》(15)の修行の方法を教え、またある時には十力《じゆうりき》(16)・四無畏(17)・十八不共法《じゆうはちふぐほう》(18)など仏に備わる様々な功徳について説いている。時には大慈悲《だいじひ》の声をかけ、また無生法忍《むしようぼうにん》(19)の境地を説く。みなその声を聞きながら、それぞれに教えを味わい、無量の喜びに浸っている。彼らは、清らかな仏の心、悟りの智慧、真実の教えに照らされて、仏道修行者の践むべき正しい道を行く者だと言えよう。

水辺には、鳧《かも》・雁《かり》・鴛鴦《おしどり》・鵞《う》・鷺《さぎ》・鵝《がちよう》・鶴《つる》・孔雀《くじやく》・鸚鵡《おうむ》・迦陵頻伽《かりようびんが》(20)など色とりどりの鳥がいる。鳥たちは毎日六度の勤行の時刻(21)になると、優雅に声を合わせて仏・法・僧の三宝を念ずる者を誉め讃え、高らかに五根・五力・七菩提分(22)など仏道修行の法を説く。その声には悪道の苦しみを思い起こさせるものなど微塵もなく、ただ快い音だけが耳に入ってくる。

極楽の菩薩や修行僧たちが沐浴する時、宝玉の浴池は彼らの望み通りの深さになる。煩悩の垢を洗い流して(23)、曇りのない清らかな心となり、沐浴を終えると、各自思い思いに散らばってゆく。あるものは空中に舞い、またあるものは樹下に坐して、経の講述をしたり、経を唱えたり、あるいは師より経を受け、また読経の声に耳を傾ける。坐禅する者もいれば、静かに歩く(24)者もいる。彼らの中に、いまだ聖者の位(25)に達していない者がいれば、ただちに聖者となる。阿羅漢《あらかん》の悟りを目指しながらいまだ成就していない者は即座に阿羅漢となり、不退転(26)の境地に至らない菩薩はすぐさま不退転の位に定められる。一人残らず悟りを得、喜びに満ちあふれるのである。

河は澄みわたり、河底には黄金の砂が敷きつめられている。水の深さも一人ひとりの好み通りになる。みな景色を楽しみながら、河原に集まって来る　以上は水の様相。

池や河のほとりには、栴檀(27)の樹がある。重なりあってどこまでも並木が続き、葉はびっしりと繋っている。紫金の葉、白銀の枝、珊瑚の花、車渠の実。純一の宝玉でできたものあり、七宝が合わさっているものあり、枝も葉も、花も実も、美しく飾られ、互いに輝かせ合う。時折そよ風が吹くと、樹々を覆う網飾り(28)が揺れ、美しい花びらがゆっくりと舞い落ちる。風に乗ってふくよかな香りがただよい、河に浮かんでゆたかな香りが流れる。そのうえ樹々を吹き抜ける風は、百千の楽器を使って合奏したような、何とも言えないすばらしい音色(29)を奏でる。風の音を聞いていると、自然と仏・法・僧の三宝に心が傾いてくる。欲界の最高峰である他化自在天に鳴り響く万種の音楽も、極楽の宝樹が奏でる一種の音にさえ及ばない。

葉と葉の間に花が咲き、花の上には実がなって、それらがみな輝いて光の蓋《かさ》(30)となり天を覆う。その蓋の中に、仏の活動(31)の一部始終が映し出される。さらに十方諸仏の浄土を見たいと思えば、宝樹の間にそのすべてを明らかに捉えることができる。樹々の上には宝玉の網飾りが七重に掛けられ、その網目の一つひとつに、美しい花で飾られた宮殿が建っている。その数は五百億。宮殿には神々の子供たちがいて、きらきら光る首飾りをつけて自在に飛びまわっている。このように七宝でできた種々の樹が極楽の全体を覆っている。ことに美しい花、柔らかな草もいたる所にあり、穏やかに清らかに香り、触れる者の心を和ませてくれる　以上は樹木の様相。

種々の宝玉を連ねた網飾りが、空一面を覆っている。網飾りには宝玉の鈴がつり下げられ、それが妙なる音を出して仏法を説く。空からは、美しい花びらと共に、宝玉で飾られた衣や装身具がひらりひらりと(32)舞い落ちる。それらはまるで鳥が飛んできて止まるように、諸仏の前にぴたりと供えられる。たくさんの楽器が空に浮かび、誰もいないのにひとりでに音を出し、仏法を説いている　以上は虚空の様相。

このほか、好みに応じて薫る香木、塗香《ずこう》・抹香《まっこう》(33)など幾種類もの香りが、馥郁として国中にあふれている。その香りをかぐと、知らず知らずのうちに悩みや苦しみ(34)が消えてゆく。地面から天空に至るまで、宮殿も花も樹も何もかも、無数の宝玉と数知れぬ種類の香木とが合わさってできている。その香りは、十方諸仏の世界にまで届き、その香に触れた菩薩はみな、仏道修行に邁進するのである。

また、極楽の菩薩や聖者たちが食事をしようとすると、どこからともなく七宝製の机が現れ、七宝の鉢に絶妙の料理が盛られる。その美味しさはこの世のものではない。天上界にも類を見ない。かつて味わったことのない芳しさで、好み(35)にぴったりの味付け、見た目も香りもすばらしく、身も心もすがすがしくなる。食べ終わると同時に、身体に力がみなぎる(36)。食事が終わると机や食器は消え去り、食事の時間になるとまた現れる。

極楽では、衣が欲しいと思えば即座に現れる。ふと気が付けば戒律の規定通りの袈裟(37)を身にまとっている。しかもこの衣は、仕立てや染色、繕いや洗濯をしなくてもよい。

また極楽はすみずみまで明るいので、太陽や月、灯火も必要ない。気温はいつも快適で、四季の変化がない。自然の風のはたらきで適温に保たれている。その風の心地よさは、瞑想によって悩みを根底から断ち切った聖者の心境(38)に等しい。毎朝、勤行の時間になると、美しい花びらが舞い散って地面を覆い尽くし、鮮烈な香りをまき散らす。花びらは柔らかくしなやかで、極上の綿花(39)のようである。ふかふかの花の絨毯《じゅうたん》を歩くと、足が四寸も沈み、足を挙げると元に戻る。朝の勤行の時間が終わると、花びらは自然に地中に消えてゆく。すっかりなくなると、また新しい花びらが降って来る。このようなことが、一日六度の勤行のたびに[40]繰り返される。

以上述べてきたような極楽の情景は、見聞き触れる者の身心を喜ばせるけれども、決して欲望を膨らませることなく、さらに数えきれないほどのすばらしい功徳を積み重ねることになる。十方世界に無数にある諸仏浄土の中、極楽に備わる功徳は随一である。二百一十億の諸仏浄土の清らかな功徳が[41]、すべて極楽に集約されているからである。極楽浄土の情景を心に観ずる者は、無限の過去より重ねてきた悪業の罪が取り除かれ、いのち終われば必ず極楽に往生することができる　以上は『無量寿経』『観無量寿経』『阿弥陀経』『称讃浄土経』『大宝積経』『平等覚経』『思惟経』[42]などの大意をまとめて記した。

世親の『往生論』[43]の偈には、

「極楽の相《すがた》観ずれば　まよいの世界を超越し
虚空のようにはてしなく　地平のかなた限りなし
千種万種の花びらが　散って水面《みなも》をうめつくす
そよ風吹いて枝が揺れ　きらきら光がまじりあう
摩天楼より眺めれば　十方世界が手にとるよう
種々の光を放つ樹を　珠玉の垣がとり囲む
無数の宝玉いりまじり　空にたなびく網飾り
鈴の音たかく響き合い　ほとけの法《のり》説く声となる

我らの願いをことごとく　　かなえてくれる場所だから
阿弥陀如来のいます国　　極楽浄土に生まれたい」

と歌われている。

（1）**五妙境界**　往生人の五官（五根＝眼・耳・鼻・舌・身）の対象となる五境（色・声・香・味・触）、すなわち極楽世界の情景が、言葉で表せないほど清らかですぐれているということ。「妙境界」という語は、世親『往生論』（『大正蔵』二六、二三二頁上）の、「かの無量寿仏国土の荘厳は第一義諦妙境界相なり」によるものであろう。極楽は真如法性がそのまま国土の荘厳相として現れた世界だと言うのである。本項末尾に引用された『往生論』の偈は、国土荘厳十七種の中、第一清浄功徳・第二量功徳・第八三種功徳・第十七一切所求満足功徳に対応する部分である。

（2）**四十八願**　四十八項目よりなる阿弥陀仏の誓願。「四十八願をもって浄土を荘厳す」という文言は、智顗述と伝わる『無量寿経』の讃文の中に見える（灌頂『智者大師別伝』、『大正蔵』五〇、一九六頁上）。世親『往生論』（『大正蔵』二六、二三二頁中）には、「また向《さき》に観察荘厳仏土功徳成就と荘厳仏功徳成就と荘厳菩薩功徳成就とを観察することを説けり。この三種の成就は、願心をもって荘厳せり、知るべし」とあり、善導『往生礼讃』（『大正蔵』四七、四四五頁下）には、「かの弥陀の極楽界を観ずるに、広大寛平にして衆宝をもって成ず。四十八願より荘厳起こりて、諸の仏刹に超えて最も精たり」とある。新羅義寂の『無量寿経述義記』巻中（古逸、恵谷隆戒『浄土教の新研究』付録「義寂の無量寿経述義記復元について」四一〇頁～四一三頁、山喜房仏書林、一九七六年）には、四十八願の一々に『往生論』の二十九功徳を配当してゆく釈が見える。

（3）**黄金の縄**　原文は「金縄《こんじょう》」。極楽では道路や区画を示すために黄金の縄が張り巡らされている。『観無量寿経』

(『大正蔵』一二、三四二頁上)に、「瑠璃地の上に黄金の縄をもって雑廁間錯し、七宝をもって界ひて分斉分明なり」とある。

(4)どこまでも果てしなく広がり　原文は「恢廓曠蕩《かいかくこうとう》にして辺際あることなし」。「恢廓」は「拡大する、心が広く大きいさま」、「曠蕩」は、「広々と開けているさま、度量が大きいさま」。『無量寿経』巻上(『大正蔵』一二、二七〇頁上)に、「その仏国土は、自然の七宝、金・銀・瑠璃・珊瑚・琥珀・車渠・碼碯合成して地とせり。恢廓曠蕩にして限極すべからず。ことごとくあひ雑廁し、うたたあひ入間せり。光赫煜耀にして微妙奇麗なり」とある。

(5)きらきらと輝いて言葉に表せないほど　原文は「晃耀微妙《こうようみみょう》」。「晃耀」は光輝くさま、「微妙」は言葉や思考を超えてすばらしいこと。

(6)手すり　原文は「欄楯《らんじゅん》(vedikā)」。垣根。漢語の「欄楯」は手すりの意。仏教では、仏塔などの聖域の周囲を結界して囲った石柵を言う。

(7)花飾りの幢　原文は「華幢《けどう》」。「幢」は「軍旗」のことで、魔軍を制圧する仏教の象徴として荘厳具となる。筒型の幕に仏・菩薩の像や経文を書き、竿に吊して堂内の柱にかけられる。

(8)紐飾り　原文は「瓔珞《ようらく》」。装身具。原語は ratnāvalī, hāra など。宝石・貴金属を糸で編んで首や胸などにつけたもの。仏・菩薩像の飾りや天蓋の装飾、仏前の荘厳などに用いられた飾りを指す。

(9)幡や蓋　「幡」は前掲「幢」と同じく、布製の荘厳具。「幢幡《どうばん》」とも言う。「蓋」は「きぬがさ」。天蓋のこと。仏像の頭上に懸けられる笠状の荘厳具。

(10)『称讃浄土経』　玄奘訳『称讃浄土仏摂受《しょうじゅ》経』(『阿弥陀経』の新訳。以下『称讃浄土経』と略称する。『大正蔵』一二、三四八頁下～三四九頁上)。ここに見える「八功徳」の説明は経文の通りである。

(11)階段　原文は「階道」。浴池の周囲に設置された階段。インドでは普通、宮殿や堂舎の前に沐浴のための広大な浴池が設けられている。その多くは四角形で、四辺は階段状になっていて、どこからでも池に入ることができる。極楽にもそのような浴池があると考えられていたのである。

(12) **さざ波**　原文は「微瀾《みらん》」。「瀾」は波。

(13) **ゆったりと**　原文は「安詳《あんじょう》」。心静かに落ち着いたさま。

(14) **苦・空・無我**　「迷いの生存はすべて思い通りにならず（苦）、この世のあらゆるものには固定的な実体はなく（空）、わがものと見なされるものは何もない（無我）」という教説。これに「生じたものは必ず消え去る（無常）」を加えると「四無常」となる。上101頁(35)参照。八功徳水の流れが種々の法音を出すという教説は、『観無量寿経』の八功徳水想（『大正蔵』一二、三四二頁中〜下）に、「その摩尼水、華のあひだに流れ注ぎ、樹を尋《めぐ》りて上下す。その声微妙にして、苦・空・無常・無我、諸波羅蜜を演説す。また諸仏の相好を讃嘆するものあり」とある。また『無量寿経』巻上、宝池荘厳を説く中に（『大正蔵』一二、二七一頁中）、「微瀾回流してうたたあひ灌注す。安詳としてやうやく逝きて、遅からず、疾からず。波揚がりて無量なり。自然の妙声、その所応に随ひて聞えざるものなし。あるいは仏声を聞き、あるいは法声を聞き、あるいは僧声を聞く。あるいは寂静の声、空・無我の声、大慈悲の声、波羅蜜の声、あるいは十力・無畏・不共法の声、もろもろの通慧の声、無所作の声、不起滅の声、無生忍の声、乃至、甘露灌頂、もろもろの妙法の声、かくのごときらの声、その聞くところに称ひて、歓喜すること無量なり。清浄・離欲・寂滅・真実の義に随順し、三宝・力・無所畏・不共の法に随順し、通慧、菩薩と声聞の所行の道に随順す。三塗苦難の名あることなく、ただ自然快楽の声のみあり。このゆゑに、その国を名づけて安楽といふ」と言う。

(15) **波羅蜜（pāramitā）**　絶対あるいは完全の意で、「悟りの完成」または「悟りに至るための修行」を意味する。菩薩の基本的な実践徳目として、六波羅蜜や十波羅蜜などが説かれる。「六波羅蜜」は、平等の智慧を完成することを目指す実践の体系で、「1布施（おしみなくほどこすこと）2持戒（戒律をまもること）3忍辱（苦難を堪え忍ぶこと）4精進（たゆまず努力すること）5禅定（瞑想して精神を研ぎ澄ますこと）6智慧（真理を見極める智慧を得ること）」を言い、これに「7方便（利他回向の実践によって衆生を救済すること）8願（自利・利他の誓願を保ちその実現を目指すこと）9力（真偽を見極める力、修行に邁進する力を養うこと）10智（自ら仏道を楽しむ智慧、衆生を利益する智慧を養うこと）」を加えて「十波羅蜜」という。水流が「波羅蜜」を説く音声を出すことは、右掲『観無量寿経』『無量寿経』の説による。以下の「十力・四無畏・十八不共法」「大慈悲」「無生忍」も同じ。

(16) **十力**　仏が備える十種の智力。「1処非処智力（道理に合うか合わないかを知る）2業異熟智力（行いとその報いとを知る）3静慮解脱等持等至智力（あらゆる禅定のことを知る）4根上下智力（人々の能力を知る）5種種勝解智力（人々の理解しているところを知る）6種種界智力（人々の生まれや行為を知る）7遍趣行智力（種々の世界に趣く行業の因果を知る）8宿住随念智力（前世のことを知る）9死生智力（人々の生死や来世のことを知る）10漏尽智力（煩悩を断滅した境地とそれに至る手段とを知る）」を言う（『倶舎論』巻二十七、『大正蔵』二九、一四〇頁中）。

(17) **四無畏**　仏が説法する際に備えている四つの揺るぎない自信。「1正等覚無畏（自ら悟りを完成したと自覚し、一切を知り尽くしたと明言することにおそれを持たない）2漏永尽無畏（自ら煩悩を断じ尽くしたと明言することにおそれを持たない）3説障法無畏（仏道の妨げとなる煩悩について説くことにおそれを持たない）4説出道無畏（煩悩の断滅に導く道について説くことにおそれを持たない）」を言う（『倶舎論』巻二十七、『大正蔵』二九、一四〇頁下）。

(18) **十八不共法**　「不共法」とは、声聞・縁覚・菩薩と異なり、仏のみが備えるすぐれた特質のこと。十八項目を立てる。『倶舎論』巻二十七（『大正蔵』二九、一四〇頁上〜）に、仏の「十力・四無畏・三念住・大悲」を合わせて「十八不共法」と言う。「十力・四無畏」は既述の通り。「三念住」とは、仏が正念正知に安住するさまを三方面より見たもので、「1第一念住（衆生が仏を信じようとも、仏は歓喜の心を起こさず正念正知に安住する）2第二念住（衆生が仏を信じなくても、仏は憂悩を起こさず正念正知に安住する）3第三念住（ある者は信じ、ある者は信じなくとも、仏は喜びや憂いを起こさず正念正知に安住する）」を言う。「大悲」とは、仏のみが備えている慈悲心のこと。このほか『大智度論』巻二十六（『大正蔵』二五、二四七頁中）では、「1身無失 2口無失 3念無失（以上、身口意の三業に過失がない）4無異想（一切衆生を平等に見る）5無不定心（常に禅定を離れない）6無不知已捨（すべてを知ってしかも執着しない）7欲無減 8精進無減 9念無減 10慧無減 11解脱無減 12解脱知見無減（以上、衆生済度に必要な種々の心が減退しないこと）13一切身業随智慧行 14一切口業随智慧行 15一切意業随智慧行（以上、衆生済度のため智慧の力で身口意の三業を現ずること）16智慧知過去世無礙 17智慧知未来世無礙 18智慧知現在世無礙（以上、智慧によって過去・現在・未来のすべてを知り尽くすこと）」をもって十八不共法と呼んでいる。

（19）**無生法忍（anutpattika-dharma-kṣānti）** 真如の悟り。不生不滅の理を確認し心を安んずること。一切は空であり、それ自体の固有の性質を持たず、したがって生滅変化を超えているという道理を受け入れること。大乗仏教に特有の用語である。

（20）**迦陵頻伽（kalaviṅka）** 極楽に住むという想像上の鳥。美しい鳴き声を持つという。極楽の鳥が、法音を出すことは、『観無量寿経』の八功徳水想（『大正蔵』一二、三四二頁下）に、「如意珠王より金色微妙の光明を涌出す。その光、化して百宝色の鳥となる。和鳴哀雅にして、つねに仏を念じ、法を念じ、僧を念ずることを讃ふ」とあり、『阿弥陀経』（『大正蔵』一二、三四七頁上）にも、「かの国にはつねに種種奇妙なる雑色の鳥あり。白鵠・孔雀・鸚鵡・舎利・迦陵頻伽・共命の鳥なり。このもろもろの鳥、昼夜六時に和雅の音を出す。その音、五根・五力・七菩提分・八聖道分、かくのごときらの法を演暢す。その土の衆生、この音を聞きをはりて、みなことごとく仏を念じ、法を念じ、僧を念ず」とある。

（21）**毎日六度の勤行の時刻** 原文は「昼夜六時」。「六時」とは、読経・法要などを行うための一日の時間割で、夕刻より四時間ごとに「日没・初夜・中夜・後夜・晨朝・日中」と言う。インド以来、この六時に勤行する習慣がある。

（22）**五根・五力・七菩提分**　三十七道品の一部。「道品」とは悟りへの階梯をなす修行法のこと。「菩提分法」ともいう。「四念処」「四正勤」「四神足」「五根」「五力」「七菩提分」「八聖道分」の七種よりなり、初期仏教以来の代表的な修行法である。「四念処」とは、「浄・楽・常・我」の四顛倒を破するための観法で、「1身念処（身体は不浄なりと観ずる）2受念処（感受は苦であると観ずる）3心念処（心は無常であると観ずる）4法念処（法は無我であると観ずる）」。「四正勤」とは、悟りを得るための四つの努力で、「1断断（すでに生じている悪を断つ努力）2律儀断（いまだ生じていない悪を起こさない努力）3修断（すでに生じている善を大きくする努力）4随護断（いまだ生じていない善を起こす努力）」。「四神足」とは、神通力を獲得する基礎となる四つの基で、「1欲神足（意欲）2勤神足（努力）3心神足（思念）4観神足（思惟観察）」。「五根」とは、悟りを得るための五つの力で、「1心根（信仰）2精進根（努力）3念根（思念）4定根（禅定）5慧根（智慧）」。「五力」とは、五根によって生ずる五つの力で、「1信力 2精進力 3念力 4定力 5慧力」を言う。「七菩提分」とは、「七覚支」とも言い、悟りを得るための七つの要素、特に心の状態に応じて、存在を観察する上での注意をまとめたもので、「1念覚支（これまでの経験を注意深く思い起こす）2択法覚支（それを正しい智慧によって思惟分別する）3精進覚支（精進努力する）4喜覚支（努力の中から心に喜びが生ずる）5軽安覚支（喜びによって身体が軽快になる）6定覚支（身心が落着いて心が統一する）7捨覚支（あらゆる感情を離れてありのままを観察することができる）」。「八聖道分」とは、苦の滅に導く八つの正しい実践で、「1正見（正しくものを見ること）2正思惟（思いを正すこと）3正語（正しい言葉づかい）4正業（正しい行い）5正命（正しい生活）6正精進（正しい努力）7正念（正しい心の落着き）8正定（正しい精神統一）」を言う。

郵便はがき

料金受取人払郵便

京都中央局
承　　認

3063

差出有効期間
平成30年5月
13日まで

(切手をはらずに
お出し下さい)

6008790

110

京都市下京区
正面通烏丸東入

法藏館 営業部 行

愛読者カード

本書をお買い上げいただきまして、まことにありがとうございました。
このハガキを、小社へのご意見またはご注文にご利用下さい。

お買上 **書名**

＊本書に関するご感想、ご意見をお聞かせ下さい。

＊出版してほしいテーマ・執筆者名をお聞かせ下さい。

お買上 **書店名**	区市町	**書店**

◆新刊情報はホームページで　http://www.hozokan.co.jp
◆ご注文、ご意見については　info@hozokan.co.jp

16.5.50000

ふりがな ご氏名		年齢　　歳　男・女
〒□□□-□□□□	電話	
ご住所		
ご職業 （ご宗派）	所属学会等	
ご購読の新聞・雑誌名 （ＰＲ誌を含む）		

ご希望の方に「法藏館・図書目録」をお送りいたします。
送付をご希望の方は右の□の中に✓をご記入下さい。　□

注 文 書

月　　日

書　　名	定　価	部　数
	円	部
	円	部
	円	部
	円	部
	円	部

配本は、○印を付けた方法にして下さい。

イ. 下記書店へ配本して下さい。
（直接書店にお渡し下さい）

（書店・取次帖合印）

書店様へ＝書店帖合印を捺印の上ご投函下さい。

ロ. 直接送本して下さい。
代金（書籍代＋送料・手数料）は、お届けの際に現金と引換えにお支払下さい。送料・手数料は、書籍代 計5,000円 未満630円、5,000円以上840円です（いずれも税込）。

＊お急ぎのご注文には電話、ＦＡＸもご利用ください。
電話 075-343-0458
FAX 075-371-0458

（個人情報は『個人情報保護法』に基づいてお取扱い致します。）

（23）**洗い流して**　原文は「蕩除《とうじょ》」。「蕩」は汚れなどを勢いよく洗い流すの意。『無量寿経』巻上（『大正蔵』一二、二七一頁中）に、「かの諸菩薩および声聞衆、もし宝池に入りて、意に水をして足を没さしめんと欲へば、水すなはち足を没す。膝に至らしめんと欲へば、すなはち膝に至る。腰に至らしめんと欲へば、水すなはち腰に至る。頸に至らしめんと欲へば、水すなはち頸に至る。身に灌がしめんと欲へば、自然に身に灌ぐ。還復せしめんと欲へば、水すなはち還復す。冷煖を調和するに、自然に意に随ふ。神を開き、体を悦ばしめて、心垢を蕩除す。清明澄潔にして、清きこと形なきがごとし」とある。

（24）**静かに歩く**　原文は「経行《きょうぎょう》」。「歩行」の意。一定の距離を直線的にゆっくり反復往来すること。禅宗では「ひんきん」と読む。

（25）**聖者の位**　原文は「須陀洹《しゅだおん》」。無漏の聖者の仲間に入った者。「預流《よる》」と訳す。声聞乗の聖果の第一。聖者の行位は「四向四果」、すなわち、「須陀洹（srota-āpanna 預流）」「斯陀含《しだごん》（sakṛd-āgāmin 一来）」「阿那含《あなごん》（anāgāmin 不還）」「阿羅漢《あらかん》（arhat）」のそれぞれに向・果を立て、あわせて八つの段階が説かれる。「預流向」は三界の見惑（八十八煩悩）を断じつつある見道十五心の間を言い、「預流果」は見惑を断じ終わって第十六心である修道に入った段階を言う。ここに至れば、欲界の生死を最大でも七度繰り返せば悟りに達する。「一来《いちらい》向」は欲界の修惑の九品のうち六品を断じつつある位、「一来果」はこれを断じ終わった位を言う。ここに至れば、もう一度だけ欲界の生死を繰り返せば悟りに達する。「不還《ふげん》向」は修惑の残り三品を断じつつある位、「不還果」はこれを断じ終わった位で、ここに至れば二度と欲界に還ることはない。「阿羅漢向」は色界・無色界の一切の修惑を断ずる位、「阿羅漢果」はそのすべてを断じ尽くした位で、今生の果報尽きれば永く涅槃に入り、再び迷いの世界に流転することはない。『倶舎論』賢聖品（巻二十二～二十五、『大正蔵』二九、一一三頁下～）等参照。『平等覚経』巻二（『大正蔵』一二、二八五頁下）に、「無量清浄仏および諸菩薩阿羅漢、みな浴しをはりておのおの自ら去る。その諸菩薩阿羅漢、おのおの自ら行道す。中に地にありて経を講ずるものあり、中に地にありて経を誦するものあり……中に虚空中にありて経を講ずるものあり、中に虚空中にありて経を誦するものあり……中に虚空中にありて口に経を受くるものあり、中に虚空中にありて経を聴くものあり……中に虚空中にありて坐禅一心なるものあり、中に虚空中にありて経行するものあり、中にいまだ須陀洹道を得ざるものは、すなはち須陀洹道を得、中にいまだ斯陀含道を得ざるものは、すなはち斯陀含道を得、中にいまだ阿那含道を得ざるものは、すなはち阿那含道を得、中にいまだ阿羅漢道を得ざるものは、すなはち阿羅漢道を得、中にいまだ阿惟越致の菩薩たるを得ざるものは、すなはち阿惟越致の菩薩たるを得」とある。

(26) **不退転**　原文は「阿惟越致《あゆいおっち》(avinivartaniya, avaivartika)」。「阿鞞跋致《あびばっち》」とも音写し、「不退転」と訳す。すでに得た功徳を失う心配のなくなった状態を言う。菩薩の修行が進み、仏になることが決定して、再び悪趣や二乗、凡夫の位に堕することがなくなった位。

(27) **栴檀 (candana)**　ビャクダン科の常緑高木。心材や根に芳香があり、仏像の材や香木として珍重された。その香りは仏典の中でも賞讃され、菩提心の譬えとされることもある。

(28) **網飾り**　原文は「羅網《らもう》」。宝珠を編みつらねた網。浄土や天上界の天空を飾る荘厳具。

(29) **音色**　原文は「宮商」。「五音《ごおん》」すなわち「宮《きゅう》・商《しょう》・角《かく》・徴《ち》・羽《う》」の五つの音名を指し、西洋音楽の「ドレミ……」にあたる。『無量寿経』巻上（『大正蔵』一二、二七〇頁下～二七一頁上）に、「また、その国土に七宝のもろもろの樹、世界に周満せり……行々あひ値ひ、茎々あひ望み、枝々あひ準ひ、葉々あひ向かひ、華々あひ順ひ、実々あひ当れり。栄色の光耀たること、勝げて視るべからず。清風、時に発りて五つの音声を出す。微妙にして宮商、自然にあひ和す」とあり、また『阿弥陀経』（『大正蔵』一二、三四七頁上）に、「舎利弗、かの仏国土には微風吹いて、もろもろの宝行樹および宝羅網を動かすに、微妙の音を出す。たとへば百千種の楽を同時に倶になすがごとし。この音を聞くもの、みな自然に仏を念じ、法を念じ、僧を念ずるの心を生ず」とある。

(30) **蓋**　原文は「宝蓋《ほうがい》」。宝玉をちりばめた天蓋。『観無量寿経』樹想（『大正蔵』一二、三四二頁中）に、「大光明あり。化して幢幡・無量の宝蓋と成る。この宝蓋のなかに三千大千世界の一切の仏事を映現す。十方の仏国もまたなかにおいて現ず」とある。

(31) **仏の活動**　原文は「仏事」。仏が衆生を教化し済度することを言う。

(32) **ひらりひらりと**　原文は「繽粉」。諸本は「繽紛《ひんぷん》」。『浄土真宗聖典　七祖篇―原典版―』でも「繽紛」となっているので、誤記だと思われる。花などが乱れ散るさま。「繽」は「びっしりと並ぶ」。

(33) **塗香・抹香**　原文は「塗香・末香」。香木を粉末状にしたもの。「塗香」は身体に塗る。「抹香」は焼香として用いる。『大宝積経』巻十八（『大正蔵』一一、九七頁中）に、「また無量如意の妙香・塗香・末香あり。その香、普くかの仏国界に熏ず」とある。

(34) **悩みや苦しみ**　原文は「塵労垢習《じんろうくじゅう》」。煩悩とその習気《じっけ》。「塵労」は「心を疲れさせる塵」。塵は微細で無数であることから、煩悩に譬えられる。「垢習」は「煩悩の習気」。「習気」とは業の潜在的余力を言う。煩悩そのものが滅しても、その後に煩悩の習慣性が残る。その余力のことである。

(35) **好み**　原文は「甜酢《てんそ》」。「甜」は甘い、「酢」はすっぱい。

(36) **身体に力がみなぎる**　原文は「色力増長《しきりきぞうじょう》す」。「色力」は体力。『大宝積経』巻十八（『大正蔵』一一、九七頁中）に、「かの仏国中に微細の食あり……食しをはれば色力増長し、しかも便穢なし」とある。

(37) **戒律の規定通りの袈裟**　原文は「法に応ぜる妙服」。仏の制定された作法に応じてつくられた袈裟。上117頁(3)参照。

(38) **瞑想によって悩みを根底から断ち切った聖者の心境**　原文は「滅尽三昧」。心のはたらきを完全に滅した禅定。

「滅尽定（nirodha-samāpatti）」ともいう。不還果の聖者が達することのできる境地とされる。『無量寿経』巻上（『大正蔵』一二、二七二頁上）に、「自然の徳風やうやく起こりて微動す。その風、調和にして寒からず、暑からず。温涼柔軟にして、遅からず、疾からず。もろもろの羅網およびもろもろの宝樹を吹くに、無量微妙の法音を演発し、万種温雅の徳香を流布す。それ聞《か》ぐことあるものは、塵労垢習、自然に起こらず。風、その身に触るるに、みな快楽を得。たとへば比丘の滅尽三昧を得るがごとし」とある。

(39) **極上の綿花**　原文は「兜羅綿《とらめん》」。白楊樹の花などから採れる柔らかい綿。『大宝積経』巻十八（『大正蔵』一一、九七頁中～下）に、「その花微妙広大にして柔軟なること兜羅綿のごとし。もし諸の有情、足もってかの花を踏めば、没すること深さ四指、その足を挙ぐるに随ひてまた復すること初のごとし。晨朝を過ぎをはりて、その花自然に地に没入す。旧花すでに没して大地清浄なれば、さらに新花を雨ふらしてまたまた周遍す。かくのごとく中時・晡時、初・中・後夜に、花を飄し聚を成すことまたまたかくのごとし」とある。

(40) **一日六度の勤行のたびに**　原文は「中時・晡《ふじ》時、初・中・後夜」。「中時」は「日中」、「晡時」は「日没」を指す。「晡」は「ひぐれ」、「午後のおやつを食べる時刻」の意。それに「初・中・後夜」と「晨朝」を加えると六時となる。

(41) **二百一十億の諸仏浄土の清らかな功徳**　原文は「二百一十億の諸仏の浄土の厳浄なる妙事」。十方世界のあらゆる仏の国々の荘厳功徳。『無量寿経』巻上（『大正蔵』一二、二六七頁下）によると、法蔵比丘は世自在王仏より二百一十億の諸仏国土を示される。法蔵は五劫という時間をかけてそれらを充分に吟味し、示されたすべての仏土について、国土荘厳の行を摂取し尽くし、その上で自らの本願を立てたのである。したがって極楽には、十方仏土の荘厳功徳のすべてが収まっていると言われる。

(42) **『無量寿経』『観無量寿経』『阿弥陀経』『称讃浄土経』『大宝積経』『平等覚経』『思惟経』**　原文は「二種の

『観経』『阿弥陀経』『称讃浄土経』『宝積経』『平等覚経』『思惟経』」。『無量寿経』巻上（『大正蔵』一二、二七〇頁上～二七二頁上）、『観無量寿経』（『大正蔵』一二、三四二頁上～三四三頁上）、『阿弥陀経』（『大正蔵』一二、三四六頁下～三四七頁上）、『称讃浄土経』（『大正蔵』一二、三四八頁下～三四九頁中）、『大宝積経』巻十七、十八（『大正蔵』一一、九六頁上～九八頁上）、『平等覚経』巻二（『大正蔵』一二、二八五頁下、二八七頁上～二八八頁上）、『陀羅尼集経』巻二所収「阿弥陀大思惟経説序分第一」（『大正蔵』一八、八〇〇頁下）。なお、二種の『観経』とは『無量寿経』と『観無量寿経』を指す。『無量寿経』は二巻よりなるため、「両巻経」「双巻経」等と呼ばれるが、その「巻」字を「観」と誤り、「両観経」「双観経」と記されることがある。誤記による呼称であるが、平安・鎌倉時代の文献にはしばしば見られる。以下、「双巻経」という呼称が頻出するが、すべてことわりなく『無量寿経』と記す。

(43)『往生論』 原文は「世親の偈」。世親『往生論』（『大正蔵』二六、二三〇頁下～二三一頁上）。

第五に「快《け》楽《らく》無《む》退《たい》」(1)、清らかな喜びが永遠に尽きないという楽しみ。

我らの住む迷いの世界には、楽しみに浸ることのできるものなど何もない。全世界を統治する帝王(2)といえども、手にした財宝(3)はいずれ必ず手放さなければならない。神々にも、死期が迫ると五種の衰え(4)が現れる。たとえ天上界の最高処(5)に達したところで、永遠の生死の繰り返しから逃れることはできない。ましてそれ以下の世界に暮らす者どもの有様たるや、惨憺たるものである。夢と現実との隔たりは甚だしく、楽しみには必ず苦しみがつきまとう。金持ちが長生きできるとは限らないし、長寿の者が豊かであるとも限らない。昨日まで金持ちで今日は貧乏とか、朝に生まれて夕方に死ぬなどということも珍しくない。だから経(6)には、「息を吐いて次に吸えるかどうかはわからない。吸った息を吐くことができるとも限らない。人の死とは、楽しみが終わって悲しみがやって来るというような単純なことだけではない。命の終わりには、罪の重さに応じて、苦しみの世界へ堕ちてゆかねばならないのだ」と説かれている。

それに対し西方極楽世界では、無限の楽しみが与えられる。そこは人々と神々とが一緒に暮らすことのできる世界である。慈しみと思いやりの心にあふれた者ばかりがいて、互いにわが子に対するように接し合う。みな瑠璃の地面をゆったりと歩き、共に栴檀の林を自由に行きかい、宮殿・樹林・浴池に遊ぶ。静かに過ごしたければ、風や波の音も音楽も耳には届かず、見たいと思えば、山川渓谷の風景が目の前に現れる。香りも味も感触も、心の情景さえもが思いのままになる。

雲の梯子(7)にのぼって音楽を奏でたり、大空を自由自在に飛びまわったり、あるいは他所の世界からやってきた菩薩(8)たちの道案内をし、神々や人々、菩薩たちと共に観光することもある。

またある時は宝玉の池のほとりにやってきて、往生したばかりの人に、「あなたご存じですか。ここは極楽世界ですよ。主《あるじ》の名は阿弥陀仏です。今からはこの仏の教えを聞き、この仏を拠り所とするのですよ」などと声をかける。時にはみなで池に入り、それぞれ蓮華の台《うてな》に坐って、互いに前世のことを語り合う。「私はむかし、こんな国にいて、仏の悟りを目指す決意をし、これこれの経典を読み、このように規律を守り、こんな善い行いをし、こんなふうに施しをしました」というように。各自の積み重ねてきた善行の数々を示し、極楽にやってきた経緯をこまごまと披露するのである。あらゆる世界の諸仏が人々を救済する方法(9)について語り合ったり、また迷いの世界の者どもの苦しみを取り除くにはどうすればよいかなどと、みなで意見を述べ合ったりする。(10)

話し合いが終わると、解散してそれぞれ縁ある者の救済に向かう。目的が同じであれば行動を共にすることもある。七宝でできた山に登り 七宝の山や塔、坊舎のことは『十往生経』(11)に見える、八功徳水の池(12)で沐浴し、心安らかに瞑想し、経典を読誦(13)し、講説する。このように自在に活動する楽しみが、永遠に尽きることがないのである。

極楽は、ひとたび往生すれば永遠に退くことのない場所だから、悪道に堕ちるとか、様々な障礙《しょうげ》(14)が仏道の成就を阻むなどという心配はない。寿命も無限なので、生・老・病・死の苦しみはない。何もかも思い通りになるので、愛する者と別れる苦しみ(15)はない。あらゆるものに等しく慈しみの目を向けることができるので、憎悪をいだく者と同席する苦しみはない。善い行い(16)の報いを受けるばかりであるから、求めて得られない苦しみを味わうこともない。身体機能は万全だから、身心の苦悩からも解放されている。ひとたび七宝の蓮台に生を受けたならば、苦しみ迷いの世界に舞い戻ることは永遠にない。菩薩が衆生救済のために発《おこ》した特別な誓願によって、様々な世界に出現することはあるけれども、それは往くも還るも思いのままであって、善悪の行いの報いとして生死を繰り返すことは二度とない。「苦しくない」とか「楽しくない」というような言葉さえもない。それは「苦」という概念そのものがないからである。まして実際に苦を味わうことなど皆無である。

龍樹の造った偈(17)には、

「極楽浄土の往生を
ひとたび遂げた者はみな
永久《とわ》に悪趣に退かず
ゆえに阿弥陀を敬礼《きょうらい》す」

と歌われている。

(1) **快楽無退**　煩悩を超越した無我の境地で味わう喜びが、永遠に尽きることがないということ。極楽は不退転の世界だからである。『無量寿経』巻下（『大正蔵』一二、二七二頁中）に、「それ衆生ありてかの国に生るるものは、みなことごとく正定の聚に住す。ゆゑはいかん。かの仏国の中にはもろもろの邪聚および不定聚なければなり」とあり、『阿弥陀経』（『大正蔵』一二、三四七頁中）に、「極楽国土には、衆生生ずるものはみなこれ阿鞞跋致なり」と言う。

(2) **全世界を統治する帝王**　原文は「輪王《りんのう》」。転輪聖王《てんりんじょうおう》のこと。三十二相を備え、七宝を所有して、武力によらず、正義によって全世界を統治する理想の帝王。

(3) **財宝**　原文は「七宝」。転輪聖王の所有物。「輪宝（輪形の武器で統治の象徴）・象宝（白象）・馬宝（紺馬）・珠宝（神珠）・女宝（玉女）・主蔵臣宝（すぐれた大臣）・主兵臣宝（すぐれた将軍）」を言う。『倶舎論』巻十二（『大正蔵』二九、六五頁中）等に見える。北本『涅槃経』巻三十八（『大正蔵』一二、五八八頁中）に、「転輪聖王は四天下を統べ、七宝を成就して大自在を得るも、無常の相を壊することあたはず」とある。

(4) **五種の衰え**　原文は「五衰」。天人五衰の難。上80頁(2)参照。

(5) **天上界の最高処**　原文は「有頂」。有頂天。無色界の最高処、非想非非想処を言う。三界の最上界である。色界の最高処、色究竟天を指す場合もある。上79頁(1)参照。

(6) **経**　出典不明。良忠の『往生要集義記』巻三（『浄土宗全書』一五、一二四頁下～一二五頁上）に種々検討され

ている。初めに、「法句経に云はく」として、仏より無常相について尋ねられた比丘の一人が、「出息は入息を待たず」と答え、仏より誉められたという記述を挙げているが、出拠がわからない。また『大智度論』巻二十二（『大正蔵』二五、二二八頁上～中）に、死相を修する際の心得として、「出気において入を望まず、入気において出を望まず」等と説く記述のあることを指摘している。この文は『次第禅門』巻九（『大正蔵』四六、五四〇頁上）、湛然の『止観輔行伝弘決』巻七之三（『大正蔵』四六、三七四頁上）にも引用されている。ほかにも二、三の指摘があるが、完全に一致する経文はなさそうである。

（7）**雲の梯子**　原文は「飛梯」。高い梯子。城を攻めるのに用いられた。ここでは雲にかかる梯子。

（8）**他所の世界からやってきた菩薩**　原文は「他方の大士《だいじ》」。他方仏国より極楽にやって来た菩薩。「大士」は菩薩（mahā-sattva）の意訳。

（9）**救済する**　原文は「利生《りしょう》」。衆生に利益を与え、救済すること。

（10）**迷いの世界の者ども**　原文は「三有《さんぬ》」。三界（欲界・色界・無色界）におけるそれぞれの生存のありかた。「有《う》」（bhava）」は「生存」の意。

（11）**『十往生経』**　『十往生阿弥陀仏国経』（『続蔵』一―八七、二九二丁左下）。

（12）**八功徳水の池**　八種の功徳を備えた水を張った浴池。上132頁(10)参照。

（13）**読誦**　読み唱えること。「読」は黙読、「誦」は音読。

（14）**様々な障礙**　原文は「八難」。仏道修行の妨げとなる八つの障礙。「1地獄　2餓鬼　3畜生（以上三悪道は苦しみのため）4長寿天　5辺地（以上二処は楽に安住してしまい求道心が起こらない）6身体的障害　7世俗の知恵にたけて邪見におちいる　8仏の出世に出遇えない」を言う。

（15）**愛する者と別れる苦しみ**　原文は「愛別離苦《あいべつりく》」。以下、「憎悪をいだく者と同席する苦しみ」は原文に「怨憎《おんぞう》会苦《えく》」、「求めて得られない苦しみ」は原文に「求不得苦《ぐふとくく》」、「身心の苦悩」は原文に「五盛陰苦《ごじょうおんく》」とある。「五盛陰苦」は、「五陰盛苦《ごおんじょうく》」とも言い、「五陰《ごおん》（五蘊《ごうん》）」すなわち身体と肉体を構成する五つの要素（色・受・想・行・識）のすべてが苦であるという意味である。これらに、「生・老・病・死」の四苦を合わせて「八苦」と言う。

（16）**善い行い**　原文は「白業《びゃくごう》」。善業の意。黒業（悪業）に対す。

（17）**龍樹の造った偈**　『十住毘婆沙論』巻五、易行品（『大正蔵』二六、四三頁上）。

第六に「引接結縁《いんじょうけちえん》」(1)、縁深い人を探し出して救いの手を差しのべる楽しみ。

人間世界では、何事も思い通りにはならない。樹は静かにしていたいと思っていても、風が止んでくれないように。親孝行をしたいと思っても、親はいつまでも居てはくれないし、懸命に努力しようという気持ちはあっても、貧乏に耐えることさえできない(2)。主君と臣下、師匠と弟子の間でも、妻や子や友、あらゆる恩人(3)や師(4)に対しても同様、意のままにはならないものだ。愚かな上に欲望だらけの心(5)を精一杯空回りさせて、罪を重ねるばかりである。ましてや罪の種類によって生まれる世界が別々になってしまうと、互いにどこの世界(6)に居るのかさえわからない。山野を駆ける禽獣の中から、前世にわが親であったものを見つけ出すことなどできるわけがない。

『心地観経』(7)の偈には、

「わが子のために罪つくり　親は悪道めぐるけど

子もまた聖者の智慧持たず　恩に報いる手だてなし
迷いの世界に繋《つな》がれて　永久《とわ》に生死を繰り返す
この世で出遇う生き物は　むかし親子だったかも」

と歌われている。

ところが極楽に往生すると、人知を超えた智慧を得、自在の神通力を身につけて、無限の過去世にまで遡って、恩人や師を思いのままに救うことができる。この世のすべてを見通す眼で、まずその人が今生きている世界を見る。次にあらゆる音を聴き取る耳で彼の声を聞き、前世のことを知る力を使って彼から受けた恩を思い起こし、他人の心を読み取る力を駆使して彼の考えていることを知り、自在に飛行・変化できる力によって彼のもとに駆けつける。そして自在に救済できる力[8]を用いて、彼を教え諭し極楽へと導くのである。

『平等覚経』[9]に、「極楽の往生人は、みな自分の前世の有様をおぼえている。またあらゆる世界の過去・現在・未来のことがわかる。すべての世界の神々や人々から虫けらの類[10]に至るまで、彼らが何を思い、何を言わんとしているのか、またどの時代のどの年に、どこの世界に生まれて、菩薩の修行をするのか、あるいは阿羅漢の悟りを得るのか等、すべてあらかじめ知っているのである」と説かれている通りである。

『華厳経』[11]に説かれる普賢菩薩の誓願には、

「このたび命の尽きる時　すべての障りを除かれて
阿弥陀如来を拝みつつ　極楽浄土に生まれたい

浄土に往生遂げたなら　　ただちに誓願成就して
　あらゆる世界の人々を　　余すことなく救いたい」

と歌われている。あらゆる世界の無縁の人々に対してさえ、このように願われているのである。まして深い関わりのあった者に救いの手が差しのべられるのは当然であろう。

　龍樹の造った偈(12)にも、

「聖衆の身より放たれた　　清浄の光たちまちに
　一切諸仏の会座《えざ》(13)照らし　　集える者を救いとる」

と歌われている。

(1) 引接結縁　極楽に往生した者は、自由に娑婆に還来し、苦しみに沈む有縁の者を探し出して救いの手を差しのべることができる。世親『往生論』(『大正蔵』二六、二三三頁上)に、往生後の果徳として五功徳門を説くが、その中、第五園林遊戯地門に、「出第五門とは、大慈悲をもって一切苦悩の衆生を観察して、応化の身を示して、生死の園、煩悩の林の中に廻入して、神通に遊戯し教化地に至る。本願力の廻向をもってのゆゑに。これを出第五門と名づく」とある。

(2) 懸命に努力しようという気持ちはあっても、貧乏に耐えることさえできない　原文は「志、肝胆《かんたん》を舂《つ》くといへども、力水菽《すいしゅく》に堪へず」。「肝胆を舂く」は、「肝胆を砕く」と同意で、懸命に努力すること。「水菽」は、「水を飲み、豆粥をすする」ことで、貧窮生活のこと。「菽」は豆のこと。

(3) 恩人　原文は「恩所《おんじょ》」。恩をうけた人

（4）**師**　原文は「知識」。「善知識（善き師、善き友）」すなわち、仏教の正しい道理を教え、仏道に導いてくれる人を言う。

（5）**愚かな上に欲望だらけの心**　原文は「痴愛の心」。「痴愛」は、愚痴（おろかさ）と貪愛（むさぼり）。

（6）**どこの世界**　原文は「六趣《ろくしゅ》・四生《ししょう》」。迷いの世界。「六趣」は「六道（地獄・餓鬼・畜生・阿修羅・人・天）」。「四生」は「胎生・卵生・湿生・化生」で、迷いの生存を生まれ方によって四種に分類したもの。「胎生」は母胎より出生する哺乳動物、「卵生」は卵から生まれるもの、「湿生」はじめじめした所から生まれる虫けらなど、「化生」は何もない所から忽然として生まれるものを指す。地獄の罪人や化け物などは「化生」である。

（7）**『心地観経』**　『大乗本生心地観経』巻三（以下『心地観経』と略称する。『大正蔵』三、三〇二頁中）。

（8）**自在に救済できる力**　原文は「方便力《ほうべんりき》」。利他教化のはたらき。「方便（upāya）」は「近づく」という意味で、衆生を悟りへと導くすぐれた教化方法、あるいは衆生を真実に導くために仮に設けられた手段を言う。ここでは前者の意。

（9）**『平等覚経』**　『平等覚経』巻一、二（『大正蔵』一二、二八三頁中、二九〇頁上）。

（10）**虫けらの類**　原文は「蠉飛《けんぴ》・蠕動《ねんどう》の類」。「蠉飛」は空を飛ぶ虫、「蠕動」は地を這う虫。

（11）**『華厳経』**　四十巻本『華厳経』巻四十、普賢行願品（『大正蔵』一〇、八四八頁上）。普賢菩薩の十大願については、上119頁（15）参照。

（12）**龍樹の造った偈**　実は世親『往生論』の偈（『大正蔵』二六、二三一頁上）である。

（13）**会座**　原文は「会」。仏法を聞くために集まる場を言う。

第七に「聖衆倶会《しょうじゅくえ》」(1)、浄土の聖衆に会える楽しみ。

『阿弥陀経』(2)に、「浄土の教えを聞く者よ。菩提心《ぼだいしん》を発《おこ》して(3)、極楽浄土に往生したいと願うがよい。なぜなら、極楽に往生すれば、これら幾多の聖者たちと一堂に会することができるからである」と説かれている通りである。極楽の菩薩や聖者たちが身に備えている功徳や、実践している救済の活動は、我らの想像を絶するものである。

普賢菩薩(4)は、「仏道修行をしたことがない者や、まだ不十分な者は、私の名を聞くこともできない。ましてや私のすがたを見ることなどできるはずもない。私の名を聞き得たものは、無上の悟り(5)に向かって退くことなく、やがて必ず仏の悟りに到達するであろう。あるいは夢の中で私のすがたを見、私の声を聞くことができた者も同様である」と言う『華厳経』(6)の意を取って記した。

さらに、

「常に衆生に寄り添って　永久《とわ》に迷いの岸に居り
普賢の修行にいそしんで　悟りを目指し続けよう
普賢の身体《からだ》は空《くう》にして　地上に住むのではないが(7)
人の求めるところには　いつでもどこでも現れる
あらゆる世界(8)の仏のもと　自在に衆生を救いつつ(9)
そのはたらきをことごとく　十方世界にひろげよう
微塵《みじん》の中まで分け入って　すべてのものを導こう」

と歌われている『華厳経(10)』の偈による。

また、

「その名は文殊師利菩薩(11)　すべての仏が母とする
諸仏が発心できたのは　文殊の教えを受けたから
あらゆる世界の人々が　文殊の名を聞き身を仰ぎ
化仏のすがたを見るならば　みな仏となる不思議さよ」

と説かれる『心地観経(12)』の偈に見える。

文殊菩薩の名を聞くだけで、十二億劫の間迷いの世界に繋ぎ止められるほどの罪が除かれる。もし礼拝・供養(13)すれば、必ず仏の浄土(14)に生まれることができる。その名を称《とな》えることわずか七日間でも、あるいはたった一日でも、文殊は必ずその人の前に現れる。前世の罪(15)が重い者には、夢に現れて望みをかなえてくれる。文殊の像を見るだけで、長らく悪道に堕ちることはない。慈しみの実践を行う者は、すぐさま文殊菩薩のすがたを目の当たりにすることができる。もし文殊菩薩の名を心にしっかりと刻みつけ(16)、その教えを読誦するならば、過去にいかなる罪があろうとも、決して阿鼻地獄に堕ちることなく、必ず仏の国に生まれることができる『文殊般涅槃経(17)』の意を取って記した。文殊菩薩の像についてもこの経に詳しい記述がある。

無数の仏が行う衆生救済の成果をすべてあわせたとしても、文殊ひとりが一劫の間に成し遂げる分にも及ばない。だから文殊師利菩薩の名を称《とな》えるならば、その利益は、無数の仏の名号を心に刻みつけるよりも大きい『大宝積経(18)』の意を取って記した。

弥勒菩薩[19]が備える衆生救済の能力は限りなく大きい。その名を聞くだけで、闇の世界に堕ちることはなくなる。一度でも名を称《とな》えるならば、千二百劫の間迷いの世界に繋ぎ止められるほどの罪が除かれる。弥勒の教えに順うならば、無上の悟り[20]に向かって退くことなく、やがて必ず仏の悟りに到達する『弥勒上生経[21]』の意を取って記した。

弥勒を誉め讃え、礼拝すれば、百千万阿僧祇劫の間迷いの世界に繋ぎ止められるほどの罪が除かれる『虚空蔵菩薩経』『仏名経[22]』の意を取って記した。

また、

「永劫《ようごう》かけて身につけた　弥勒菩薩の福徳は
大きさはかるすべもなく　いくら誉めても尽くせない[23]」

と歌われている『華厳経[24]』の偈である。普賢・文殊・弥勒の三菩薩がつねに極楽にましますことは、四十巻本の『華厳経[25]』に説かれている。

地蔵菩薩[26]は毎朝[27]、心を凝らしてあらゆる世界をくまなく見通し、人々の苦しみを取り除く。衆生済度を願う心の深さは、ほかのどの菩薩にも勝っている『地蔵十輪経[28]』の意を取って記した。

『地蔵十輪経[29]』の偈に、

「地蔵の功徳と高名《こうみょう》を　たった一日称《たた》えれば
億劫[30]かけて諸菩薩を　称《たた》える利益に勝るだろう
地蔵の功徳の大きさは　百劫かけて讃《たた》えても

なお称讃し尽くせない　　だから供養を捧げよう」

と歌われている。

観世音菩薩[31]は、「苦しみの中にある人が、三度私の名を称《とな》えてくれたならば、必ずやその人のもとに駆けつけて、救いの手を差しのべよう。もしそれができないようなら、私は仏にはならない」と誓っている『弘猛海慧経《ぐみょうかいえ》[32]』の説。

また、「何千億もの諸仏の名を称《とな》えることと、ほんのしばらくの間心を込めて私の名を称《とな》えること。この二つの行いによって得られる利益は全く等しい。私の名を称《とな》える者は、みな仏道を退くことなく、やがて必ず仏の悟りを得るだろう」とも言う『十一面経[33]』の説。

さらに『請観音経[34]』の偈には、

「わが名号《みょうごう》を聞く者は　苦しみ離れて悟るだろう
地獄の底まで追いかけて　お前の苦しみ引き受けよう」

とあり、『法華経[35]』には、

「観音菩薩の慈悲心は　想像絶するほど深く
無数の仏に仕えては　清浄無垢の誓い立て
救いの力を身に備え　種々の手立てを講じつつ
十方世界にあらわれて　自在に我らに添いたまう
疑いはさむ余地はない　観音菩薩の救済は

苦悩の深さを見極めて　その悲しみに添いたまう
あらゆる功徳を身に備え　やさしい眼差《まなざ》し投げかける
利益の大きさ海のよう　ゆえに観音拝むべし」

などと歌われている。

大勢至菩薩[36]は、「悪道をさまよい続け、一度も救われたことのない者を救うこと、それが私の務めである」と言う『大宝積経』[37]の説。

また、「智慧の光を投げかけて、あらゆる世界を照らし出し、悪道の苦しみに沈む者を救い上げる、この上なく大きな力を身につけている。だからこの菩薩を大勢至と名づけるのである。この菩薩を心に観ずることができれば、その者は無量の罪が取り除かれ、もはや生死を繰り返すことなく[38]、諸仏の世界を自由に行き来することができる」と説かれる『観無量寿経』[39]の意である。

龍樹の造った讃文[40]には、

「久遠の過去から未来まで　誓って弥陀を助けよう
衆生にまじわり法を説き　その声聞く人清めよう
十方世界を経《へ》めぐって　みなの所に駆けつける
ひたすら念じてくれたなら　極楽浄土へ導こう」

と歌われ、また[41]、

「観音・勢至は名高くて　功徳も智慧もならびなく

慈悲の心を身に備え
これほどすぐれた菩薩なし
あらゆる世界の人救う
ゆえに敬礼《きょうらい》ささげよう」

などとも歌われている。

極楽には、このような最高位の菩薩(42)が数えきれないほどいる。そのすがたは麗しく、あらゆる功徳を備え、常に極楽にましまして阿弥陀仏を取り囲んでいる。

声聞僧の恰好をした聖者もたくさんいる。智慧はすぐれ、法力自在で、掌上に全世界を示現することもできる。阿弥陀仏が初めて説法をする時(43)の声聞僧の数は、目連尊者(44)ほどの神通力を持つ者が何千億人も集まって数えても、ほんの一部分だけしか数えられない。その中には、釈尊のように入滅の相を示す(45)者も数知れず、また極楽で初めて阿羅漢の悟りを得る者も多い。それでも全体としては一定の数を保っている。ガンジス河の(46)水を加えようと除こうと、海の水の量が変わらないようなものである。

さらに菩薩の数はその倍にも達する。『大智度論(47)』に、「阿弥陀仏の国土には、菩薩僧が多くいて、声聞僧の数は少ない」と言われる通りである。

極楽は、このような聖者で満ちあふれている。互いに遥かに仰ぎ見て、声をかけあい、みな共に一つの悟りを目指している。一人の例外もない。

もちろん、十方の無数の世界からも、数限りない菩薩聖者たちが、それぞれ自在の活動力を駆使して極楽にやって来て、阿弥陀仏を仰ぎ礼拝する。彼らは天より美しい花びらをまき散らし、かぐわしい香をたき、尊い法衣を供え、天上界の音楽を演奏し、美しい声をあわせて、仏を讃える歌をうたい、仏の教えを

聞き、その内容を十方に説きひろめる。(48)

このように昼夜を分かたず聖者が往来している。東に往く者あれば西より来たる者あり、西に往く者あれば北より来たる者あり、北に往く者あれば南より来たる者あり。八方(49)・上下からも無数の聖者が行き来する。道を譲り合って行きかうさま(50)は、まるで繁華街のようだ。

いずれも相当の深い縁で結ばれていなければ、一たび名を聞くことすらできないほどの菩薩たちである。ましてや百万劫生きていても、直接会うことなどできはしない。ところが極楽に往生した者は、そんな菩薩たちと常に一堂に会して言葉をかわし、あるいは訪問して敬意を表したり、親しくつきあい教えを受けたりすることができる。なんと楽しいことではないか　以上は『無量寿経』『観無量寿経』『平等覚経(51)』の意を取って記した。

龍樹の造った偈(52)には、

「極楽浄土の菩薩たち
思い思いに身をかざる
迷いの世界を脱《ぬ》け出して
無数の声聞したがえる
仏のすがたになぞらえて
ゆえに阿弥陀を敬礼す
蓮華のように澄んだ目の
ゆえに阿弥陀を礼拝す」

と言い、また(53)、

「十方世界の菩薩たち
極楽目指して飛んで来る
阿弥陀如来を拝もうと
ゆえに阿弥陀を礼拝す

もろともにみな連れだって　　極楽浄土に生まれたい(54)」

と歌われている。

（1）聖衆倶会　極楽浄土では様々な菩薩・聖衆に会うことができる。文証として『阿弥陀経』の、「もろもろの上善の人と、倶に一処に会することを得ればなり」云々の文を挙げ、特に普賢・文殊・弥勒・地蔵・観音・勢至の六菩薩に言及している。観音・勢至は阿弥陀仏の脇侍として有名である。さらに源信は四十巻本『華厳経』によって、普賢・文殊・弥勒は極楽常在の菩薩であると言う。地蔵を挙げた根拠は明示されていないが、観音・勢至・地蔵・龍樹を脇侍とする弥陀五尊は、良源（九一二～九八五）の手になる横川常行堂の本尊として知られ、また来迎図などにも描かれるようになるので、当時、地蔵は極楽の聖衆として認知されていたものと思われる。

（2）『阿弥陀経』　『阿弥陀経』（『大正蔵』一二、三四七頁中）。

（3）菩提心を発して　原文は「願を発して」。「菩提心（bodhi-citta）」は、「悟りを求める心」の意。大文第四「正修念仏」の第三「作願門」の項で詳述される。上216頁(3)参照。

（4）普賢菩薩　上119頁(15)参照。

（5）無上の悟り　原文は「阿耨《あのく》菩提」。「阿耨多羅《あのくたら》三藐三菩提《さんみゃくさんぼだい》（anuttarā-samyaksaṃbodhiḥ）」のこと。「この上ない悟り」の意。無上正等覚・無上正真道・無上正遍知・無上菩提などと漢訳される。

（6）『華厳経』　八十巻本『華厳経』巻八十（『大正蔵』一〇、四四一頁下～四四二頁上）。

（7）地上に住むのではないが　原文は「真によりて住して、国土にはあらず」。真如に依止しているので、その住処を特定の国土に限定することはできないと言うのである。

（8）世界　原文は「刹《せつ》（kṣetra）」。国土・世界の意。

（9）**自在に衆生を救いつつ**　原文は「種々の三昧をもって神通を現ず」。「三昧（samādhi）」は、心が静かに統一され安らかになっている状態、あるいは心が一つの対象に集中し安定している状態。ここでは衆生済度を念ずる瞑想を言う。その瞑想の中で種々の神通を現して、自在に衆生を済度すると言うのである。

（10）**『華厳経』**　初めの二行は、四十巻本『華厳経』巻四〇（『大正蔵』一〇、八四七頁中）、後の五行は、八十巻本『華厳経』巻七（同三三頁下～三四頁上）。

（11）**文殊師利菩薩**　原文は「文殊師利（Mañjuśrī）大聖尊」。妙吉祥・妙徳などと意訳する。初期の大乗経典、特に般若経典に対告衆あるいは菩薩の上首として盛んに登場し、般若の智慧を備えて説法を行う。獅子に坐し、釈迦如来の脇士として智慧の徳を司る。六十巻本『華厳経』巻二十九（『大正蔵』九、五九〇頁上）に、文殊は清涼山に住すという。それが中国の五台山を指すとの伝承により、五台山は文殊の霊場として信仰を集めた。

（12）**『心地観経』**　『心地観経』巻三（『大正蔵』三、三〇五頁下）。

（13）**供養**　尊敬の意を捧げること。敬意をもって三宝や父母・師長などに香華・灯明・飲食などを捧げることを言う。初期仏教では僧団に衣服・飲食・臥具・薬湯を捧げる「四事供養」が説かれる。『法華経』法師品には「華・香・瓔珞・抹香・塗香・焼香・繒蓋・幢幡・衣服・伎楽」の十種供養、『十地経』には「利供養（香華飲食等を捧げる）・敬供養（讃嘆恭敬する）・行供養（妙法を受持修行する）」の三種供養を説く。

（14）**仏の浄土**　原文は「仏家《ぶつけ》」。ここでは仏国土、浄土のこと。

（15）**前世の罪**　原文は「宿障《しゆくしよう》」。宿世《しゆくせ》すなわち前世につくった罪障。

（16）**心にしっかりと刻みつけ**　原文は「受持」。教えを受けて記憶すること。教えを信受し、心に念じて片時もゆるがせにしないこと。

（17）**『文殊般涅槃経』**　『文殊師利般涅槃経』（『大正蔵』一四、四八一頁上～中）。また、同経（同、四八〇頁下～）に

は、文殊の出自より紹介を始め、首楞厳三昧に入った際の身相荘厳を示し、さらに聞名・礼拝供養等の利益を説いている。その中、未来世の衆生に対して、文殊の像を念ずることを勧めてその方法を説く一段がある。

(18)『大宝積経』 『大宝積経』巻六十（『大正蔵』一一、三四八頁上）。

(19)弥勒菩薩 「弥勒（Maitreya）」は「友愛（慈 maitrī）の師」の意、「慈氏」「慈尊」等と漢訳される。また「阿逸多（無能勝 Ajita）」ともいう。未来仏としての弥勒如来はすでに初期経典に見えるが、大乗仏教では、釈尊に次いでこの世で成仏説法する、一生補処の菩薩として信仰される。現在は兜率天（上32頁(12)参照）の内院に住して神々のために説法しているが、その寿命が尽きると閻浮提に下生する。兜率天の寿命は四千年であるが、弥勒の下生は閻浮提の時間に換算して五十六億七千万年後（異説あり、上203頁(40)参照）のこととされる。閻浮提では釈尊と同じように出家修行し、華林園の龍華樹《りゅうげじゅ》の下で成仏して三会の説法を行い、一切の人天を済度するという。代表的な弥勒経典として、弥勒の下生と成仏とを説く『弥勒下生経』（竺法護訳・羅什訳・唐の義浄訳の三本現存）『弥勒大成仏経』（羅什訳）や、兜率上生の業因や兜率浄土の様子を説く『弥勒上生経』（劉宋の沮渠京声《そきょけいせい》訳）などがある。釈尊滅後の救済者としての弥勒と、『瑜伽師地論』の著者弥勒とが混同され、瑜伽行唯識学系統の諸学派に弥勒信仰が起こり、中国では南北朝時代以降、朝鮮でも新羅時代に隆盛となる。日本では飛鳥時代にすでに見え、平安時代には末法思想と結びついて盛んとなる。鎌倉時代には東大寺の宗性（一二〇二～一二七八）が印度・中国・日本の弥勒信仰を述べた『弥勒如来感応抄』五巻を著している。

(20)無上の悟り 原文は「無上道」。この上ない悟り。阿耨多羅三藐三菩提のこと。

(21)『弥勒上生経』 『弥勒上生経』（『大正蔵』一四、四二〇頁中）。

(22)『虚空蔵菩薩経』『仏名経』 仏陀耶舎訳『虚空蔵菩薩経』（『大正蔵』一三）や『仏名経』（『大正蔵』一四）には一致する文言が見えない。曇摩蜜多訳『観虚空蔵菩薩経』（『大正蔵』一三、六七八頁下～六七九頁上）に、過去五十三仏名を列挙して聞名・称名・敬礼の功徳を説く一段があるが、その中に「弥勒仙光仏」の名が見え、「もし善男子・善女人、および余の一切衆生ありて、この五十三仏の名を聞くことを得れば、この人、百千万億阿僧祇劫に、悪道に堕ちず。もしまた人ありて、よくこの五十三仏の名を称すれば、生生の処に常に十方諸仏に値遇することを得。もし人ありて、よく至心に五十三仏の名を敬礼すれば、四重・五逆および謗方等を除滅してみなことごとく清浄なり」と説かれている。『往生要集』にはこの経を『観虚空蔵菩薩仏名経』と呼んでいる例がある（大文第四「正修念仏」の第一「礼拝門」の末尾、上209頁）。また、この部分の狭註「虚空蔵経仏名経意」は、最明寺本では二文字無く「虚空蔵仏名経」となっている。あるいは『観虚空蔵菩薩経』を指しているとも考えられよう。

（23）**いくら誉めても尽くせない**　原文は「称揚《しょうよう》すとも尽くすことなからん」。「称揚」は、ほめたたえること。

（24）**『華厳経』**　八十巻本『華厳経』巻七十七（『大正蔵』一〇、四二五頁中）。

（25）**四十巻本の『華厳経』**　四十巻本『華厳経』巻四十（『大正蔵』一〇、八四六頁下）に、「一刹那の中にすなはち極楽世界に往生することを得。到りをはりてすなはち阿弥陀仏・文殊師利菩薩・普賢菩薩・観自在菩薩・弥勒菩薩等を見る。この諸菩薩は、色相端厳、功徳具足して、共に囲遶するところなり」と言う。

（26）**地蔵菩薩**　原語はkṣitigarbha。kṣiti は「大地」、garbha は「胎」。大地のように一切を包摂するという意味。釈迦如来の付属を受けて、仏滅より弥勒の出世までの無仏の世に住し、閻魔をはじめ様々なすがたとなって六道の衆生を救済する。代表的な地蔵経典として、玄奘訳『大乗大集地蔵十輪経』（以下『地蔵十輪経』と略称する。異訳に失訳『大方広十輪経』）、伝実叉難陀訳『地蔵菩薩本願経』、伝菩提灯訳『占察善悪業報経』などがある。

（27）**毎朝**　原文は「晨朝《じんじょう》」。午前八時頃。六時（日没・初夜・中夜・後夜・晨朝・日中）の一。上135頁（21）参照。

（28）**『地蔵十輪経』**　『地蔵十輪経』巻一（『大正蔵』一三、七二四頁上～中）

（29）**『地蔵十輪経』**　『地蔵十輪経』巻一（『大正蔵』一三、七二七頁下、七二八頁上）。

（30）億劫　原文は「倶《く》胝《てい》劫」。「倶胝（koṭi）」は「億」。十万、千万、万億とされることもある。

（31）観世音菩薩　上113頁（6）参照。

（32）『弘猛海慧経』　現存せず。石田瑞麿氏の註（岩波日本思想大系『源信』六八頁、四一一頁）では、『開元釈教録』巻十八（『大正蔵』五五、六七五頁中）に、「観世音菩薩十大願経　一巻」が見え、その具名が「大悲観世音弘猛慧海十大願品第七百」であると記載されていること、観音の名を三称すれば救われるという教説は、『請観音経』（『大正蔵』二〇、三四頁下）にも見えることが指摘されている。管見の及ぶ所では、平安末～鎌倉初の成立とされる『覚禅鈔』巻三十九（聖観音上）「大悲代受苦」の項（『大正蔵』図像四、三九〇頁下）に、「請観音経に云ふ、衆生もし名を聞かば、苦を離れて解脱を得てん。また地獄に遊戯して、大悲代りて苦を受けん。或経に云ふ、衆生苦ありて三たびわが名を称せんに、往きて救はずといはば正覚を取らじ」とある。「請観音経」「或経」共に『往生要集』所引の経文に一致している。また『覚禅鈔』裏書（同、三九三頁上～中）には、「或経に云ふ、何ぞ観音は此土に縁あるや。答ふ、むかし閻浮提に王あり、名を普首と曰ふ。五百の王子あり、第一を普光と名づく。その王観世音仏に値ひ、十大願を発す。また願ひて云ふ、わが来世の名は観世音、衆生苦ありて三たびわが名を称せんに云々」という記述が見える。

（33）『十一面経』　『十一面観自在菩薩心密言念誦儀軌経』巻上（『大正蔵』二〇、一四〇頁中）に、「一切の有情、纔《わず》かにわが名を称念し、超えて百千倶胝那庾多の如来の名号を称すれば、みな不退転を得」とあり、『十一面観世音神呪経』（同、一四九頁下）に、「もしまた人ありて、十万億の諸仏の名字を称し、或はまた人ありて、観世音菩薩の名字を称すれば、彼の二人の福は正しく等しく異なるなし」とある。

（34）『請観音経』　『請観音経』（具名は『請観世音菩薩消伏毒害陀羅尼呪経』。『大正蔵』二〇、三六頁中）。

（35）『法華経』　『法華経』巻七、観世音菩薩普門品（『大正蔵』九、五七頁下～五八頁中）。

(36) 大勢至菩薩　上114頁(8)参照。

(37)『大宝積経』『大宝積経』巻九十（『大正蔵』一一、五一四頁下）。

(38) 生死を繰り返すことなく　原文は「胞胎に処せず」。「胞胎」は胎児を包む「えな」で、輪廻の生存を意味する。

(39)『観無量寿経』『観無量寿経』（『大正蔵』一二、三四四頁上～下）。

(40) 龍樹の造った讃文　迦才『浄土論』巻中に引用される「讃観音勢至二菩薩偈」（『大正蔵』四七、九六頁上）。

(41) また　同じく迦才『浄土論』所引「讃観音勢至二菩薩偈」（同、九五頁下）。

(42) 最高位の菩薩　原文は「一生補《ふ》処《しょ》」。次の生で仏となることが決定している位。

(43) 阿弥陀仏が初めて説法をする時　原文は「初会《しょえ》」。最初説法の会座。

(44) 目連尊者　原文は「大目連」。大目犍連《だいもっけんれん》（Mahāmaudgalyāyana）。仏十大弟子の一人で、神通第一と称された。

(45) 釈尊のように入滅の相を示す　原文は「般泥洹《はつないおん》（parinirvāṇa）」。「完全な涅槃」の意で、釈尊の入滅を指す。肉体などの生存の制約から完全に解き放たれた状態を言う。

(46) ガンジス河の水　原文は「恒水《ごうすい》」。恒河（Gaṅgā ガンジス河）の水。

(47)『大智度論』『大智度論』巻三十四（『大正蔵』二五、三一一頁下）。

(48) その内容を十方に説きひろめる　原文は「道化《どうけ》を宣布す」。「道化」は、仏道の教化。極楽で聴受した阿弥陀仏の教えを指す。

(49) 八方　原文は「四維《しゆい》」。天地の四隅。西北・西南・東北・東南の四つの方位のこと。

(50) 道を譲り合って　原文は「開避《かいひ》」。道を開けて避けること。

(51)『無量寿経』『観無量寿経』『平等覚経』『無量寿経』巻下（『大正蔵』一二、二七二頁下、二七三頁下）、『観無量寿経』（同、三四五頁上）、『平等覚経』巻二（同、二八八頁上）等。
（52）龍樹の造った偈　『十住毘婆沙論』巻五、易行品（『大正蔵』二六、四三頁中）。
（53）また　龍樹作と伝わる『十二礼《じゅうにらい》』。善導『往生礼讃』所引（『大正蔵』四七、四四二頁中）。善導は「龍樹菩薩願往生礼讃偈」として引用し（同、七七二頁上～下）、迦才『浄土論』巻中（『大正蔵』四七、九六頁中～）にも、「禅《ぜん》那《な》崛多《くった》三蔵の別訳龍樹讃礼阿弥陀仏の文の如きには、十二礼あり」として引用されている。
（54）もろともにみな連れだって　極楽浄土に生まれたい　原文は「願はくは、もろもろの衆生と共に安楽国に往生せん」。この一行は、建保四年刊本・建長五年刊本などにはなく、最明寺本では「願共諸安楽国」となっている。

第八に「見仏聞法《けんぶつもんぼう》」(1)、阿弥陀仏を目の当たりにし、その説法を聞く楽しみ。
我らの住む娑婆世界では、仏に出遇い、説法を聞くなどということはめったにない。
獅子吼《ししく》菩薩(2)が、

「何万劫を費やして　どれほど修行(3)をしようとも
釈迦牟尼仏に遇うことは　亀が浮木《ふぼく》に出遇うほど(4)」

と歌っている通りである。
雪山童子《せっせんどうじ》(5)は身を捨ててはじめて半偈を聞き得た。常啼《じょうたい》菩薩(6)は身を割いて般若の教えを聞こうとした。菩薩でさえもこれほどの覚悟を決めなければ仏法に出遇うことはできないのだ。まして凡夫はなおさらであろう。

釈尊は舎衛城(7)にのべ二十五年間滞在されたが、その間、彼地にあった九億の家のうち、三億は釈尊のすがたを拝見することができたが、三億は釈尊のましますことを聞くのみであり、残る三億は見ることも聞くこともなかったという。釈尊の在世中でさえそんな有様である。まして滅後にはなおさらであろう。

だから『法華経』(8)には、

「罪を重ねた人々は　　常にましますを見ず
未来永劫いつまでも　　仏・法・僧の名も聞けず」

と歌われているのである。

これに対して、極楽浄土に往生した者は、常に阿弥陀仏を目の当たりにし、この上なくすぐれた教えを聞き続けることができる。清らかな大地に、様々な宝玉でできた菩提樹が立ち並び枝葉を四方にのばしている。宝玉の網飾りが樹上を覆い、枝からは珠玉の紐飾りが垂れ、風が吹いて枝葉を揺らすと、その音は仏法を説く声となって、諸仏の世界の隅々にまで響きわたる。その声を聞いた者は、深い悟りの智慧を得、不退転の境地(9)に達して、聴覚が清らかに研ぎ澄まされてゆく。菩提樹の色や形を見、香りを嗅ぎ、口にして味わい、光を身体に感じ、すがたを心に描き出すことによって、同じように視覚・嗅覚・味覚・触覚、そして心のはたらきが研ぎ澄まされて、仏の悟りを完成するまで乱れることがない。

菩提樹の下には清らかに飾られた座具が置かれ、その上に阿弥陀仏がましします。その気高さは譬えようもない。頭頂の隆起(10)は天に向かってそそり立ち、群青色に晴れわたった空のようである。眉間の白毫《びゃくごう》(11)は右に渦巻いて、秋の月のように澄んだ光を放っている。眼は青蓮華のように清らかで、唇は頻婆《びんば》の実[12]のように赤い。声は迦陵頻《かりょうびん》[13]のように美しく、胸板は獅子王のように厚く、ふくらはぎは仙鹿王《せんろくおう》[14]のようにしなやか、足の裏には千輻輪《せんぷくりん》[15]の模様というように、数えきれないほどのすばらしい特徴が、金色に輝く身に備わり、あたり一面をくまなく照らす光明は、何千億もの太陽と月とを集めたほどの明るさである。

時には七宝でできた講堂において、すばらしい教えを説き述べられる。その清らかな声[16]はえも言われず深く響いて、みなの心を悦びでいっぱいにする。菩薩も声聞僧も、神々も人々も、ひたすら手を合わせて仏の尊い顔を仰ぎ見る。すると、どこからともなくそよ風が吹いて七宝の樹を揺らし、無数の美しい花びらが風に乗って四方に乱れ散る。神々は一斉に種々の楽器を奏でる。その時にこみ上げてくる喜び[17]は、言葉に表すことができないほどである。

阿弥陀仏は、果てしなく大きな身を現されることもあり、あるいは人の倍ほどの大きさ[18]だったり、人と同じくらいのこともある。宝玉の樹の下に坐られたり、池に浮かぶ蓮華の上に坐られることもある。目の前にいる者が、かつて悟りを目指して修行を始めた時に、どんな願いをいだいていたのかを見極め、その心に適合するように自在に変現し教えを説いて、彼が最も円滑に苦悩を脱し悟りを得られるように導いてゆかれる。つまり相手の能力[19]に応じて、種々の説法をなさるのである。

観音・勢至の二菩薩は、いつも阿弥陀仏の側近くに坐って法義を論じている[20]。阿弥陀仏は常にこの二菩薩と対坐して、過去・現在・未来のあらゆる世界のことを議論される。

時には東方の無数の国々から、たくさんの菩薩たちがこぞって無量寿仏[21]の所にやってきて、仏はもちろん、側に控える諸菩薩や声聞僧たちに対しても、うやうやしく礼拝し敬意を捧げる。同じように、南方・西方・北方、四維・上下のあらゆる世界からも無数の菩薩たちがやって来る。すると仏は、極楽世界の想像を絶する美しさ清らかさを見て、自分の国もこのようにしたいと心の底から願う。彼らは、即座にそちらに顔を向けて微笑まれ、口から無数の光を放ってあらゆる世界を照らし出される。その光は再び戻ってきて、仏のまわりを三度めぐり、頭のてっぺんに吸い込まれてゆく。それを見て、神々も人々もみな躍り上がって喜ぶのである。

観世音菩薩は、威儀を正し跪《ひざまづ》いて礼拝し、阿弥陀仏に質問する。「仏さまはなぜ微笑まれたのですか。どうかその理由をお示しください」と。その問いに対し、仏は清らかで力強い独特の声(22)を轟かせて、「菩薩たちに将来における成仏の保証(23)を授けようと思ったからだよ」と仰せられ、さらに、「よく聞きなさい。私は、あらゆる世界からやって来る菩薩(24)たちが、どんな願いをいだいているのか、すべて知っている。清らかな仏の世界を建立し、そこで将来の保証(25)を授かって仏となることを願っているのだ。彼らは、あらゆるものは夢まぼろしのごとく、固定的な実体を持たないということを悟るだけでなく、衆生済度の願いを成就して、必ずやすばらしい仏の国を作り上げるだろう。悟りの智慧を完成した上に、菩薩の実践を究めて、衆生済度の力を身につけ、将来の保証を授かって、きっと仏となるだろう。智慧を完成した後も、ひたすら清らかな世界の建立を願い、必ずや仏の国を完成させることだろう」と告げられる。

仏の声ばかりではない。水の流れ、鳥の声、樹々のそよぐ音も、みな仏法を説いている。聞きたいことはみな耳に入ってくる。これほどの聞法の喜びは、極楽のほかでは決して味わえない　以上はほぼ『無量寿経』

『平等覚経』(26)によって記した。

龍樹の造った讃文(27)には、

「金色の池の蓮華座は
坐する勇姿は山のよう
あらゆるものはとどまらず
実体なしと説きたもう
もろともにみな連れだって
ほとけの功徳より生ず
ゆえに阿弥陀を礼拝す
水面《みなも》に映る月のよう
ゆえに阿弥陀を礼拝す
極楽浄土に生まれたい」

と歌われている。

（1）**見仏聞法**　極楽では、阿弥陀仏を目の当たりにして直接その説法を聞くことができる。見仏や聞法の利益については、すでに第二「蓮華初開楽」に、「またやうやく眸《ひとみ》を回らしてはるかにもつて瞻望すれば、弥陀如来は金山王のごとくして宝蓮華の上に坐し、宝池の中央に処す……すなはち菩薩に従ひて、やうやく仏の所に至りぬ。七宝の階に跪きて万徳の尊容を瞻り、一実の道を聞きて普賢の願海に入る……」と、簡単な記述が見える。ただし「蓮華初開楽」の主題は、往生人が自分自身の存在を極楽世界の中に確認して歓喜するところにあり、阿弥陀仏の身相や説法の内容にはほとんど言及されていない。また、第四「五妙境界楽」には極楽の依報荘厳が詳述され、そこには水鳥樹林の奏でる説法の音声に触れる等の記述も見えるが、やはりあくまでも主題は国土の荘厳である。それに対し、第八「見仏聞法楽」には、阿弥陀仏の身相荘厳が詳述され、また説法の内容にも触れ、ことに阿弥陀仏が菩薩衆に記別を授ける場面が描き出されている。ここに至って、往生人は阿弥陀仏との間に確固たる師弟の関係を築き、将来の成仏が約束されるのである。

（2）**師子吼菩薩**　『心地観経』に登場し、仏に心地観の法門を説くことを要請する菩薩。「獅子吼」とは、仏が堂々と説法するさまを獅子の咆哮に譬えたもの。以下の引用文は、『心地観経』巻一（『大正蔵』三、二九五頁上）、獅子吼菩薩が仏を讃嘆する偈文中に見える。

（3）**どれほど修行**　原文は「四無量・三解脱」。「四無量」は、四無量心（四つの広大なる利他の心）のことで、「1慈無量（衆生に楽を与えること無量）2悲無量（衆生の苦を抜くこと無量）3喜無量（衆生の楽を嫉まないこと無量）4捨無量（怨親を超えて衆生を平等に利すること無量）」を指す。これらを修することによって、衆生に無量の福をもたらし、自らも梵天の世界に生まれることができる。「三解脱」は、三解脱門、三三昧とも言う。悟りへの門戸となる三種の禅定のことで、「1空解脱門（あらゆるものは固定的な実体を持たないと観ずる）2無相解脱門（あらゆるものは空であるがゆえに差別の相がないことを観ずる）3無願解脱門（あやゆるものは無相であるがゆえに願い求めるべきものがないことを観ずる）」を指す。

（4）**亀が浮木に出遇うほど**　原文は「なほ盲《めし》ひたる亀の浮木に値《あ》へるがごとし」。「盲亀浮木」の譬えと言う。『雑阿含経』巻十五（『大正蔵』二、一〇八頁下）に、百年に一度海面より頭を出す盲目の亀が、大海原を漂う浮き木の孔に頭を入れることはほとんど不可能であるという譬えを用いて、五趣を漂う愚痴の凡夫が、人身を受けることの難しさを説いた記述が見える。北本『涅槃経』巻二（『大正蔵』一二、三七二頁下）には、「世に生まれて人と為ること難く、仏の世に値ふこともまた難し。猶し大海中に、盲亀の浮孔に遇へるがごとし」と言い、また『法華経』巻七、妙荘厳王本事品（『大正蔵』九、六〇頁上〜中）には、「仏には値ふことを得ること難し。優曇鉢羅華のごとく、また一眼の亀の浮木の孔に値へるがごとし」とある。湛然の『止観輔行伝弘決』巻五ノ四（『大正蔵』四六、三〇三頁上）等に言及されている。

（5）雪山童子　原文は「儒童《じゅどう》」。「若者」の意。釈尊の前身を言い、ここでは雪山童子を指す。上103頁（44）参照。

（6）常啼菩薩　般若経典に登場する菩薩。身命を捨てて般若の法を得ようとした話が伝えられ、般若経守護の菩薩とされる。原語は「Sadāprarudita（薩陀波倫）」で、「常に悲泣する者」の意。『大智度論』巻九十六（『大正蔵』二五、七三二頁上）に「常啼」という名の由来について、悪世の衆生が苦しむ様子を見て悲泣するからとか、無仏の世に出て仏道を求め、憂愁のために七日七夜にわたって啼哭し続けたから等と言う。『大品般若経』巻二十七、常啼品（『大正蔵』八、四一六頁上～）によると、常啼菩薩は求法のために東方へと向かい、ついに曇無竭菩薩に出遇って般若波羅蜜の法を受けたという。その途中、曇無竭菩薩を供養するために身を売って財を得ようとする。その時、常啼の意志の堅さをはかろうとした帝釈天が、婆羅門のすがたとなって常啼の身を買おうと申し出、「心と血と髄とを売れ」と言う。常啼は喜んで利刀を執り、左の臂を刺して血を出し、右の髀肉を割いて骨を破り髄を出そうとしたという。

（7）舎衛城（Śrāvastī）　コーサラ国の首都。現在のサヘート・マヘートと推定される。その西郊に祇園精舎があり、釈尊はここで二十五回の安居を過ごしたと言われる。『大智度論』巻九（『大正蔵』二五、一二五頁下）に、「舎衛城の中に九億の家あり。三億の家は眼に仏を見、三億の家は耳に仏あるを聞くも眼には見ず。三億の家は聞かず見ず。仏、舎衛国に在すこと二十五年、しかもこの衆生は聞かず見ず。いかにいはんや遠きものをや」とある。

（8）『法華経』　『法華経』巻五、如来寿量品（『大正蔵』九、四三頁下）。

（9）深い悟りの知恵　原文は「深法忍」。「無生法忍」のこと。上135頁（19）参照。

（10）頭頂の隆起　原文は「烏瑟《うしつ》」。「烏瑟膩沙《うしつにしゃ》（uṣṇīṣa）」。「仏頂」あるいは「肉髻《にくけい》」と訳す。仏の頭頂の肉が隆起し、髻《もとどり》（たぶさ）の形をしていることを言う。仏の三十二相の一つ。

(11)**白毫**　仏の眉間にある白色の細毛のかたまり。右巻きに生えていて光を放っている。仏の三十二相の一つ。
(12)**頻婆の実**　原文は「丹菓《たんか》」。頻婆（bimba）の実は、鮮紅色で、仏の唇の色に譬えられる。
(13)**迦陵頻**　迦陵頻伽のこと。極楽に住む鳥。上135頁(20)参照。
(14)**仙鹿王**　仏の腨《ふくらはぎ》は、山に住む気高い鹿の王の足のように、細くて丸みをおびている。仏の三十二相の一つで、「仙鹿王腨《せん》相」と言う。
(15)**千輻輪**　仏の足の裏には、千の輻《や》をもつ車輪の模様がある。仏の三十二相の一つで、「足下千輻輪相」と言う。
(16)**清らかな声**　原文は「梵音《ぼんのん》」。仏の清らかな声。「梵」はもとbrahmanの音訳語で、世界の究極的原理の意。転じてインドあるいは仏教の事物に冠する言葉となる。「梵鐘」「梵語」「梵唄」など。美しく清らかな声は仏の三十二相の一つで、「梵音深遠相」言う。
(17)**こみ上げてくる喜び**　原文は「熙怡快楽《きいけらく》」。よろこびがゆったりとこみ上げてくるさま。「熙」は「ひろい、よろこぶ」、「怡」は「よろこぶ、やわらぐ」。
(18)**人の倍ほどの大きさ**　原文は「丈六」。一丈六尺（日本の尺度で五メートル弱）。応身仏の身長とされる。造像の際、立像は一丈六尺、座像の場合はその半分の八尺に作る。もとは中国の尺度で人の身長は八尺（約一・八メートル）、仏はその倍であるという信仰による。『観無量寿経』（『大正蔵』一二、三四四頁下）に、「阿弥陀仏は神通如意にして、十方の国において変現自在なり。あるいは大身を現じて虚空のなかに満ち、あるいは小身を現じて丈六、八尺なり」とある。
(19)**能力**　原文は「機」。「縁にあえば発動する可能性を持つもの」の意で、教法によって激発され活動するに至る心のはたらき、あるいは心的能力を言う。仏の教えを受けるべき者、すなわち「衆生」と同義に用いられることもあるが、「機根」「機縁」などと熟すと、教えを聞いて修行する能力・資質を意味する。

(20) **法義を論じている**　原文は「政論す《しょうろん》」。正しい議論をする。法義を明らかにしている。

(21) **無量寿仏（Amitāyus）**　はかりしれない寿命をもつ仏。「無量光仏（Amitābha）」と共に「阿弥陀仏」の異名。

(22) **独特の声**　原文は「八音《はっとん》」。仏の音声にそなわる八種類のすぐれた特質。「1極好音（聞く者を仏道へと導く）2柔軟音（喜悦をもたらす）3和適音（理を会得させる）4尊慧音（智慧をもたらす）5不女音（敬い畏れさせる）6不誤音（正見を得させる）7深遠音（深い理を悟らせる）8不竭音（無尽の音声）」を言う。天台『法界次第』巻下之下（『大正蔵』四六、六九七頁上～中）等に見える。

(23) **将来における成仏の保証**　原文は「記」。「記別《きべつ》（vyākaraṇa）」のこと。一々分別して記すという意味で、仏の説法の一形式。九部経・十二部経の一つであるが、後世、仏の予言を意味するようになる。ここでは、仏が修行者に対して未来の成仏を予言・保証し、その時期や仏の名、寿命、国土の様子などを説き示すことを言う。その保証を授けることを「授記」と言う。

(24) **菩薩**　原文は「正士《しょうじ》」。菩薩（bodhisattva）の意訳。

(25) **将来の保証**　原文は「決」。記別のこと。本項(23)参照。

(26) **『無量寿経』『平等覚経』**　『無量寿経』巻上（『大正蔵』一二、二七一頁上）、巻下（同、二七二頁下～二七三頁下）、『平等覚経』巻三（『大正蔵』一二、二九〇頁上）等。

(27) **龍樹の造った讃文**　『十二礼』。善導『往生礼讃』所引（『大正蔵』四七、四四二頁中・下）。上163頁(53)参照。

第九に「随心供仏《ずいしんくぶつ》(1)」、意のままに仏を供養することができる楽しみ。

極楽世界の聖衆は、毎日六度の勤行の時[2]、欠かすことなく色とりどりの美しい花を阿弥陀仏に捧げる。時に他方仏国の諸仏を供養したいと思い、阿弥陀仏の前で跪《ひざまづ》き、合掌して[3]その旨を述べると、阿弥陀仏は即座に許可される。それを聞いてみな大喜びし、数えきれないほどの聖衆が、思い思いに空に舞い上がり、仲間同士競い合うように八方へ飛び散って、無数の諸仏のもとに至り、仏前で礼拝し、供養を捧げて心からの敬意を表す。このようにして毎朝の勤行に引きつづき、聖衆は各自籠《かご》[4]に美しい花を盛り、他方仏国の無数の諸仏に供養を捧げに行くのである。花のほか着物や音楽、その他あらゆる供え物[5]が意のままに出現して、諸仏を供養し敬意を表す。それが終わるとすぐ、昼前[6]には極楽に戻り、食事をし散歩[7]をし、仏法を聞いて喜びに浸る。一説には一日に三度、他方仏国の諸仏を供養するとも言う。

行者たちよ。あなた方は今ここに釈尊の遺された教えに出遇い、あらゆる諸仏の国々のすばらしい様子を聞くことができた。経典を見、経文を聞くたびに、遥か彼方の世界に憧憬の念を運ぶことだろう。そして口々に、「我らは、いつになったら諸仏の浄土をこの目で見、諸仏・菩薩に会うことができるのだろう」と言い合う。経典の言葉に触れるたびに、悲歎にくれる[8]しかないのだ。

ところが、幸いにして極楽に往生することができたならば、自分の力で、また時には仏の助けを借りて、朝から夕方までかけて諸仏の国々を巡り、あるいは一瞬の間に極楽と諸仏国との間を行き来して、すべての仏の国を訪ね、親しく諸仏に奉仕し、諸菩薩に会って、常に仏法を聞き、成仏の認可を受けることができるだろう。その上、無数の国々の隅々にまで入り込んで、衆生教化の活動をし、普賢菩薩のように一切の衆生を救済してゆくのである。何と楽しいことだろう　以上は『阿弥陀経』『平等覚経』『無量寿経』[9]の意を取って記した。

龍樹の造った偈(10)には、

「極楽浄土の菩薩たち　一日三度の勤行に
　十方諸仏を供養する　ゆえに阿弥陀を礼拝す」

と歌われている。

（1）**随心供仏**　意のままに仏に供養することができる。「供養（pūjā）」は、尊敬の意を捧げること。敬意をもって三宝や父母・師長などに香華・灯明・飲食などを捧げることを言う。上158頁（13）参照。ここでは『阿弥陀経』『平等覚経』『無量寿経』によって、極楽の聖衆が意のままに阿弥陀仏や他方諸仏を供養するさまが説かれている。

（2）**毎日六度の勤行の時**　原文は「昼夜六時」。上135頁（21）参照。

（3）**跪き、合掌して**　原文は「長跪《じょうき》して、手を叉《あざ》へて」。「長跪」は「両膝を地につけ、両足指を地に立てて礼拝すること」、「叉手」は「胸の前で両手指を合わせること」。

（4）**籠**　原文は「衣裓《えこく》」。花を盛る器。

（5）**あらゆる供え物**　原文は「一切の供具」。『無量寿経』巻下（『大正蔵』一二、二七三頁下）には、「心の所念に随ひて、華香・伎楽・繒蓋・幢幡、無数無量の供養の具、自然に化生して念に応じてすなはち至らん」とある。

（6）**昼前**　原文は「食時《じきじ》」。一食を終えるほどのわずかな時間。または食事の時。出家者は一日一度、正午前に食事をすることから、「食時」は昼前の時間を指す。

（7）**散歩**　原文は「経行」。上137頁（24）参照。

（8）**悲嘆にくれる**　原文は「嗟嘆《しゃたん》」。「嗟」「嘆」共に「なげく」の意。

（9）**『阿弥陀経』『平等覚経』『無量寿経』**　『阿弥陀経』（『大正蔵』一二、三四七頁上）、『平等覚経』巻二（『大正蔵』一二、二八五頁下～二八六頁上）、『無量寿経』巻下（『大正蔵』一二、二七三頁下）。また『無量寿経』巻上（同、二六八頁中）、第二十三願には、「たとひわれ仏を得たらんに、国中の菩薩、仏の神力を承けて、諸仏を供養し、一食のあひだにあまねく無数無量那由他の諸仏の国に至ることあたはずは、正覚を取らじ」、第二十四願には、「たとひわれ仏を得たらんに、国中の菩薩、諸仏の前にありて、その徳本を現じ、もろもろの求欲せんところの供養の具、もし意のごとくならずは、正覚を取らじ」とある。

（10）**龍樹の造った偈**　『十住毘婆沙論』巻五、易行品（『大正蔵』二六、四三頁中）。

第十に「増進仏道《ぞうしんぶつどう》」(1)、悟りに向かって退くことなく突き進む楽しみ。

我らの暮らす娑婆世界では、いかに修行に励んでも悟りを得ることは極めて困難である。なぜなら、苦しみに遭うと心を痛め、楽しみを味わうとそれに固執してしまうのが常だからである。苦楽のいずれを受けても、悟りから遠ざかるばかりである。少々の浮き沈みはあっても、迷いの世界を離れられない。まれに菩提心を発《おこ》(2)して修行する者もあるが、仏道を成就することはめったにない。内より煩悩が噴き出し、外からは邪魔者に引っぱられて、小乗(3)の心に陥ったり、三悪道(4)に舞い戻ったりする。それはちょうど、水に映った月(5)が波のために崩れてしまうような、また最前線の兵士たちが敵の白刃に怯んで後退してしまうようなものだ。稚魚はなかなか育たないし、マンゴーが実を結ぶのはまれである。舎利弗(6)が、六十劫もの間続けてきた菩薩の修行を、途中で放棄してしまったと言われるのもこれにあたる。

ただ一人釈尊だけが、無量劫の間、難行苦行に励んで功徳を積み重ね、菩薩道の成就に至るまで決して停滞することがなかったのである。この世界中に、(7)釈尊が命がけの修行を繰り広げられなかった場所は、芥子粒ほどもない。それはひとえに衆生救済のためである。それによってようやく悟りを完成されたのである。釈尊以外の者には、とても力の及ぶところではない。(8)子象(9)は力が弱いから、刀や矢で殺されてしまう。

だから龍樹菩薩(10)は、「たとえば四十里四方の氷の塊に、一升の熱湯をかけると、当座は氷が解けて減ったように見えるけれども、一夜明けて朝になると、かえって盛り上がってしまうようなものだ。凡夫が娑婆で菩提心を発し、苦しみに沈む人々を救おうとしたところで、結果は同じである。貪《むさぼ》りと瞋《いか》りの世界には、幸も不幸(11)もたくさんあって、そのいずれもが引き金となり、自ら煩悩を起こし、かえって悪道に堕ちてゆく」と言うのである。

それにひきかえ極楽世界の人々は、多くの因縁(12)に支えられて、最後まで退くことなく、悟りに向かって突き進む。その因縁とは、第一に、阿弥陀仏の本願の力が常に衆生を支えているから。第二に、阿弥陀仏の光が常に衆生を照らして菩提心を支援するから。第三に、水の流れや鳥のさえずり、風にそよぐ樹々や鈴の音などが、常に衆生に仏・法・僧の三宝を念ずる心を起こさせるから。第四に、極楽の諸菩薩ばかりを善き友として、外からは悪縁の及ぶことがなく、心の内には重い煩悩が起こらなくなるから。第五に、仏と同じ永劫の寿命を得ているため、仏道修行が死によって中断されることがないからである。

『華厳経』[13]の偈には、

「ひとたびほとけを目にすれば　　悪の障り[14]は消えるだろう」

と歌われている。一度見るだけでもこれほどなのだから、まして常に仏を目の当たりにしている極楽の人々の得る利益は計り知れない。これらの因縁のおかげで、極楽の人々は、何ものに対しても固執することなく、[15]自由自在に行動できる。

すべての生きとし生けるものに対して大悲の心を起こし、滞りなく仏道を邁進して真如の智慧[16]を得、ついには必ず菩薩の最高位[17]に到達し、すみやかに仏の悟りを完成する。その後、衆生済度のために生身の仏のすがた[18]を現し、縁に随って清らかな仏の世界を示現してそこで説法し、多くの人々を救済してゆく。多くの人々に、その清らかな世界への往生を願わせるのである。ちょうど我らが今、極楽への往生を願っているように。さらに、あらゆる世界を訪れてそこに暮らす人々に救いの手を差しのべる。これまた阿弥陀仏が大悲心より起こされた本願を手本とした活動である。

極楽に往生すればこのような利益にあずかることができるのである。何と楽しいことではないか。一生涯の修行など、ほんのわずかの時間ではないか。どうしてすべてを棄ててひたすら往生浄土を求めようとしないのか。行者たちよ、どうかお願いだから、決して怠ることなく努め励んでほしい　大半は『無量寿経』[19]と天台『十疑論』[20]等の意を取って記した。

龍樹の造った偈[21]には、

「阿弥陀如来の世界[22]には　　罪人悪人[23]共になし

往生した者みな悟る　ゆえに阿弥陀を礼拝す
阿弥陀如来の功徳説く　わが善根(24)は海のよう
その善みなに分け与え　共に極楽目指したい
もろともにみな連れだって　極楽浄土に生まれたい」

と歌われている。

(1) **増進仏道**　仏の悟りに向かって突き進む。極楽には仏の悲願力をはじめ往生人を支える種々の因縁が備わっているから、往生すれば退くことなく自然に悟りの完成、利他の成就へと導かれる。ここでは、天台『十疑論』第六疑に示された、極楽に備わる五種の不退因縁の説を引用して文証としている。十楽の第五「快楽無退」でも、極楽が不退転の世界であることを言うが、そこでは浄土の果報が永遠であることが強調されていた。それに対し第十「増進仏道」では、往生人に仏果の成就を約束する。これをもって往生極楽を勧める決め手とするのである。

(2) **菩提心を発して**　原文は「発心《ほっしん》して」。菩提心については上216頁(3)参照。

(3) **小乗**　原文は「二乗」。阿羅漢の悟りを目指す「声聞乗」と、辟支仏《びゃくしぶつ》の悟りを目指す「縁覚乗」とを指す。共に利他の精神に欠けるという点で、「小乗（hīnayāna 小さな乗り物・矮小なる法門）」とされる。これに対し、自利利他円満の仏果を目指す「大乗（mahāyāna 大いなる法門）」を「菩薩乗」と言う。大乗仏教では、二乗に堕することは菩薩の死を意味する。

(4) **三悪道**　地獄道・餓鬼道・畜生道のこと。

(5) **水に映った月**　原文は「水のなかの月」。北本『涅槃経』巻十四（『大正蔵』一二、四四九頁下～四五〇頁上）に、

「無量百千の諸衆生等、阿耨多羅三藐三菩提心を発するも、少微の縁を見て、阿耨多羅三藐三菩提においてすなはち動転すること、水中の月の水動けばすなはち動くがごとし……多人ありて諸の鎧仗をもって牢《かた》く自ら荘厳して前《すす》みて賊を討たんと欲するに、陣に臨みて恐怖してすなはち退散するがごとし。……たとへば魚母の多く子を胎むことあるも、成就するもの少なきがごとく、菴羅《あんら》樹の花多けれども果少なきがごとく、衆生の発心もすなはちあること無量なれども、その成就に及ぶものは少なくして言ふに足らず」とある。「菴羅」は「菴摩羅（āmra マンゴー）」のこと。花は多いが実を結ぶことは少ないという。

（6）**舎利弗**　原文は「身子《しんし》（Sāriputra 舎利弗）」。釈尊十大弟子の一人で智慧第一と称される。『大智度論』巻十二（『大正蔵』二五、一四五頁上）によると、舎利弗は前世において六十劫の間菩薩の修行を重ねてきたが、ある時、乞人より眼を求められ、えぐり取って与えたところ、乞人は、臭いと言って唾をはいて地に棄て足で踏みつけた。以来舎利弗は菩薩道を退いて阿羅漢の悟りを目指したという。

（7）**世界中**　原文は「三千大千世界」。全宇宙を意味する。我らの住む須弥山世界を基準として、それを千個集めて小千世界、小千世界を千個集めて中千世界、中千世界を千個集めて大千世界と言う。大千世界は千の三乗の須弥山世界よりなるので、これを三千大千世界という。一説には、これが一仏の教化の範囲であるという。

（8）**力の及ぶところ**　原文は「智分」。智慧の分斉。智慧の及ぶ範囲。

（9）**子象**　原文は「象の子」。『摩訶止観』巻七下（『大正蔵』四六、九四頁中）に、「もし小象の子、刀箭《とうせん》を捍《ふせ》ぐといへども、必ずために中《あ》てられ、自他に益なし。初心の菩薩、生死に入らんと欲すれば、生死これに触れて善根を失退し、法身破壊す」と言い、また、未熟の者が説法して自他共に行き詰まるさまを譬えて、「象子は力微にして身刀箭に没し、湯を掬みて氷に投ぐるに翻って氷聚を添ふ」（同、九九頁中）と言う。

（10）**龍樹菩薩**　『大智度論』巻二十九（『大正蔵』二五、二七五頁下）に類似の記述があるが、道綽『安楽集』巻上

（『大正蔵』四七、九頁中）に、「龍樹菩薩の釈に云はく」として引用されている文に一致する。

（11）**幸も不幸も**　原文は「順違」。順境と違境。順境とは、自分の心に順う好ましい状況、違境とは、自分の心に逆らう好ましくない状況。いずれも煩悩の因となる。

（12）**因縁**　中国語では「かかわり」の意。仏教では「縁起（pratītya-samutpāda）」の概念を示す言葉として用いられ、「因（hetu）」は直接原因、「縁（pratyaya）」は間接原因あるいは条件を言う。あらゆるものは因・縁によって生起し、また因・縁によって消滅する、という考え方を「縁起」と言う。本文では、以下に極楽の往生人が仏道の完成に向かって畢竟不退であることの五つの「因縁」を挙げるが、この場合の「因縁」は「理由」という程の意味である。ここの記述は『十疑論』（『大正蔵』四七、七九頁中）第六疑を踏襲する。そこには、具縛の凡夫が極楽に往生すれば不退転に定まることの理由として、五因縁が挙げられている。ちなみに『十疑論』は、天台智顗（五三八〜五九七）の著述と伝わるが、湛然（七一一〜七八二）以降に天台宗に持ち込まれた文献である。日本では十世紀より比叡山に流布し、天台浄土教教理の構築に大きな影響を与えた。しかし鎌倉時代より智顗撰が疑われ、佐藤哲英氏は八世紀前半の成立と見ている（『天台大師の研究』六三五頁〜、百華苑、一九六一年）。道綽『安楽集』の影響が大きく、善導や懐感の著を参照した形跡があって、天台宗の典籍とは言い難い文献である。

（13）**『華厳経』**　八十巻本『華厳経』巻二（『大正蔵』一〇、九頁上）。

（14）**悪の障り**　原文は「業障《ごっしょう》」。成仏を妨げる障害のうち、悪業によってもたらされるもの。三障（煩悩障・業障・報障）の一つ。

（15）**何ものに対しても固執することなく**　原文は「我・我所の心なし」。「我・我所の心」は、我見と我所見とを指す。我見は自我を永遠不変の実体と見て執着すること、我所見は自我の所有物に執着すること。

（16）**真如の智慧**　原文は「無生忍」。上135頁(19)参照。

(17) 菩薩の最高位　原文は「一生補処」。上162頁(42)参照。

(18) 生身の仏のすがた　原文は「八相」。釈尊の生涯を八つの場面にまとめたもの。八相成道、八相示現とも言う。「1降兜率（兜率天からこの世に降りる）2託胎（摩耶夫人の胎内に宿る）3出胎（誕生する）4出家（王宮を出て修行を始める）5降魔（菩提樹下で魔を降伏する）6成道（悟りの完成）7転法輪（説法教化）8入涅槃（沙羅双樹の下で完全なる滅度に入る）」を言う。

(19) 『無量寿経』　『無量寿経』巻上、第二十二願（『大正蔵』一二、二六八頁中）、同巻下（同、二七三頁下）等。

(20) 天台『十疑論』　天台『十疑論』（『大正蔵』四七、七九頁中）。本項（12）参照。

(21) 龍樹の造った偈　善導『往生礼讃』所引の「龍樹菩薩願往生礼讃偈」（「十二礼」、『大正蔵』四七、四四二頁下）。

(22) 阿弥陀如来の世界　原文は「かの尊の無量方便の境」。阿弥陀仏が衆生済度のためにつくりだした世界。極楽世界を指す。

(23) 罪人悪人　原文は「諸趣と悪知識」。「諸趣」は、罪の報いとして趣く迷いの世界。六趣（六道）を指す。「悪知識」は、衆生を悪道へと導く者。善知識の対。

(24) 善根（kuśala-mūla）　功徳を生ずるもととなる善行。善の種。「善本」「徳本」とも言う。

大文第三「極楽証拠《ごくらくしょうこ》」(1)――「極楽への往生を勧める文証」を示す章――。

本章は二節よりなる。第一に「対十方」、第二に「対兜率《とそつ》」である。

(1)**極楽証拠**　「証拠」は「文証」すなわち証拠となる経論の文言の意。本章は、十方浄土や兜率天など様々な仏・菩薩の世界がある中で、ひたすら極楽への往生のみを勧める根拠を、経論章疏より引用列挙することを目的としている。

第一に「対十方」、十方浄土よりも極楽を勧める根拠を明かそう。

問う。あらゆる所に仏の浄土があるのに、なぜ極楽への往生だけを願うのか。

答え。天台大師(1)は、「多くの経論の随所に、ただひたすらに阿弥陀仏のみを念じ、西方極楽世界への往生だけを求めよと、我らに勧める教説がある。『無量寿経』『観無量寿経』や世親の『往生論』など数十部もの経論には、懇切丁寧に教え諭して、西方極楽への往生が勧められている。だから一途に阿弥陀仏を念ずるである」と言う。天台大師は、一切経論を熟読すること十五回に及んだという。その言葉を信ずるしかあるまい。

また、迦才師の三巻本『浄土論』[2]には、往生極楽を勧める十二部の経と七部の論とを列挙している。経の第一は『無量寿経』[3]、第二は『観無量寿経』[4]、第三は『阿弥陀経』[5]、第四は『鼓音声王経《くおんじょうおうきょう》』[6]、第五は『称揚《しょうよう》諸仏功徳経』[7]、第六は『発覚浄心経《ほっかくじょうしんきょう》』[8]、第七は『大集経《だいじっきょう》』[9]、第八は『十方往生経』[10]、第九は『薬師経』[11]、第十は『般舟三昧経《はんじゅさんまいきょう》』[12]、第十一は『大阿弥陀経』[13]、第十二は『無量清浄平等覚経《むりょうしょうじょうびょうどうがくきょう》』[14]である『無量寿経』と『平等覚経』『大阿弥陀経』は同本異訳である。また論の第一は『往生論』[15]、第二は『起信論』[16]、第三は『十住毘婆沙論《じゅうじゅうびばしゃろん》』[17]、第四は一切経の中の弥陀の偈[18]、第五は『宝性論《ほうしょうろん》』[19]、第六は龍樹の『十二礼《じゅうにらい》』[20]の偈、第七は『摂大乗論《しょうだいじょうろん》』[21]の弥陀の偈である 智憬《ちきょう》[22]師の著述にも同様の記述がある。

私個人の見解として、これに追加するならば、『法華経』の薬王品[23]、四十巻本『華厳経』普賢菩薩の願[24]、『目連所問経』[25]、『三千仏名経』[26]、『無字宝篋経《むじほうきょうきょう》』[27]、『千手陀羅尼経』[28]、『十一面経』[29]、『不空羂索経《ふくうけんさくきょう》』[30]、『如意輪経』[31]、『随求経《ずいぐきょう》』[32]、『尊勝経』[33]、『無垢浄光経《むくじょうこうきょう》』[34]や、光明《こうみょう》[35]・阿弥陀[36]等の陀羅尼など、数えきれないほどたくさんの顕密聖教の中に、ひたすら極楽への往生が勧められている。だから一途に極楽往生を願い求めるのである。

問う。釈尊は、「諸仏の浄土には優劣の差別はない」と説きながら、なぜ一筋に西方極楽のみを誉め讃えられるのか。

答え。『随願往生経』[37]に、仏がこの疑いを晴らしてくださっている。「娑婆世界では、欲望に目のくらんだ人が多く、仏の教えを素直に聞くことのできる人は少ない。多くの者は邪道に従い、仏法に随順しようとしない。一つのことに集中できないから、心が乱れて意志が定まらない。本当はどの浄土も優劣はないけれども、多くの者に心の集中をもたらそうとして、極楽を誉め讃えているだけである。極楽に往生する者は、みな阿弥陀仏の願い通りに、必ず悟りを成就するであろう」と。

また『心地観経《しんじかんぎょう》』(38)には、「仏弟子たちよ。まことの心をもって、一仏あるいは一菩薩のすがたを見ることを目指せ。それが悟りに至る秘訣である」と説かれている。だからひたすら一仏の浄土だけを求めよと言うのである。

問う。心を集中させるためと言うならば、なぜ多くの浄土の中から唯一極楽だけを選んで勧められるのか。

答え。ほかの浄土を選んで勧めたとしても、必ず同じ疑問が生ずるだろう。仏の心は察し難い。ただ敬い信順するのみである。たとえば、愚か者が炎の穴に堕ちて自力で這い出すことができない時、友人が一つの手段でもって救出しようとするならば、彼はそれにすがって一刻もはやく抜け出すべきだろう。あれこれと他の手段について議論している暇などない。行者も同じである。ほかのことを考えるな。

『目連所問経』(39)に、「たとえば、たくさんの支流が流れ込む大河に浮かぶ草や木は、先に流れるものも後から行くものも、互いに意識しなくてもすべて大海に流れ着く。人の世もそれと同じである。立派な家に生まれ、財産にも恵まれて、人生思い通りに行くように見えても、生・老・病・死は決して意のままにならず、誰もその苦しみから逃れることはできない。仏の教えに信順することができないならば、たとえ再び人間に生まれてこようとも、悩み苦しみはさらに激しく、多くの仏が出現される世界(40)に生まれることなどできない。だから私は言うのだ。〈無量寿仏の国は往生しやすく、そこでは容易に悟りを得ることができる。それなのに人々は、修行することも往生することもできず、逆に仏道に背を向け、邪道[41]に向かう者さえいる有様だ〉と。そのような者を、人の言うことを聞かず道に迷う愚か者と呼ぶ[42]」と説かれている通りである。

『阿弥陀経[43]』には、「往生成仏の利益があることを知っているからこそ、私はこの法門を説いてきたのである。この教えに信順してくれるならば、どうか願いを発《おこ》して極楽に往生してほしい」と言う。釈尊の訓誡はこれほどまでに懇切丁寧である。ただ敬い信順せよ。

まして我らは阿弥陀仏と縁がある。それを無理に拒むことはなかろう。天台の『十疑論[44]』に、「阿弥陀仏には、特に大悲心より発された四十八の誓願があり、それによって我らを救い取ってくださる。また阿弥陀仏の身より放たれる光明は、あらゆる世界の念仏する人々を照らし、その救いの光の中に摂《おさ》め取って決して捨てられない。あらゆる世界の無数の諸仏が、全世界を覆い尽くすほどの舌を出して声高らかに[45]、阿弥陀仏を念じその大悲心より発された本願に身を委ねる者はみな必ず極楽に往生できるということを証明してくださるのだ。また『無量寿経[46]』には、〈世の末に仏法が滅び尽きようとも、この経だけはあと百年、この世に留め、人々を救い取って極楽に往生させよう〉と説かれている。これらによって、阿弥陀仏と娑婆の極悪人とが、深い因縁で結ばれていることがわかるだろう」と述べられている通りである。

慈恩[47]は、「末法一万年[48]が過ぎると、他の経はすべて滅び去り、阿弥陀仏の教えのみがいよいよ盛んに人々を利益する[49]。釈尊は、法滅の後も『無量寿経』だけはあと百年留めてくださるという。末法一万年が終わると共に、すべての経はことごとく消えてなくなるけれども、かたじけなくも釈尊のおかげで、あと百年、阿弥陀仏の教えを留めておいていただけるのである」と言う。

また懐感禅師(50)は、「『般舟三昧経(51)』によると、跋陀和《ばつだわ》菩薩が釈尊に願い出て、〈未来の世の人々が、十方の諸仏を目の当たりにするためには、どのようなことをすればよいのでしょう〉と問うたところ、釈尊は、〈阿弥陀仏を念ずれば、十方のすべての仏を見ることができるだろう〉と教えられたという。阿弥陀仏は娑婆の人々と特に縁が深いから、まずこの仏に対して心を集中し、名を称《とな》えて念ずれば、三昧の境地に入りやすい」と述べている。

観音・勢至の二菩薩(52)は、もとはこの娑婆世界で菩薩の修行を重ね、極楽に往生されたのだ。遠いむかしからの因縁(53)を鑑みるに、きっと我らには極楽からのはたらきかけ(54)があるに違いない。

（1）**天台大師**　智顗（五三八～五九七）。天台宗の開祖。荊州華容県（湖南省）の出身。十八歳で出家、二十三歳の時、光州大蘇山（河南省）の慧思のもとで法華三昧を修して開悟したという。三十八歳の時、天台山に籠り天台教学を樹立、その後、金陵霊曜寺・光宅寺で講義した。隋の統一後は文帝や晋王広（煬帝）の帰依を受けた。故郷荊州に玉泉寺を創建して法華玄義・摩訶止観を講じ、その後揚州に至り晋王に維摩疏を献じた。講述書として『法華玄義』『法華文句』『摩訶止観』のいわゆる天台三大部のほか、『維摩経』『金光明経』などの疏、『次第禅門』等、多くの著述がある。ここに引用されているのは『十疑論』第四疑（『大正蔵』四七、七八頁下）の文の取意である。『十疑論』については、上179頁(12)参照。

（2）**迦才師の三巻本『浄土論』**　迦才『浄土論』巻中（『大正蔵』四七、九一頁下）。迦才は、生没年不詳。道綽（上216頁(1)参照）に学んだ後、長安で活動したことがわかっている。『浄土論』三巻は、日本では奈良時代より流布していて、元興寺智光（七〇九～七八〇頃）の『無量寿経論釈』に引用されている。『往生要集』には十二箇所に引用あるいは参照されている。ここには往生極楽を勧める十二経七論の名が挙げられているが、『浄土論』ではこの後、実際に経論の文が引用されている。以下（3）～（21）に、『浄土論』における各経論の引用箇所を挙げてゆく。

（3）『無量寿経』　『無量寿経』巻上・下（『大正蔵』一二、二六七頁下～、二七二頁中～下）。四十八願の中、第一、二、三、十一、十五、十八、十九、二十、三十四、三十五、三十九願と、下巻の本願成就文ならびに三輩往生の文。

（4）『観無量寿経』　原文は「『観経』」。『観無量寿経』（『大正蔵』一二、三四一頁下、三四六頁上）。散善顕行縁（去此不遠・三福）ならびに下品下生の文。

（5）『阿弥陀経』　原文は「『小阿弥陀経』」。『阿弥陀経』（『大正蔵』一二、三四七頁中）。一七日の執持名号を説く一節。

（6）『鼓音声王経』　原文は「『鼓音声経』」。具名は『阿弥陀鼓音声王陀羅尼経』（以下『鼓音声王経』と略称する。『大正蔵』一二、三五二頁中～下）。十日十夜の念仏を説く一節。

（7）『称揚諸仏功徳経』　『称揚諸仏功徳経』巻下（『大正蔵』一四、九九頁上）。

（8）『発覚浄心経』　『発覚浄心経』（『大正蔵』一二、五一頁下～五二頁上）。

（9）『大集経』　『大方等大集経賢護分』巻一（『大正蔵』一三、八七五頁中～下）。

（10）『十方往生経』　青蓮院本・最明寺本には「十方往生経」となっているが、「十往生経」となっている本が多く、原文では「十往生経」と改められている。しかし迦才『浄土論』では「十方往生経」となっており、経文を引用するところでは、「往生経云……」として『灌頂随願往生十方浄土経』（『灌頂経』巻十一、『大正蔵』二一、五二九頁下）の文を挙げている。『随願往生経』が引用されているので、「十方往生経」という略称の方が適当である。普通「十往生経」と言うと、『十往生阿弥陀仏国経』を指すので、諸本の表記「十往生経」は誤りと言うべきである。本書では、青蓮院本の表記を改めず、「十方往生経」とする。

（11）『**薬師経**』　迦才『浄土論』に引用されているのは、『薬師如来本願経』の異訳で、『灌頂抜除過罪生死得度経』（『灌頂経』巻十二、『大正蔵』二一、五三三頁中～下）の文である。

（12）『**般舟三昧経**』　三巻本『般舟三昧経』巻上（『大正蔵』一三、九〇五頁中）。『般舟三昧経』は、般舟三昧の法、すなわち現在諸仏と行者とが面前に対峙する境地に至る精神統一の法を説く経典である。原初形態は一世紀の成立とする説が有力である。サンスクリット本は断片のみで、チベット訳が完本で伝わる。漢訳は、次の四本が現存する。

1『般舟三昧経』三巻（略称『三巻本』、後漢の支婁迦讖訳）

2『般舟三昧経』一巻（略称『一巻本』、後漢の支婁迦讖訳と伝わるが、後代の中国で『三巻本』から要約されたもの）

3『抜陂菩薩経』一巻（未完本、訳者不明）

4『大方等大集経賢護分』五巻（略称『賢護経』、隋の闍那崛多訳）

（13）『**大阿弥陀経**』　『大阿弥陀経』（『無量寿経』の古訳。具名は『阿弥陀三耶三佛薩楼仏檀過度人道経』）巻下（『大正蔵』一二、三一一頁上～中）。

（14）『**無量清浄平等覚経**』　『平等覚経』巻四（『無量寿経』の古訳。『大正蔵』一二、二九九頁中）。

（15）『**往生論**』　世親『往生論』（『大正蔵』二六、二三一頁中、二三三頁上）。

（16）『**起信論**』　真諦訳『大乗起信論』（『大正蔵』三二、五八三頁上）。

(17)『十住毘婆沙論』　龍樹『十住毘婆沙論』巻五、易行品（『大正蔵』二六、四三頁上～下）。

(18) 一切経の中の弥陀の偈　『後出阿弥陀仏偈』（『大正蔵』一二、三六四頁中～下）。

(19)『宝性論』　『究竟一乗宝性論』巻四（『大正蔵』三一、八四八頁上）。

(20) 龍樹の『十二礼』　迦才は「禅那崛多三蔵の別訳龍樹讃礼阿弥陀仏の文」と呼んでいる。善導『往生礼讃』（『大正蔵』四七、四四二頁上～）にも、「龍樹菩薩願往生礼讃偈」として引用されている。上163頁(53)参照。

(21)『摂大乗論』　世親釈・真諦訳『摂大乗論釈』巻十五（『大正蔵』三一、二七〇頁上）。

(22) 智憬師　智憬（七五〇頃）は奈良時代、東大寺で活躍した学者で、良弁や審詳に師事した法相・華厳学者である。浄土教にも通じ、『東域伝燈目録』には智憬の著として、「無量寿経宗要指事一巻、無量寿経指事私記一巻」が挙げられている。いずれも逸書であるが、元暁『両巻無量寿経宗要』に註を加えたものと考えられている。『往生要集』には三箇所、智憬への言及が見える（あとの二箇所は、大文第十「問答料簡」の第一「極楽依正」および第五「臨終念相」の項）。ここでは、迦才『浄土論』と同様の記述があったことが指摘されている。

(23)『法華経』の薬王品　『法華経』巻六、薬王菩薩本事品（『大正蔵』九、五四頁下）に、「もし如来滅後の後五百歳の中に、もし女人ありてこの経を聞き、説のごとくに修行せば、ここにおいて命終してすなはち安楽世界の大菩薩衆の囲繞せる住処に往き、蓮華の中の宝座の上に生ぜん」とある。

(24) 四十巻本『華厳経』普賢菩薩の願　四十巻本『華厳経』巻四十（『大正蔵』一〇、八四四頁中～）に、普賢菩薩の十大願を挙げて各願を解説するが、その第十「普皆回向」を説く中に（同、八四六頁下）、「またまたこの人、命終の時に臨みて、最後刹那に一切の諸根ことごとく皆散壊滅し……ただこの願王のみあひ捨離せず、一切時においてその前に引導し、一刹那の中にすなはち極楽世界に往生することを得。到り已らば即ち阿弥陀仏・文殊師利菩薩・普賢菩薩・観自在菩薩・弥勒菩薩等を見る……」とある。

(25)『目連所問経』　本項(39)参照

(26)『三千仏名経』『過去荘厳劫千仏名経』『現在賢劫千仏名経』『未来星宿劫千仏名経』をあわせて『三千仏名経』と呼ぶ。元蔵では三部一具にして『三劫三千仏名経』と題されている。いずれの経にも「阿弥陀仏」「無量寿仏」の名が見える（『大正蔵』一四、三六五頁中、三七八頁上、三八八頁下、三九三頁中）。

(27)『無字宝篋経』『無字宝篋経』（『大正蔵』一七、八七二頁中）等。

(28)『千手陀羅尼経』『千手千眼観自在菩薩広大円満無礙大悲心陀羅尼経』（『大正蔵』二〇、一〇七頁上、一一〇頁上）等。

(29)『十一面経』『十一面観世音神呪経』（『大正蔵』二〇、一五〇頁下）等。

(30)『不空羂索経』『不空羂索神変真言経』には随所に阿弥陀仏に関する記述が見える。特に巻二十八（『大正蔵』二〇、三八四頁下～三八六頁上）には、光明真言土砂加持によって死者を極楽に往生させる法が説かれている。

(31)『如意輪経』『如意輪陀羅尼経』（『大正蔵』二〇、一八九頁下、一九四頁上）等。

(32)『随求経』『普遍光明清浄熾盛如意宝印心無能勝大明王大随求陀羅尼経』巻下（『大正蔵』二〇、六二六頁上）等。

(33)『尊勝経』『仏頂尊勝陀羅尼経』（『大正蔵』一九、三五一頁下）等。

(34)『無垢浄光経』『無垢浄光大陀羅尼経』（『大正蔵』一九、七二〇頁下）等。

(35)光明　前掲『不空羂索神変真言経』巻二十八、あるいは『不空羂索毘盧遮那仏大灌頂光真言』（『大正蔵』一九、六〇六頁中）に見える「光明真言」を指す。

(36)阿弥陀　『無量寿如来観行供養儀軌』（『大正蔵』一九、七一頁中）に見える「無量寿如来根本陀羅尼（阿弥陀大呪）」等を指すか。

（37）『随願往生経』　『灌頂随願往生十方浄土経』（『灌頂経』巻十一、『大正蔵』二一、五二九頁下）。この問答は天台『十疑論』第三疑（『大正蔵』四七、七八頁中）を踏襲。『随願往生経』への言及は、このほか道綽『安楽集』巻上（『大正蔵』四七、九頁下）、迦才『浄土論』巻中（『大正蔵』四七、九四頁上～中）、懐感『群疑論』巻四（『大正蔵』四七、五〇頁下～五一頁上）等にも見える。

（38）『心地観経』　『心地観経』巻七（『大正蔵』三、三二二頁中）。

（39）『目連所問経』　『目連所問経』（『大正蔵』一四）には見えない。『安楽集』巻上（『大正蔵』四七、一四頁上）に、「目連所問経のごとし」として引用する文に一致する。

（40）多くの仏が出現される世界　原文は「千仏の国土」。千仏とは賢劫千仏を言う。現在の劫にすでに出現した釈尊までの過去仏と、将来出現する弥勒以下の諸仏とをあわせて、賢劫（現在の劫）には千仏が出現するという。

（41）邪道　原文は「九十五種の邪道」。仏教以外の宗教。邪道は外道・異道とも言う。釈尊在世中のインドには、仏教以外に九十五種類の宗教があったという。

（42）人の言うことを聞かず道に迷う愚か者と呼ぶ　原文は「無眼の人と名づけ、無耳の人と名づく」。真実に暗いということの譬え。『往生論註』巻上（『大正蔵』四〇、八三一頁上）には、「眼明なりといへども事を識らざるを、譏りて盲人といふがごとし。また耳聴くなりといへども、義を聴きて解らざるを、譏りて聾人といふがごとし」と言う。これらは差別を助長する不適切な譬喩である。

（43）『阿弥陀経』　『阿弥陀経』（『大正蔵』一二、三四七頁中）。

（44）天台の『十疑論』　天台『十疑論』第四疑（『大正蔵』四七、七八頁下）。

（45）全世界を覆い尽くすほどの舌を出して声高らかに　原文は、「舌を舒《の》べて三千界を覆《おお》ひ」。『阿弥陀経』（『大正蔵』一二、三四七頁中～）には、「広長の舌相を出し、あまねく三千大千世界に覆ひて誠実の言を説く」等と言う。

「広長舌相」は三十二相の一つ。説法の声が全世界に届くことを言う。「三千大千世界」は、上178頁(7)参照。

(46)『無量寿経』　これは『十疑論』中の引文である。『無量寿経』巻下（『大正蔵』一二、二七九頁上）には、「当来の世に経道滅尽せんに、われ慈悲をもって哀愍して、特にこの経を留めて止住すること百歳せん。それ衆生ありてこの経に値ふものは、意の所願に随ひてみな得度すべし」とある。

(47)慈恩　基（六三二〜六八二）。法相宗の祖。長安の大慈恩寺に住したので慈恩大師と呼ばれる。玄奘に師事してその訳場に列し、『成唯識論』の翻訳に功績があった。『成唯識論述記』二十巻、『成唯識論枢要』四巻など多数の著述があり、「百本の疏主」と呼ばれる。ここに引用されているのは『西方要決釈疑通規』（以下『西方要決』と略称する）（『大正蔵』四七、一〇九頁中）。『往生要集』には十八箇所に引用あるいは言及されているが、唐末の偽作とされる。

(48)末法一万年　末法に入って一万年の後には、仏法が滅尽するという。浄影寺慧遠『無量寿経義疏』巻下（『大正蔵』三七、一一六頁上）に、「釈迦の正法は五百年あり、像法千歳、末法万歳して、一切みな過ぐれば、名づけて滅尽となす」とある。

(49)人々　原文は「物」。衆生と同意。「利物」とは衆生に利益をもたらすこと。

(50)懐感禅師　懐感『群疑論』巻六（『大正蔵』四七、六六頁下）。

(51)『般舟三昧経』　現行『般舟三昧経』（三巻本・一巻本）に該当の文はないが、阿弥陀仏を念ずることによって、「般舟三昧（現在諸仏がことごとく行者の前に立つ三昧）」が成就するという教説は、『般舟三昧経』行品（三巻本巻上、『大正蔵』一三、九〇四頁中〜）の主題である。

(52)観音・勢至の二菩薩　観音・勢至が娑婆で修行して極楽に往生したという説は、『無量寿経』巻下（『大正蔵』一二、二七三頁中）に見える。

（53）遠いむかしからの因縁　原文は「宿縁」。宿世《しゅくせ》（前世）の因縁。

（54）極楽からのはたらきかけ　原文は「機応」。仏と衆生とが感応しあうこと。

第二に「対兜率」、兜率天(1)よりも極楽を勧める根拠を明かそう。

問う。玄奘三蔵(2)は次のように言っている。「インドでは、出家行者も在家信者もみな弥勒菩薩の兜率天への往生を目指す修行をしている。娑婆と同じ欲界にあって修行の成就が容易だからである。大乗・小乗を問わず、諸師はみなその見解を認めている。阿弥陀仏の極楽浄土を目指す修行は、愚かな凡夫の穢れた身には成就し難いだろう。旧訳《くやく》の経論(3)には、七地(4)以上の菩薩が、能力に応じて報身《ほうじん》仏(5)の浄土を見ることができると言い、新訳(6)では、三地の菩薩となってはじめて報身仏の浄土を感得することができると説かれる。そのようなところに下品の凡夫(7)がただちに往生することなどできるはずがない」と。インドですでにこのような有様だというのに、どうして今、極楽への往生を勧めるのか。

答え。インドと日本と(8)、場所は違っても同じ仏法(9)、真理は一つである。上来、極楽への往生を勧める経論の証文をたくさん引用してきたではないか。どうして明白なる仏教の証文に逆らって、インドの噂などに耳を傾けるのか。まして祇園精舎の無常院では、臨終行者を西に向かせ、自分が極楽に往生してゆくすがたを想念させる作法があるではないか。詳細は「臨終行儀」(10)の項に述べる。仏の本意が、ひたすら極楽への往生を勧めるところにあることは明白である。インドの風習もその立場に随うものと言えよう。

また懐感禅師の『群疑論』[11]には、極楽と兜率の優劣について十二項目を立てている。「第一に教主[12]に仏と菩薩との違いがある。第二に浄土と穢土との違い。第三に女人の有無[13]。第四に寿命の長短。第五に内《ない》院《いん》・外《げ》院《いん》の有無[14] 兜率天では、内院は不退転の処だが、外院には悪道に退く可能性がある。極楽には内院・外院の区別なく、また退転することもない。第六に天人五衰難[15]の有無。第七に相好《そうごう》[16]の有無。第八に五通[17]の有無。第九に不善の心が起こると起こらないとの違い。第十に滅罪の多少。弥勒の名を称《とな》えると千二百劫の罪を除き、阿弥陀の名を称《とな》えると八十億劫の罪が滅せられる。第十一に苦痛の有無。第十二に生まれかたの違い。つまり兜率天では男女の秘部より生まれるが、極楽では蓮華より宮殿の中に生まれる。兜率・極楽の勝劣は以上の通りであるが、それでも仏は両方を勧め、誉め讃えられたのだ。両者の是非を論じてはならない」と 以上、ここには兜率・極楽の勝劣・差別が概略列挙されている。

慈恩の『西方要決』には、十項目の相違が挙げられている。初めの八項目は懐感の指摘の範囲内なので、ここには引用しない。第九番目[18]に、「極楽には仏の来迎があるが、兜率にはない」と言う。懐感師は、「どちらにも来迎がある」と言う。『西方要決』の第十番目[19]には、「極楽への往生は、たくさんの経論に念入りに勧められている。兜率を勧める経論は多くないし、さほど念入りでもない」等と述べられている。

懐感師はまた、兜率・極楽への往生の難易について、十五項目の共通点と八項目の相違点とを挙げている。八つの相違点[20]については、次のように述べている。

「第一に本願の相違。阿弥陀仏には衆生を迎え取ろうという本願[21]があるが、弥勒菩薩にはない。本願がないのは、自分で泳いで川を渡らなければならないようなものであり、本願があるのは、舟に乗ってゆったりと渡るようなものである。

第二に光明の相違。阿弥陀仏の身より放たれる光は、念仏するすべての人々を照らし、その救いの光の中に摂《おさ》め取って決して捨てられない[22]。弥勒菩薩にはそのようなはたらきがない。光に照らされるということは、昼間に自在に往来するような安心感があり、光がないということは、暗闇を行き来するような不安を伴う。

第三に行者を守護する仏・菩薩の相違。往生極楽を目指す行者には、無数の化仏や観音菩薩、勢至菩薩らが常に寄り添う。また『称讃浄土経』[23]には、〈十方世界の数えきれないほどの諸仏[24]が、行者を救い取る〉と説かれ、『十往生経』[25]には、〈仏が二十五菩薩を遣わして、つねに行者を守護させる〉と言う。兜率願生の行者にはそのような守護はない。守護があるのは、多くの仲間と共に旅するようなもので、強盗に襲われる心配がない。守護がないのは、ひとりで山道[26]を行くと、必ず暴漢に襲われるようなものである。

第四に諸仏の証明の相違。十方諸仏が口をそろえて声高らかに[27]、往生極楽の法門が真実であることを証明している。兜率願生の法門にはそのような証明がない。

第五に教主をとりまく菩薩たちの相違。華聚《けじゅ》菩薩や山海慧《さんかいえ》菩薩[28]が、〈もし極楽に往生できない者が一人でも残っている時に、私が先に往生してしまうようなことがあったならば、私は決して仏とはならないだろう〉という誓願を発している。

第六に滅する罪の量に多い少ないの相違がある すでに述べた通りである。

第七に重い罪悪を犯した者の扱いに相違がある。五逆罪[29]を犯した者も、極楽には往生することができるが、兜率天には往生できない。

第八に往生が容易であるということに関する教説の相違。『無量寿経』[30]には、〈極楽に往生すれば、仏の配慮によって[31]悪道の因果が断ち切られるので、もはや悪道に堕ちる心配はない。仏道の成就に向かって邁進するのみである。これほど往き易いところなのに、誰も往こうとしない……〉と説かれている。兜率往生の法門にはこのような教説はない。

極楽・兜率への往生の難易については、すでに十五項目の共通点があったわけで、それだけでも、極楽は往生し難いなどとは言えないだろう。ましてや八つの相違点を挙げて、極楽の易往を示したのだ。それでもなお極楽は往生し難いと言うのか。仏法を学ぶ人々よ、どうか道理と教説とを吟味して、この難易の問題をよく考え、今後は迷妄を拭い去ってほしい」と 以上は略して引用した。十五項目の共通点については『群疑論』を見よ。

問う。玄奘の伝えた状況については、合理的な解釈をしておかなければならないだろう。

答え。インド・西域の修行法を詳しく知らないので、明快な答えを用意できないが、試論として一つの見解を述べておこう。インド・西域には小乗の行者が多い [32]伝えによると、「十五箇国では大乗を学び、また十五箇国では大乗と小乗とを兼学している。あとの四十一箇国では小乗を学んでいる」とのことである。兜率天への往生を目指す法門は、大乗・小乗共に認可している。他方の仏国への往生は、大乗では認めるが、小乗では認められない。兜率往生は大乗・小乗共に認めているから、「みな兜率を目指している」と言うのだろうか。タクラマカン砂[33]漠以東では、大乗仏教が隆盛である。大乗・小乗が混交しているインド・西域と同じように考えてはいけない。まして種々の法門が一時期に隆盛となるわけではない。ことに阿弥陀念仏の法門は、主として末世の、仏法が滅び去った後の煩悩にまみれた人々を救おうとするものである。玄奘の頃には、インドではまだ隆盛ではなかったと推測できよう。でなければ、玄奘の高弟基師が、わざわざ『西方要決』を著して、兜率・極楽に十項目の優劣を立て、往生極楽を勧めるなどということはなかっただろう。

問う。『心地観経』[34]において釈尊は、

「わが弟子弥勒に任せよう　龍華《りゅうげ》の会座《えざ》でみな悟ろう」

と歌われている。兜率往生を勧めているではないか。

答え。ここにも矛盾はない。『弥勒上生経』や『心地観経』[35]の教説を否定しようというわけではない。それでもなお、往生極楽を勧める教説の多さ[36]には及ばないと言うのだ。

『大悲経』巻三[37]には、「未来の世において、仏法が滅び去ろうとする時には、わが教えによって出家した修行者が、子供の手を引いて行脚し、酒場をわたり歩き、姦婬の罪[38]を犯すなどということもあるだろう　中略　もともと出家僧である者が、戒律を犯しながらも自ら出家と名のったり、見た目だけ出家の真似をして、袈裟を身につけるような者もあるだろう。そのような者でも、この世が存続する限りは[39]、次に出現する弥勒仏から、最後に世に出る盧《る》遮仏《しゃぶつ》まで、それぞれの仏のもとで、一人残らず悟りを得ることであろう。なぜなら、出家して一度でも仏の名を称《とな》え、信を得たならば、その功徳は決して無駄にはならないからである」と説かれている。

『心地観経』の意向も同様である。だから、「娑婆の龍華の会座でみな悟ろう」と言うのであって、「兜

率天に往生して」とは言われていないのである。

この教説についてよく考えてみると、釈尊の入滅より弥勒菩薩の出現までは、五億七千六百万年の期間がある『大毘婆沙論』(40)の説による。その間の輪廻生死の繰り返しは、どれほどの苦しみであろうか。なぜ臨終の時、ただちに来迎の蓮台(41)に身を託することを願わずに、わざわざ果てしない生死の世界に留まって、龍華会の説法に遇うことを願うのだろうか。それに、もし極楽に往生することができたならば、昼夜を問わず、思いのままに兜率の宮殿を行き来し、さらには龍華会の説法に際しては、あらためて娑婆に赴き、聴衆の首座(42)となることもできる。ちょうど故郷に錦を飾るようなものである。これを願わぬ者はなかろう。

もし別に縁あって他方世界を目指すのならば、それもよかろう。自分の意志に随うがよかろう。ただし間違った考えに固執してはならない。

その点を懐感禅師(43)は、「兜率天を目指す者は、極楽を願う者を非難してはならない。極楽を目指す者は、兜率往生の修行をする者を非難してはならない。各自の能力に応じて、心のままに修学せよ。互いに是非を論じてはならない。そのようなことをすれば、善処に往生できないばかりか、ただちに悪道に堕ちるだろう」等と言うのである。

（1）兜率天　欲界の第四天。現在は弥勒菩薩の住処とされる。上32頁(12)、上159頁(19)参照。

（2）玄奘三蔵（六〇二〜六六四）　三蔵とは三蔵法師すなわち三蔵（経蔵・律蔵・論蔵＝仏典の総称）に通暁した法師の意で、訳経僧に対する尊称。玄奘は河南省洛陽の出身。原典研究を志してインドに行き、ナーランダー寺でシーラバドラ（Śīlabhadra 戒賢）に師事して唯識を学んだ。貞観十九年（六四五）に長安に帰り、七十五部千三百三十五巻の経論を翻訳した。代表的なものは『大般若経』六百巻、『瑜伽師地論』百巻、『成唯識論』十巻、『大毘婆沙論』二百巻、『倶舎論』三十巻等。玄奘訳は「新訳」と称され、それまでの翻訳を「旧訳《くやく》」と呼んで区別する。また旅行記『大唐西域記』は、当時のインド・中央アジアの情勢を知る貴重な文献である。門下には法相宗の祖となる基のほか、普光・法宝・神昉らが出る。ここに引用された文は、道世の『諸経要集』巻一（『大正蔵』五四、六頁下～七頁上）、『法苑珠林』巻十六（『大正蔵』五三、四〇六頁上）に、「玄奘法師いはく」として挙げられている。

（3）**旧訳の経論**　原文は「旧《ふる》き経論」。前項に述べた「旧訳」のこと。次項に紹介する、真諦訳『摂大乗論』や鳩摩羅什訳『仁王般若経』の説を指す。

（4）**七地**　菩薩修行の階梯の一つ。凡夫が仏道に趣き、次第に仏果を完成してゆく過程は、『十地経』『菩薩瓔珞本業経』等の教説によって四十二位あるいは五十二位の形に整備される。五十二位とは「十信・十住・十行・十廻向・十地・等覚・妙覚」を言う。経論によってまちまちだが、一般には十地以上が聖者の位、十回向以下は凡夫の位である。ところでここの「七地以上の……」は、出典の『諸経要集』や『法苑珠林』では「十地已上の菩薩、分に随ひて報仏の浄土を見る」となっている。これは第十地已上と言う意味ではなく、地上すなわち初地以上の聖者を指すと考えてよかろう。地上の聖者は報身仏（受用身）を見、地前の凡夫は応身仏（変化身）を見るという見解は、『摂大乗論』以来の極めて一般的なものである。ところが『往生要集』の諸本はすべて「七地已上」となっている。単なる誤りかもしれないが、これを通教の三乗共十地の七地を指すと見るならば、源信が意図的に改変した可能性がある。通教では、七地までに三界の見惑・思惑を断ずるので、随分に報土を感ずることが可能となる。また鳩摩羅什訳『仁王般若経』巻上（『大正蔵』八、八二六頁中）には、「伏忍・信忍・順忍・無生忍・寂滅忍」の五忍が説かれているが、その中「無生忍」は第七・八・九地に当たるとされる（浄影寺慧遠『大乗義章』巻十二、『大正蔵』四四、七〇二頁上等）。浄影寺慧遠の『観経義疏』巻末（『大正蔵』三七、一八二頁上）には、上品上生人は第四・五・六地の菩薩、上品中生人は初・二・三地の菩薩で、往生の後、七地無生忍の位に達するという見解が示され、後世に大きな影響を与えている。上品上・中生人が往生する浄土は報土であるということを主張するために「七地無生忍」の説が用いられているのである。源信はこれらを「旧訳の経論」の立場と見て、十地を七地と言い換えたのかもしれない。

（5）**報身仏**　原文は「報仏」。「法身《ほっしん》・報身《ほうじん》・応身《おうじん》」の三身の一つ。「法身」は「自性《じしょう》身」「法性《ほっしょう》身」とも言い、真如そのものを指す。したがって法身には色も形もなく、説法をすることもない。「報身」は「受用《じゆゆう》身」とも言い、仏となるための因行を積み、その報いとして完全な功徳を備えた仏の意。無限の寿命を保ち説法をし続けるという。「応身」は「変化《へんげ》身」とも言い、衆生の機根に応じて済度するために現れた仏の意。娑婆出現の釈尊がその代表である。また三身所居の土として法土（法性土）・報土（受用土）・応土（変化土）の三土が立てられるが、一般に浄土といわれるのは報土（受用土）である。

（6）**新訳**　原文は「新論」。玄奘訳『瑜伽師地論』巻七十九（『大正蔵』三〇、七三六頁下）に、「純ら菩薩僧のみ中において止住す。このゆゑに説きて清浄世界と名づく。已に第三地に入りし菩薩、願自在力によるがゆゑに、彼において生を受く」とある。ただし『瑜伽師地論』に言う第三地は、七種菩薩地門の第三浄勝意楽地を指すもので、十地の初歓喜地に当たる。下27頁(87)参照。

（7）**下品の凡夫**　『観無量寿経』所説の三輩九品人の中、下輩の悪人を指す。出典の『諸経要集』や『法苑珠林』ではこれに続いて、「これはこれ別時の意にして、いまだ定となすべからず」と、別時意趣の教説によって凡夫の即得往生を否定している。別時意趣とは、『摂大乗論』（真諦訳、巻中『大正蔵』三一、一二一頁中）等に説く四意趣の一つで、仏の方便説には、「1平等意趣　2別時意趣　3別義意趣　4衆生楽欲意趣」という四種の意向があると言う。その第二別時意趣については、経に「ただ発願のみによって安楽仏土に往生する」とあるのは、凡夫を導くための方便説として別時の遠因を示したもので、発願のみでは即生の因とはならないと説かれている。摂論宗ではこれを『観無量寿経』を批判する教説と見る。『観無量寿経』には、修行を伴わない凡夫、あるいは極重の悪人が、ただ極楽に往生したいと願って「南無阿弥陀仏」と仏の名を称《とな》えるだけで往生できると説かれる。それはちょうど、千銭を得ようとする者が一銭を手にしたという程度のことで、『観無量寿経』が「即得往生」を言うのは、凡夫が遼遠の未来を思って意気消沈するのを励ますための方便説にすぎない。凡夫が即座に報土に往生できるはずがないと言うのである。この立場は法相宗にも受け継がれている。

（8）**インドと日本と**　原文は「中国・辺州」。「中国」は文化の中心地の意で、中インドを指す。これに対して「辺州」は辺境の意で、中国や日本を指す。

（9）**仏法**　原文は「顕密の教門」。顕教と密教。上12頁（3）参照。

（10）**「臨終行儀」の項**　原文は「下の臨終の行儀」。大文第六「別時念仏」の第二「臨終行儀」。下144頁～。

（11）**懐感禅師の『群疑論』**　懐感『群疑論』巻四（『大正蔵』四七、五二頁下～五三頁中）。

（12）**教主**　原文は「化主《けしゅ》」。極楽では阿弥陀仏、兜率天では弥勒菩薩。

（13）**女人の有無**　極楽に女人がいないという見解は、世親『往生論』（『大正蔵』二六、二三一頁上）の、「大乗善根の界は、等しくして譏嫌の名なし。女人および根欠、二乗の種生ぜず」等の教説による。極楽における差別の打破を目指す意図が看取されるが、差別思想に基づく表現であり、注意を要する。

（14）**内院・外院の有無**　原文は「内・外の有無」。兜率天に内院・外院の区別があることを言う。内院は弥勒菩薩の説法の道場で、善法堂と称し、四十九重の楼閣をなす。ここは一生補処の菩薩の住処である。外院には天衆が住むという。『群疑論』によると、無着・世親は内院に生まれたが、覚師子は外院に生まれた。内院は生まれ難く、多くは外院に居て三途に退没するという。

(15) **天人五衰難**　原文は「五衰」。天上界の神々が死ぬ時に現れる五種の衰弱の相。上80頁(2)参照。

(16) **相好**　三十二相《さんじゅうにそう》・八十随形好《はちじゅうずいぎょうこう》。上122頁(2)参照。

(17) **五通**　五神通。上123頁(7)参照。

(18) **第九番目**　伝基『西方要決』(『大正蔵』四七、一〇七頁上)。

(19) **第十番目**　伝基『西方要決』(同右)

(20) **八つの相違点**　原文は「八の異の義」。懐感『群疑論』巻四(『大正蔵』四七、五四頁上~下)。

(21) **衆生を迎え取ろうという本願**　原文は「引摂《いんじょう》の願」。『無量寿経』第十九願(『大正蔵』一二、二六八頁上~中)に、「たとひわれ仏を得たらんに、十方の衆生、菩提心を発し、もろもろの功徳を修して、至心発願してわが国に生ぜんと欲せん。寿終はる時に臨んで、たとひ大衆と囲繞してその人の前に現ぜずは、正覚を取らじ」と、臨終来迎が誓われている。

(22) **その救いの光の中に摂め取って決して捨てられない**　原文は「摂取して捨てたまはず」。『観無量寿経』(『大正蔵』一二、三四三頁中)に、「かの仏の円光は、百億の三千大千世界のごとし。円光のなかにおいて、百万億那由他恒河沙の化仏あり。一々の化仏にまた衆多無数の化菩薩ありて、もって侍者たり。無量寿仏に八万四千の相あり。一々の相におのおの八万四千の随形好あり。一々の好にまた八万四千の光明あり。一々の光明は、あまねく十方世界を照らし、念仏の衆生を摂取して捨てず」と言う。

(23) **『称讃浄土経』**　『称讃浄土経』(『大正蔵』一二、三五一頁上)。

(24) **数えきれないほどの**　原文は「恒河沙《ごうがしゃ》」。ガンジス河の砂の数の意。青蓮院本をはじめ諸本には「兢伽沙」と表記されているが、「恒河沙」と改めている。

(25)『十往生経』　『十往生阿弥陀仏国経』（『続蔵』一—八七、二九二丁左下）。十種往生の法や二十五菩薩来迎を説く経として、道綽『安楽集』巻下（『大正蔵』四七、二二頁上～二二頁上）に紹介されて以来、唐・新羅・日本で盛んに用いられた。ことに日本では二十五菩薩来迎の教説が、迎講の行事や来迎図の図柄などに影響を与えている。

(26)山道　原文は「嶮径《けんけい》」。けわしいみち。

(27)口をそろえて声高らかに　原文は「舒舌《じょぜつ》」。舌を延ばし広げる。声高らかに宣べるさまを譬える。『阿弥陀経』（『大正蔵』一二、三四七頁中～三四八頁上）には、六方諸仏が広長舌相を出して声高らかに経説の真実を証明する一段がある。

(28)華聚菩薩や山海慧菩薩　『大方等陀羅尼経』巻三（『大正蔵』二一、六五四頁上）に、「その時、華聚菩薩、すなはち仏前において自ら誓ひを立ててかくのごとき言を作す……もし衆生ありて、わが名を憶念し、日夜六時念念に絶えず、妙楽世界に生まるるを求むるに、もし往生せざればわれ終に等正覚を成ぜざるなり……」とあり、『十往生阿弥陀仏国経』（『続蔵』一—八七、二九二丁左下）に、「その時山海慧菩薩、仏に白していはく、世尊、我ら今かの国の勝妙利益の不可思議なるを観見せり。今我願ずらく、一切衆生ことごとくみな往生し、しかるのちに我らまたかの国に生まるるを願はんと」とある。

(29)五逆罪　一般には「殺父・殺母・殺阿羅漢・出仏身血・破和合僧」の罪を指す。五無間業とも言い、この罪を犯した者は阿鼻地獄に堕ちる。『無量寿経』の第十八願および成就文（『大正蔵』一二、二六八頁上・二七二頁中）には「ただ五逆と誹謗正法とを除く」と、五逆・謗法の罪人は往生できないと説かれるが、『観無量寿経』下品下生（『大正蔵』一二、三四六頁上）には、「五逆・十悪」の罪人の往生が認められている。

(30)『無量寿経』　『無量寿経』巻下（『大正蔵』一二、二七四頁中）。

(31) 仏の配慮によって　原文は「横《よこさま》に」。常軌を逸するさまを言う。ここでは仏の特別の配慮によっての意。

(32) 伝え　原文は「相伝」。最澄『顕戒論』巻上（『大正蔵』七四、五九一頁中・下・五九二頁中）。

(33) タクラマカン砂漠　原文は「流沙《りゅうさ》」。

(34)『心地観経』　『心地観経』巻三（『大正蔵』三、三〇六頁上）。

(35)『弥勒上生経』や『心地観経』　原文は「『上生』・『心地』等の両三の経」。『弥勒上生経』『心地観経』など、兜率天への往生を勧める二、三の経典。

(36) 多さ　原文は「且千《しゃせん》」。数多いこと。「且」は多いさま。

(37)『大悲経』巻三　『大悲経』巻三（『大正蔵』一二、九五八頁上）。

(38) 姦婬の罪　原文は「非梵行」。清浄でない行い。破戒行為、特に姦婬を言う。

(39) この世が存続する限りは　原文は「賢劫において」。現在の住劫。住劫とは、世界の形成と破壊の過程を、「成劫《じょうこう》（成立期）・住劫《じゅう》（安定期）・壊劫《え》（破壊期）・空劫《くう》（空漠期）」の四段階に分けた一つ。ちなみに過去の住劫を荘厳劫、未来の住劫を星宿《しょうしゅく》劫と言い、各劫に一千仏が世に出るという。賢劫千仏の第一は拘留孫仏で、過去七仏の第四仏に当たる。次いで拘那含牟尼仏・迦葉仏・釈迦牟尼仏・弥勒仏・師子仏と次第し、最後に盧遮仏が出現する。上48頁(3)参照。

(40)『大毘婆沙論』　原文は「新婆沙」。『阿毘達磨大毘婆沙論』巻百三十五（『大正蔵』二七、六九八頁中）には、釈尊の滅後より弥勒出世まで、「五十七倶胝六十百千歳」であると言う。「倶胝（koṭi）」は「億」を意味することが多いが、十万・千万あるいは京などとも言われ一定しない。もし「千万」の意と解するならば、「五十七倶胝六十百千歳」は「五億七千六百万年」となる。弥勒は兜率天での生涯を終えるとただちに娑婆に下生する。兜率天の寿命は四千年であるが、天上の一日夜は娑婆の四百年に当たるので、娑婆の時間に換算すれば「五億七千六百万年」となる。ただし一般には『菩薩処胎経』巻二（『大正蔵』一二、一〇二五頁下）に見える「五十六億七千万年」という説が流布している。

（41）来迎の蓮台　原文は「蓮胎《れんたい》」。蓮華の中に包まれること。来迎の蓮華台に乗って極楽に往生することを言う。

（42）聴衆の首座　原文は「対揚《たいよう》の首《しゅ》」。説法の会座における聴衆の首座。仏と対坐して問答を交わし、仏意を発揚する立場の者を言う。

（43）懐感禅師　懐感『群疑論』巻四（『大正蔵』四七、五三頁中）。

大文第四「正修念仏《しょうしゅねんぶつ》」――「正しい念仏の実践」を示す章――。

本章は五節よりなる。世親《せしん》菩薩の[1]『往生論』[2]に、「五念門《ごねんもん》[3]の修行が完成したならば、ついには極楽世界に往生して、阿弥陀仏を目の当たりにすることができる。その第一は〈礼拝門《らいはいもん》〉、第二は〈讃嘆門《さんだんもん》〉、第三は〈作願門《さがんもん》〉、第四は〈観察門《かんざつもん》〉、第五は〈回向門《えこうもん》〉である」と説かれている通りである。この中、作願門・回向門の二つは、阿弥陀念仏以外の修行としても共通して行うことができる。

（1）**世親菩薩**　世親（Vasubandhu 四〇〇～四八〇頃。天親とも訳される）は、西北インド、ガンダーラ地方プルシャプラの出身。兄の無着（Asanga 三九五～四七〇頃）と共に瑜伽行唯識学の大成者として知られる。瑜伽行派は、『解深密経』『大乗阿毘達磨経』等の中期大乗経典や、弥勒（Maitreya）造とされる『瑜伽師地論』『大乗荘厳経論頌』『中辺分別論頌』等の論書に依拠して唯識思想を展開する学派である。唯識とは「一切は識を離れては存在しない」という説であり、主観（見分）も客観（相分）も共に識であることを言う。世親は、兄無着の勧めによって大乗仏教に帰依し、瑜伽行派の論書の研究を始めた。『唯識三十頌』『唯識二十論』等の著作は、弥勒以来の阿頼耶識説を整備し、識の転変による認識の生成を明らかにしたものである。唯心論を「空」の立場で理解して、遍計所執性・依他起性・円成実性という唯識三性説を確立し、また仏陀論や修道論にも独自の見解を示して、唯識学の教理はここに完成を見たと言える。世親はまた、『大乗荘厳経論頌』『中辺分別論頌』『金剛般若経論』『摂大乗論』等の弥勒・無着の論書に対して註釈書を著し、『十地経』『法華経』『無量寿経』等の大乗経典を唯識学の立場で註釈している。説一切有部の論書『阿毘達磨大毘婆沙論』の研究者としても有名で、註釈書『阿毘達磨倶舎論』を著している。伝記資料として真諦訳の『婆藪槃豆法師伝』等がある。

（2）『往生論』『無量寿経優《う》婆《ば》提舎願生偈《だいしゃがんしょうげ》』（『大正蔵』二六、二三一頁中）。『浄土論』とも略称される。サンスクリット本・チベット訳はなく、北魏の菩《ぼ》提《だい》流《る》支《し》訳『無量寿経優波提舎願生偈』一巻が現存するのみである。韻文形式の「偈頌」と散文形式の「長行」とからなる。偈頌ではまず、世親自身の阿弥陀仏への帰依と、安楽国への願生の意を表明した後、安楽浄土、阿弥陀仏、そして浄土の諸菩薩の功徳荘厳を明かす。長行では、偈頌の内容に即して五念門の修行を説き、往生浄土の因果が示される。浄土教教理の体系化を目指した最初の論書である。

（3）**五念門**　世親『往生論』に示された実践の組織。「1礼拝門（身をもって阿弥陀仏を礼拝する）2讃嘆門（口で阿弥陀仏の名を誉め讃える）3作願門（心を専注して安楽国土に往生しようと願う）4観察門（智慧をもって仏国土・阿弥陀仏・諸菩薩の功徳荘厳を観察する）5回向門（すべての功徳を一切衆生に回向して共に安楽国に往生することを願う）」を言う。自利利他円満の菩薩行として示されている。ことに「観察門」の説示に力を注ぎ、仏国土荘厳功徳十七種・仏荘厳功徳八種・菩薩荘厳功徳四種という、観察の対象となる三厳二十九種の荘厳功徳を明かし、それが自利利他の功徳を成就した第一義諦妙境界相であることを説く。五念門の実践は、第三作願門・第四観察門を中心に組織されている。作願門は「一心専念に往生極楽を目指し奢摩他《しゃまた》（śamatha 止《し》）の行を修すること」であると言い、観察門は「智慧をもって観察し、毘婆舎那《びばしゃな》（vipaśyanā 観《かん》）を行ずること」であると説く。この止・観の修行によって得られた功徳を、一切衆生に廻向し、共に往生を目指してゆくのである。「止・観」は共に大乗仏教の重要な行業であるが、特に瑜伽行派の論書では、聞薫習・意言・無分別智と唯識性に悟入してゆく瑜伽行は、具体的には止・観の行であると示されている。五念門は、瑜伽行派の教理によって組織された、願生行者の修行の体系だと言えよう。

第一に「礼拝《らいはい》門」。これは身体の動作による行為だが、身・口・意の三業すべてが一体となってなされるべき修行(1)である。

心を傾けて敬信《きょうしん》し(2)、全身を地面に投げ出して平伏し(3)、遥か西方の阿弥陀仏を礼拝するのである。回数の多少は問題ではない。ただ真心《まごころ》をもってすることが大事である。

その上で、『観仏三昧海経』(4)の、「私は今、一仏を礼拝しているが、それは同時に、あらゆる仏を礼拝しているという意義を持つ。一仏を思念すれば、あらゆる仏を見ることができる。一々の仏の御前にそれぞれ一人ずつ行者がいて、仏の足にぬかずいて礼拝しているが、その行者はみな私なのである」という文言をかみしめるのもよかろう　私見を述べるならば、「あらゆる仏」とは阿弥陀仏の分身か、または十方のすべての諸仏のことだろう。

あるいは次のような言葉(5)を念じてもよい。

「礼拝する人される仏《ぶつ》　自他の別なく融けあって
　みなもろともに道きわめ　悟りの岸に往《ゆ》き着こう」と。

または、『心地観経』(6)に説く六種功徳《くどく》の文を用いよ。「第一に、仏はこの上なく大きな功徳を生み出す源(7)である。第二に、この上なく大きな恩恵を与えてくださる。第三に、あらゆる生きもの(8)の中で最も尊い。第四に、仏に出遇うことは、優曇華《うどんげ》(9)の花が咲くのと同じくらい希有のことである。第五に、この世界(10)に出現されたただ一人の仏である。第六に、世俗の福も仏道の徳も、(11)すべて完全に成就して、あらゆる物事の拠り所となる。以上六種の功徳を備えて、常に我らに利益《りやく》を与えてくださる」と。

経典の文言は極めて簡略なので、以下に言葉を加えて、礼拝の作法を示しておこう。

第一に、次のように念ぜよ。

「ひとたび南無仏称《とな》えれば　すでに悟りを得たと説く(12)
功徳生み出すみほとけを　こころ傾け敬礼《きょうらい》す」と。

第二には、次のように念ぜよ。

「慈愛あふれる眼差しで　一子《いっし》(13)のように見そなわす
わが母のようなみほとけを　こころ傾け敬礼す」と。

第三には、次のように念ぜよ。

「あらゆる世界の諸菩薩が　阿弥陀を敬いたてまつる
世にも尊きみほとけ(14)を　こころ傾け敬礼す」と。

第四には、次のように念ぜよ。

「ひとたび仏の名聞くことは　優曇華咲くより希《まれ》なこと
世に遇いがたいみほとけを　こころ傾け敬礼す」と。

第五には、次のように念ぜよ。

「百億世界をさがしても　ほとけはたったの一人だけ

唯一希有のみほとけを　こころ傾け敬礼す」と。

第六には、次のように念ぜよ。

「常に教えを説き続け　変わらず我らを利益する
万徳備えたみほとけを　こころ傾け敬礼す」と。

さらに深く礼拝の修行をしたければ、龍樹菩薩の『十二礼』(15)の文に随え。ほかにも善導和尚《かしょう》の『往生礼讃』(16)があるが、ここには詳述できない。他の修行をしなくても、礼拝だけによって往生することができる。『観虚空蔵菩薩仏名経』(17)に、「阿弥陀仏を心の底から敬い礼拝すれば、三悪道に堕ちることなく、後には極楽に生まれることができる」と説かれている通りである。

(1) 身体の動作による行為だが、身・口・意の三業すべてが一体となってなされるべき修行である　原文は「三業相応の身業」。「三業」とは、一切の業（karman 行為）を三種に類別したもので、「身業（身体的行為）・口業（語業＝言語表現）・意業（心業＝心意作用）」を言う。礼拝は身業だが、三業のすべてを傾けてなすべき修行だと言うのである。
(2) 敬信し　原文は「帰命《きみょう》」。上115頁(15)参照。
(3) 全身を地面に投げ出して平伏し　原文は「五体を地に投げて」。最も丁寧な礼拝の作法。上118頁(12)参照。
(4) 『観仏三昧海経』　『観仏三昧海経』巻十（『大正蔵』一五、六九五頁上）。
(5) 次のような言葉　天台『法華三昧懺儀』（『大正蔵』四六、九五〇頁中）に、「能礼と所礼とにおいて心に所得なし。一切の衆生もまた同じくこの礼仏せる法界の中に入らん。総じて十方の仏を礼すること、一拝をはりて次にまさに身の威儀を正して、口に自ら唱へて言ふべし」、湛然『法華三昧行事運想補助儀』(『大正蔵』四六、九五六頁上)に、「能礼・所礼、性空寂なり、感応道交、思議しがたし……」等とある。良忠の『往生要集義記』巻四(『浄土宗全書』一五、二四七頁下)には、「慈覚大師の法華・常行三昧の礼仏の文なり」と言う。

(6) **『心地観経』**　『心地観経』巻二(『大正蔵』三、二九九頁中)。

(7) **功徳を生み出す源**　原文は「功徳田《くどくでん》」。功徳を生むもとになる福田《ふくでん》。「功徳(guṇa)」とは、善根を修することによって備わった徳性。「福田(puṇyakṣetra)」とは、功徳を生むもの。善根の種を植えて功徳の収穫を得る田地に譬える。三宝を「功徳田」と言うが、ここでは特に仏を指す。

(8) **あらゆる生きもの**　原文は「無足・二足および多足」。すべての生き物。「二足」は「両足《りょうぞく》」とも言い、人を指す。

(9) **優曇華(udumbara-puṣpa)**　ウドゥンバラの花。霊瑞華《れいずいけ》と訳される。ウドゥンバラは、クワ科の常緑樹で、その花は外部から見えない。そこで仏教徒は、三千年に一度だけ咲く花と言い伝え、如来の出現や、仏法の聴聞など、遇い難い希有な出来事の譬えに用いる。

(10) **世界**　原文は「三千大千世界」。全宇宙。上178頁(7)参照。

(11) **世俗の福も仏道の徳も**　原文は「世・出世間の功徳」。世間(世俗の世界)と出世間(世俗を離れた仏道の世界)の功徳。

(12) **ひとたび南無仏称えれば　すでに悟りを得たと説く**　原文は「一たび南無仏と称するものは、みなすでに仏道を成ず」。『法華経』巻一、方便品(『大正蔵』九、九頁上)に、「もし人散乱心にて、塔廟の中に入り、一たび南無仏と称さば、みなすでに仏道を成ず」とある。

(13) **一子**　ひとり子。一切衆生を自分のひとり子のように思う心を指す。その境地を「一子地《いっしじ》」と言い、菩薩の聖位に当たるという。

（14）**世にも尊きみほとけ**　原文は「無上両足の尊」。仏のこと。二足の中で最も尊いもの。

（15）**龍樹菩薩の『十二礼』**　迦才『浄土論』や善導『往生礼讃』に龍樹造として引用された偈。上163頁（53）参照。

（16）**善導和尚の『往生礼讃』**　原文は「善導和尚の六時の礼法」。善導（六一三〜六八一）は、山東省臨淄の出身。石壁山玄中寺に道綽を訪ねて師事、『観無量寿経』の教えを受け、往生浄土の行業を修した。師の滅後、終南山悟真寺や長安光明寺等に住し、庶民教化に当たると共に、『観経疏』四巻、『法事讃』二巻、『観念法門』一巻、『往生礼讃』一巻、『般舟讃』一巻を著した。曇鸞・道綽のいわゆる玄中寺流浄土教学を承け、阿弥陀仏の本願力によって、称名念仏する者は、極悪の凡夫といえども、極善の報土に往生することができるという説を提唱し、浄影寺慧遠等によって樹立された当時の長安仏教の定説に立ち向かった。「六時の礼法」とは『往生礼讃』を指す。六時の行儀を明かしたもので『六時礼讃』とも呼ばれる。

（17）**『観虚空蔵菩薩仏名経』**　『観虚空蔵菩薩経』（『大正蔵』一三）か。完全に一致する文は見えないが、「もし人ありて、よく至心に五十三仏の名を敬礼すれば、四重・五逆および謗方等を除滅してみなことごとく清浄なり」（同、六七九頁上）、「人ありて諷誦してこの六方仏の名を念じ、恭敬して礼をなさば、その人世世に常に転輪王の家に生まれ、威徳を端正し、終はらんとする時に臨みて、百億の諸仏、授手して三悪趣に堕せず、たとひ五逆の重罪あるとも、まさに地獄に入らしめず……」（同）、「四菩薩の名を誦して、念じ礼すれば、終に三悪道を経ず」（同、六七九頁中）「寿命終はる時に、我八人すなはちまさに飛び往きてこれを迎逆せん。誦して八菩薩を礼すれば、現世の福を得、命終には八人迎接してまさに極楽国土に往かん……」（同、六七九頁下）等の記述がある。

第二に「讃嘆門」。これは言語表現による行為だが、やはり身・口・意の三業すべてが一体となってなされるべき修行である。

『十住毘婆沙論』の第三(1)に説かれている通りである。「阿弥陀仏の本願には次のように誓われている。〈私のことを心に念じ、私の名を称《とな》え、すすんで心の底から私の教えに順う者は、即座に仏となることが約束され(2)、やがて無上の悟り(3)を実現させることができますように〉と。だから常に阿弥陀仏を心に刻みつけよ。そして歌をもって阿弥陀仏を誉め讃えるのだ。

智慧の光は限りなく　雄々しきすがたは山のよう
わが身のすべてを傾けて　合掌礼拝(4)捧げよう
十方世界のほとけたち　あの手この手を講じては
阿弥陀の徳を誉めたまう　ゆえに阿弥陀を敬礼《きょうらい》す
足の裏には千輪(5)　身はしなやかに蓮のよう
見る者すべてを歓ばす　阿弥陀如来を礼拝す
眉間 白毫《びゃくごう》(6)より放つ　清き光は月のよう
み顔いよいよ輝ける　阿弥陀如来を礼拝す
教えの言葉の一々が　あらゆる罪を消し去って
身心うるおす糧《かて》となる　阿弥陀如来を礼拝す
十方世界の諸菩薩(7)も　あらゆる神も人々も

みなことごとく帰命する　阿弥陀如来を礼拝す
正しい道指す船[8]に乗り　迷いの海を突き進み
悟りの岸へと至らせる　阿弥陀如来を礼拝す
すべてのほとけが口々に　その福徳を誉め続け
永劫かけても尽くせない　阿弥陀如来を礼拝す
われ今ここにつらつらと　ほとけの徳を称讃す
この善行の縁により　ほとけに護られますように
この善行の縁により　わが身に受ける福徳を
どうかあらゆる人々も　等しく得られますように」と。

『十住毘婆沙論』易行品[9]には三十二句の偈が説かれているが、今は省略して引用している。[10]

このほか『往生論』[11]の偈や密教の阿弥陀呪[12]、また特に阿弥陀仏を誉め讃えた文[13]もある。これらの文を一度でも何度でも、一行でも何行でも、誠の心を込めて唱えよ。多い少ないは問題ではない。他の修行をしなくとも、讃嘆だけで、願いのままに必ず往生することができる。

『法華経』[14]の偈には、次のように説かれている。

「歓喜の心いだきつつ　ほとけの讃歌を唱えれば
どんなに小さな声でさえ　すでに悟ったようなもの」と。

一声だけでもよいと言うのである。まして常に仏を讃嘆する者はなおさらである。仏果を成就するとまで説かれるのである。まして極楽への往生など言うまでもない。真言の讃仏は効果絶大だが、ここに披露することはできない。

（1）**『十住毘婆沙論』の第三**　現行本『十住毘婆沙論』では巻五、易行品第九（『大正蔵』二六、四三頁上〜下、略抄）にある。

（2）**仏となることが約束され**　原文は「必定《ひつじょう》に入りて」。「必定」は、必ず仏に成ると定まった位。「正定聚 niyata-samyaktva（必ず仏となることに決定している聖者）」あるいは「不退転（阿惟越致 avinivartaniya、阿鞞跋致 avaivartika）」の意。上138頁(26)参照。

（3）**無上の悟り**　原文は「阿耨《あのく》菩提」。この上ない悟り。上157頁(5)参照。

（4）**礼拝**　原文は「稽首《けいしゅ》」。ひざまずいて頭を地につける敬礼法。以下、「頭面をもって仏足を礼したてまつる」等の表現も見えるが、ここでは「礼拝」と訳す。上125頁(19)参照。

（5）**千輻輪**　仏の足の裏の模様。上170頁(15)参照。

（6）**眉間白毫**　仏の眉間にある白色の巻き毛のかたまり。上170頁(11)参照。

（7）**諸菩薩**　原文は「賢聖衆《げんじょうしゅ》」。賢者と聖者。アビダルマでは、善を行い悪を去った行者の中、いまだ凡夫位にあるものを賢者、見道以上を聖者と言う。大乗仏教では、菩薩の五十二位の中、十住・十行・十回向を「三賢」と言い、十地を「十聖」と言う。ここでは「菩薩衆」という意味であろう。

（8）**正しき道指す船**　原文は「八道の船」。「八道」は「八聖道（八正道）」のこと。原始仏教以来の実践の体系の一つで、三十七道品の一部。上136頁(22)参照。

（9）**『十住毘婆沙論』易行品**　『十住毘婆沙論』易行品に掲げられた阿弥陀仏を讃嘆する偈は三十二偈よりなる。

『往生要集』はその中の十偈を引用している。
(10) **省略して引用している**　原文は「要を抄す」。この下、諸本には「つぶさには別抄にあり」と付記されている。
(11) **『往生論』**　世親『往生論』(『大正蔵』二六、二三〇頁下～二三一頁中)。
(12) **密教の阿弥陀呪**　原文は「真言教の仏讃」。『無量寿如来観行供養儀軌』(『大正蔵』一九、七一頁中)に見える「無量寿如来根本陀羅尼(阿弥陀大呪)」等を指すか。
(13) **特に阿弥陀仏を誉め讃えた文**　原文は「阿弥陀の別讃」。種々あるが、『往生要集』に引用されている阿弥陀讃としては、龍樹の『十二礼』(善導『往生礼讃』所引、『大正蔵』四七、四四二頁上～)等を挙げることができる。
(14) **『法華経』**　『法華経』巻一、方便品(『大正蔵』九、九頁上)。

第三に「作願門」。作願・観察・回向の三門は、心意作用による行為である。ただし礼拝・讃嘆の二門と同様、身・口・意の三業すべてが一体となってなされるべき修行である。

道綽禅師の『安楽集』(1)に次のように言う。「『無量寿経』(2)には、〈浄土に往生したいと思う者はみな、必ず菩提心《ぼだいしん》を発《おこ》すことが(3)肝要である〉と説かれる。なぜなら、菩提とはこの上ない仏の悟りという意味の言葉であり、菩提心を発して仏の悟りを目指そうとするならば、その心は、広く全世界に充ち満ち、永遠の未来にまで貫き通り、また小乗に堕する障害の一つひとつをすべて取り除いてくれるからである。だから一たび菩提心を発すことができたならば、三界六道の果てしない苦しみ(4)を離れることができると言うのである。『浄土論』(5)には、〈菩提心を発すということは、仏の悟りを成就したいと願う心を発すことである。

それは同時に、あらゆる人々を救済しようとする心を発すことである。あらゆる人々を救済しようとする心とは、あらゆる人々を救い取って仏の世界に往生させようとする心である。今、浄土に往生したいと願ったのだから、まず第一に必ず菩提心を発さなければならない〉と説かれている」と。

これによって、菩提心を発すことが浄土の悟りの肝要だということがわかるだろう。そこで簡略ながら、三項目を立てて発菩提心《ほつぼだいしん》の意義を明確にしたい。行者たちよ、やや煩雑になるかもしれないが、いやがらずに学んでほしい。第一に菩提心の行相《ぎょうそう》(6)、すなわち発菩提心の実践の組織を明かし、第二に利益《りやく》、すなわち発菩提心によって得られる福徳を説き、第三に料簡《りょうけん》、すなわち問答を設けて諸問題を考察検討する。

（1）**道綽禅師の『安楽集』**　道綽『安楽集』巻上（『大正蔵』四七、七頁中～下、略抄）。道綽（五六二～六四五）は、山西省汶水《ぶんすい》の出身。十四歳で出家して『涅槃経』の研究を志し、後に太原の開化寺慧瓚《えさん》に師事して禅観の実践に励んだ。四十八歳の時、石壁山玄中寺で曇鸞の碑文を見て浄土教に帰入、以後専ら阿弥陀仏を事とし、日々七万遍を日課とした。唐の貞観以来『観無量寿経』を講ずること二百遍に及んだという。弟子に善導・道撫等がいる。主著『安楽集』二巻は、『観無量寿経』の教説に基づき、曇鸞『往生論註』の思想を承けて、往生極楽の教理を組織した書である。末法到来の認識を基盤として時機相応の仏法を求め、「聖道・浄土」の二門の中、末世の凡夫には浄土門がふさわしいと言い、阿弥陀仏の本願に誓われた称名念仏の実践による極楽への往生を勧めている。

（2）**『無量寿経』**　原文は「『大経』」。『無量寿経』巻下（『大正蔵』一二、二七二頁中～下取意）。

（3）**菩提心を発すこと**　「菩提心（bodhi-citta）」は「阿耨多羅三藐三菩提心」すなわち完全なる悟りを目指す心の

意で、「無上正真道意」「無上道心」等と漢訳する。この菩提心を発すことが、大乗仏教における仏道の出発点とされる。具体的には「上求菩提、下化衆生」の心であると言われ、自利利他円満の四弘誓願（上233頁（1）参照）という形であらわされる。

（4）**三界六道の果てしない苦しみ**　原文は「有《う》淪《りん》」。三界を指す。「淪」は「しずむ」の意。建長五年刊本等の版本では「有輪」となっている。

（5）**『浄土論』**　実は曇鸞『往生論註』巻下（『大正蔵』四〇、八四二頁上）の文。

（6）**行相**　もとは倶舎あるいは唯識の用語で、心心所がその対象である境を現し出す時、心に映し出された影像を「行相（ākāra）」と言う。また、行解（心心所がその対象である境にはたらきかけることによって対象が認識されること）の相貌を「行相」と言うこともある。ほかにも種々の用例があって、たとえば湛然の『止観大意』（『大正蔵』四六、四五九頁中・下）では、『摩訶止観』の初二巻（五略）には「略して綱紀を釈す」と言い、第三巻以降末尾までを指して「広く行相を明かす」と言う。湛然は止観の実践の組織全体を指して「行相」と呼んでいるようである。『往生要集』での他の用例を挙げると、本章の第四「観察門」別相観の結文に、「このもろもろの相好の行相・利益・廃立等の事、諸文不同なり」とある。この「行相」は、相好を観念する「修行の仕方」の意で、「実践の組織・構造」と訳すことができる。また本章の第五「回向門」に、「『華厳経』に、第三の回向の菩薩の行相を説きてのたまはく、〈三世の善根をもつて、所着なく、相なく相を離れて、ことごとくもつて回向す〉と」とある。この「行相」も「修行の仕方」の意で、「修行に取り組む菩薩の姿勢」と訳すことができる。ほかに大文第五「助念方法」の第二節の標題に掲げられた「修行相貌《そうみょう》」という名目が想起される。ここにはいわゆる「四修（長時修・慇重修・無間修・無余修）」について述べられている。よって「修行相貌」とは「念仏修行の仕方・取り組む姿勢」の意で、「行相」と同意であることがわかる。さて本節では、「発菩提心」の教理を示すにあたって「行相・利益・料簡」の三項を立てているのである。また次段冒頭に、「初めに行相とは、総じてこれをいはば願作仏心なり。また、上求菩提・下化衆生の心と名づく。別してこれをいはば四弘誓願なり」と言う文章のつながりから考えて、ここの「行相」も、発菩提心の「修行の仕方」の意と解し、「実践の組織・構造」と訳すのが妥当であろう。

第一に行相、発菩提心の実践の組織について。

これを一言で言うならば、「仏になりたいと願う心」である。これはまた、「悟りを目指して突き進むと共に、あらゆる人々に向かって救いの手を差しのべる心」である。もう少し具体的に言うならば、「四弘《しぐ》誓願《せいがん》」(1)である。

これに二種ある。第一に「縁事《えんじ》」の四弘誓願。(2)これは救済の対象とする衆生を実体として想定し、それに対して起こす慈悲心(3)であり、また衆生そのものを実体であるとは考えないけれども、衆生を構成する種々の要素に対して起こす慈悲心である。第二に「縁理《えんり》」の四弘誓願。これは救済の対象が実体を持たないということを知った上で、とらわれのない平等の立場で起こす慈悲心である。

まず「縁事」すなわち、具体的な対象を想定した四弘誓願を明かしてゆこう。

第一に「衆生無辺誓願度《しゅじょうむへんせいがんど》」、すなわち無数の衆生を一人残らず悟りの岸へ渡そうという誓いである。「衆生はみな例外なく、悟りの本性(4)を持ちあわせている。その全員に完全な悟り(5)を実現させせよう」と念ぜよ。

この心は三聚浄戒の中の「饒益有情戒《にょうやくうじょうかい》」(6)、すなわち一切衆生を摂取し利益を施すべしという戒めに相当する。また、仏の三徳の中の「恩徳《おんどく》」(7)、すなわち衆生に恵を施すというはたらきに相当する。また、三因仏性の中の「縁因仏性《えんいんぶっしょう》」(8)、すなわち智慧を起こす縁となるあらゆる善根功徳に相当する。これらは、仏の三身の中の「応身《おうじん》の因」(9)となるものである。

第二に「煩悩無辺誓願断《ぼんのうむへんせいがんだん》」、すなわち限りなく起こる煩悩を一つ残らず断ち切ってゆこうという誓いである。これは三聚浄戒の中の「摂律儀《しょうりつぎ》戒」、すなわち一切の諸悪を断じ捨てよという戒めに相当する。また仏の三徳の中の「断徳《だんとく》」、すなわち煩悩を除き去るというはたらきに相当する。また三因仏性の中の「正因《しょういん》仏性」、すなわちあらゆるものに本来備わる真如の理に相当する。これらは、仏の三身の中の「法身《ほっしん》の因」となるものである。

第三に「法門無尽誓願知《ほうもんむじんせいがんち》」、すなわち数えきれぬほどの仏の教法を一つ残らず学んでゆこうという誓いである。これは三聚浄戒の中の「摂善法《しょうぜんぼう》戒」、すなわち一切の諸善を正しく行えという戒めに相当する。また仏の三徳の中の「智徳《ちとく》」、すなわち真理を見るというはたらきに相当する。また三因仏性の中の「了《りょう》因《いん》仏性」、すなわち真如の理を照らし出す智慧に相当する。これらは、仏の三身の中の「報身《ほうじん》の因」となるものである。

第四に「無上菩提誓願証《むじょうぼだいせいがんしょう》」、すなわちこの上ない仏の悟りを完成しようという誓いである。これは自利利他円満の仏果を目指す誓願である。つまり、前に挙げた「度・断・知」の三つの誓願と、それに伴う修行とをすべて成就して、三身のすべてが備わった完全な仏となって、さらに広く一切衆生を救済してゆこうとするのである。

次に「縁理[10]」すなわち絶対平等の立場で発す誓願を明かしてゆこう。

あらゆるものは本来ありのままにあるのであって、そのままが悟りの境地であると言える。「ある」と「ない」、あるいは「常住」と「断絶」、「生ずる」と「滅する」、「きたない」と「きれい」というような、相対的な認識の世界を離れていると言える。すべてのものは、そのままで真如の理にかなっているので[11]ある。したがって生死を繰り返す迷いの世界が、そのまま仏の悟りの境地であり、迷いの苦しみが、そのまま悟りの智慧なのである。[12]煩悩[13]の一つひとつを裏返せば、それは八万四千の修行であると言える。無知蒙昧が真実の智慧へと転換することは、あたかも氷がとけて水となるようなものだ。遥か彼方にあるのでもないし、他所から別のものがやって来るのでもない。一瞬の心にすべてが備わっているのである。心はまるで如意珠[14]のようなものである。宝が「ある」というのでもなく、「ない」というのでもない。「ない」と言えば嘘になるし、「ある」といえば間違いになる。分別して認知できるものではなく、言葉に表すこともできない。我らは、このような思慮を超えた、しかも何ものにも縛られることのない理《ことわり》に対して、あれこれ考えを巡らして行き詰まり、抜け出す必要もない自在の世界の中にいるにもかかわらず、そこから脱出しようともがいているのである。そのようなすべての者に対して、大慈悲の心を起こし、四弘誓願を立てる。これを「順理《じゅんり》」の発菩提心と名づけるのである。これが最上の菩提心である『摩訶止観』巻一[15]を見よ。

また『思益経[16]』には、「あらゆるものは実体として存在するのではないと知り、すべての衆生も実在ではないと知ること。これを菩薩の発無上《ほつむじょう》菩提心と呼ぶ」と説かれる。

『荘厳菩提心経』[17]には、「菩提心は、実体として存在するものではない。作り出されたものでもない。言葉で表現することもできない。〈菩提〉つまり〈悟り〉は、〈心〉そのものであり、〈心〉は〈衆生〉そのものである。このように理解できたならば、それを菩薩の仏道修行と呼ぶのである。〈悟り〉は、過去にも未来にも現在にも実体として存在するのではない。〈心〉と〈衆生〉とも同様、過去にも未来にも現在にも実在するのではない。このように理解する者を菩薩と呼ぶのである。しかも実際には、具体的な認識の対象として捉えられるものは何もない。実体として認識しないということが正しい認識なのだ。すべてに対して実体的な認識を離れることができたならば、それを〈悟り〉と呼ぶのである。初心者[18]のために〈悟り〉を実在のように説いているだけである。中略 しかし実際には、〈心〉が実在するわけではなく、〈心〉を作り出す者もいない。同様に、〈悟り〉は実在ではなく、〈悟り〉を作り出す者もいないし、〈衆生〉は実在ではなく、〈衆生〉を作り出す者もいないのである」等と説かれる。

「縁事・縁理」の四弘誓願には、それぞれ二つの意味がある。第一に、「度・断」の二願は、衆生の「苦・集二諦」すなわち苦の現実とその原因とを取り除こうという抜苦《ばっく》の誓願であり、「知・証」の二願は、衆生に「道・滅二諦」すなわち悟りに向かう実践とその成就とを与えようという与楽《よらく》の誓願である[19]。第二に、「度」の一願は利他の誓願、「断・知・証」の三願は自利の誓願である。つまり衆生の「苦・集二諦」の苦を取り除き「道・滅二諦」の楽を与えようという願いは、すべて「度」の一願に集約されており、その誓願を完全に成就するために、さらに自身の能力を高めようとして「断・知・証」の三願を発すと言うのである。

『大般若経』[20]に、「衆生に恵みを与えるために真実の悟りを目指す。だから〈菩薩（悟りを目指す者）〉と呼ぶのである。しかも何物にもとらわれない。だから〈摩訶薩[21]（偉大なる者）〉と呼ぶのである」と説かれている通りである。

また、「度・断・知」の三願は個別に因行の完成を願う誓願であり、「証」の一願は総括して仏果の完成を願う誓願であるとも考えられる。

四弘誓願を発した後、

「みなに等しく福与え　共に往生成仏せん」

と唱えよ。そして心には、「衆生と共に極楽に生まれて、四弘誓願を完全に成就しよう」と念ぜよ。もしほかに誓願を立てる者は、四弘誓願の前にそれを唱えよ。

我欲に汚れた心から発された誓願は悟りの因とはならない。慈悲の心に限界があるようなら、真実の悟りを目指すものとは言えない。偽りのない真心から発された誓願でないならば、威力に欠けるものとなろう。だから必ず、清浄にして広大、かつ誠の心をもって誓願を立てよ。誰かに勝ちたいとか、金や名誉を手に入れたいなどの理由で誓願を立ててはならない。そして、仏の目の届く範囲、つまりあらゆる世界のすべての衆生を度し、すべての煩悩を断じ、すべての法門を知り、すべての仏徳を証するのだという気概をもって四弘の誓願と修行とを発起せよ。

問う。いかなるものの中に最高の悟りを求めればよいのか。

答え。能力のすぐれた者に対する教説と、劣った者に対する教説とでは違いがある。

『大智度論』[22]に、「黄色い石が金の本質を隠し持ち、白い石が銀の本質を隠し持っているように、世のあらゆるものの中に悟りの本性が潜んでいる。諸仏や菩薩たちは、ありのままの真実を捉える智慧と、智慧を獲得するための手段とを説き、また戒めを守ることや、精神を鍛える修行法を示して衆生を導き、あらゆるものの中に潜む悟りの本性を見出させる。能力のすぐれた者は、あらゆるものがそのまま真実であることを認知する。それはちょうど神通力を持つ人が、瓦礫を金に変えることができるようなものだ。能力の劣った者は、一歩ずつ段階を踏んで理性的な判断を重ね、ようやく真如の世界を理解することができる。それはちょうど大きな石を精製し鍛錬して、やっとのことで金を取り出せるようなものだ」と説かれている通りである。

同じく『大智度論』[23]に、「わが身を苦しめ、清らかな生活[24]をして、一晩中全力を傾けて精神を集中し、智慧をみがいて、苦労の末に悟りを完成するのは小乗の教えである。あらゆるものは自由自在に融けあっていると認知して、心を清めよと説くのが大乗仏教の教えである。文殊菩薩の前世の物語[25]に説かれている通りである」とある。

『大智度論』では、これにつづき『無行経』[26]によってその物語が紹介されるが、そこに登場する喜根《きこん》菩薩が、

「婬欲はこれ悟りなり　　怒りも無知もまた同じ
これら三つの中にこそ　　ほとけの悟りの種がある
これら三つをしりぞけて　　悟りと区別をするならば

ほとけの教えに背くこと　天と地ほどの隔てあり」

等と、七十句余りの偈を説いている。

同論[27]には、「あらゆるものは固定的な実体として捉えることはできない[28]。それを知ることを仏の悟りと言うのだ。それがそのまま、あらゆるものの真実のすがた[29]である。固定的な実体として捉えることができないという理論そのものが、固定的な実体として捉えることはできないのだ」等の教説もある。

また迦葉菩薩[30]は仏に対し、

「すべてのものにことごとく　悟りの本性あるという
そのみ教えをわがために　どうかくわしく説きたまえ」

と申しているし、『大般若経[31]』には、「すべての者に悟りの可能性が備わっている[32]。それは普賢菩薩の本体[33]が、あらゆるものの上にゆきわたっているからである」と説かれている。

『法句経[34]』には、

「欲と怒りをすみかとし　ほとけは悟りの道を説く
煩悩そのまま仏の種　もとより別のものじゃない
苦しみもたらす煩悩[35]は　すべてほとけの持ち物[36]で
つねにほとけの身をかざる　もとより別のものじゃない
すべてこの世のものはみな　本来善でも悪でもない
善と悪とは揺れ動き　もとより別のものじゃない」

と歌われている　以上『大智度論』『涅槃経』『大般若経』『法句経』の文は、能力のすぐれた人の菩提心について述べたものである。

問う。煩悩と悟りとが本来一体だと言うならば、心のままに煩悩を起こしてもよいのか。

答え。このような解釈を、「空の誤解(37)」と呼ぶのだ。全く仏教徒の考え方ではない。反問(38)してみよう。煩悩はそのまま悟りの智慧だからといって、よろこんで煩悩を起こし悪業を行うならば、生死を繰り返す迷いの世界がそのまま仏の悟りの境地であるというわけで、よろこんで生死の猛烈な苦しみを受けなければならないということになろう。なぜ、苦しみの果報を受けるということに関しては、ほんの一瞬の苦であってもこれを拒絶するのに、苦しみの種となる行いに関しては、永遠の苦の種となるにもかかわらず、これをわがまま勝手に作りたいと思うのか。これによってわかるだろう。煩悩と悟りとは、本質としては一体であっても、時期と作用(39)とが別々であるから、悪と善との違いが生ずるのである。水と氷、種子と果実の違いのようなものである。本質的には一つのものであるけれども、時によって別のはたらきをするのである。だから、仏道修行をする者は本来身に備えた悟りの本性(40)を顕わにすることができるが、修行しない者は決して真理に目覚めることはない。

このことは『涅槃経』巻三十二(41)に次のように説かれている。「〈この種子の中に、果実はあるのか、ないのか〉と問われたならば、はっきりと、〈あるとも言えるし、ないとも言える〉と答えよ。なぜかというと、種子と無関係に単独で果実が生《な》ることはありえない。だから〈種子の中に果実がある〉と言える。しかしこの種子はいまだ芽さえ出していない。だから〈ない〉とも言える。このようなわけで、〈ある〉とも〈ない〉とも言えるのである。それは、時期によって状態が異なるだけで、本質的には一つのものだからである。我ら衆生の身に備わる悟りの本性も同様である。衆生とは無関係に別のものとして悟りの本性があると言えばそれは間違いである。なぜかというと、衆生がそのまま悟りの本性であり、悟りの本性がそのまま衆生だからである。ただ時期が異なるだけで、清浄と不浄という違いがあるのだ。〈この種子は果実を結ぶことができる。この果実は種子を採ることができるか〉と問われたら、はっきりと、〈できるとも言えるし、できないとも言える〉と答えよ」と。

問う。凡夫には実践する能力がないのに、なぜ四弘誓願を発すなどという無駄なことをするのか。

答え。たとえ実践の能力がなくとも、必ず慈悲の誓願を発さなければならない。それによって得られる恵みが量り知れないほど大きいということは随所に述べている通りである。提婆達多《だいばだった》[42]は六万部もの経を唱えたけれども地獄[43]に堕ちた。慈童女《じどうにょ》[44]はたった一つの慈悲の誓願を発して、ただちに兜率天に生まれることができた。善処に赴くか、悪道に堕ちるかは、心の如何によるのであって、修行の量によるのではないということがわかろう。ましてどんな人でも、一生の間に一度くらいは、「南無仏」と称《とな》えることもあろう。人に食事を施すこともあろう。それらほんのわずかの善行を、すべて四弘誓願の実践の中に含めるがよい。それによって実践と誓願とが兼ね備わることとなり、無駄な願いにはならないだろう。

『優婆塞戒経』の第一[45]に、「娑婆の苦しみ[46]と悟りの安らぎとを、真剣に心に焼き付けることのできない人は、いかに多くの施しをし、戒律を守り、勉学に励もうとも、悟りに向かうための徳[47]を身につけることはできない。一方、娑婆の苦しみを厭い、心の底から悟りの功徳と安らぎとを求める人は、たとえ〈少施・少戒・少聞〉であっても、必ず悟りに向かうための徳を手に入れることができるだろう」と説かれている

通りである 無限の時間をかけて無量の財物を無量の人に施し、無量の仏のもとで戒律を受けて正しく持《たも》ち、無量の世界にいる無量の仏のもとであらゆる経[48]を学びしっかりと記憶して読誦することを、〈多施・多戒・多聞〉と言う。一握りの麦の粉を一人の修行者に施し、一昼夜に八戒[49]を正しく持ち、四行の偈を読むことを〈少施・少戒・少聞〉と言う。この経に詳しい記述がある。

だから行者たちよ。一つひとつの行動を、「正しい配慮[50]」によって行うならば、ほんのわずかな善行さえも無駄になることはないのだ。『大般若経[51]』に、「菩薩たちが、智慧の完成を目指し衆生を済度する様々な実践[52]は、どんなにわずかな心の動きも、ほんの些細な行動も、すべてが悟り[53]を成就するための糧となる」と説かれている通りである。

問う。「正しい配慮」とはどのようなことか。

答え。『大宝積経』巻九十二[54]には、次のように説かれている。「食べ物を求める者には食べ物を施せ。それは真理を見通す智慧の力を身につけるためである。飲み物を求める者には飲み物を施せ。それは限りない欲望を断ち切るためである。着物を求める者は着物を施せ。それは罪を制止する恥を知る心[55]を身にまとうためである。坐る場所を施すのは、菩提樹の下に坐るためである。灯りを施すのは、仏のようにすべてを見通す眼を得るためである。紙と墨とを施すのは、仏の智慧を得るためである。薬を施すのは、衆生の煩悩[56]の病を取り除くためである。このようにして、あらゆるものを惜しみなく施すのである。もし人に施す財物がなければ、心をもって施すがよい。すべての生きとし生けるものに、仏の教えを説き示したいと思うのならば、能力の有無にかかわらず、以上のような施しをせよ。これこそが私の説くところの善行である」と 大変な長文なので省略して引用した。詳しくは経を見よ。

このようにして、一つひとつの行動を起こすに当たり逐一、「ここにいるすべての人々に、どうか一刻もはやく無上の悟りを完成させられますように。まずは四弘の第一願、すなわち〈衆生無辺誓願度〉の誓願と実践とを徐々に成就し、布施の行(57)を完成して、どうか一刻もはやく悟りを得、すべての人々を救うことができますように」と、心を込めて誓願を発すのだ。慈愛の言葉を発する時も、利他の実践をなす時も、また衆生の善行を手助けする際にも、同じように一々心を砕いて誓願を発すのだ。

また、ほんのわずかでも悪を制圧しようとするならば、「次に第二願、すなわち〈煩悩無数誓願断〉の誓願と実践とを徐々に成就し、すべての煩悩を断ち切って、どうか一刻もはやく悟りを得、すべての人々を救うことができますように」と心に誓うのだ。

さらに、法文の一言一句でも読誦し、学ぶ際には、「次に第三願、すなわち〈法門無尽誓願知〉の誓願と実践とを徐々に成就し、諸仏の教えを学んで、どうか一刻もはやく悟りを得、すべての人々を救うことができますように」と心に誓うのだ。

そして、あらゆる行動を起こすに当たって、常に次のように「正しい配慮」をするのだ。「今から私は徐々に仏法を学び、やがて極楽に生まれて自在に仏道を極め、どうか一刻もはやく悟りを得、最後まで人々を救い続けることができますように」と。常にこの心をいだいて、力の限り修行に励むならば、一滴の水はわずかであっても、徐々に大きな器に満ちてゆくように、この心は大小すべての善行を集め、漏れ落とすことなく、必ず悟りを成就することができる。『華厳経』の入法界品(58)に、「たとえばダイヤモンドが大地を支えて陥没させないように、菩提心も同様、菩薩のすべての誓願と実践とを支えて、迷いの世界に堕ちないようにしているのだ」と説かれている通りである。

問う。凡夫は「正しい配慮」を継続[59]する力がない。それが途切れたならば、それまでの善行は徒労[60]となるのか。

答え。真心をもって、「今日から私は、ほんのわずかな善行も、娑婆での我欲を満たすためにはしない。すべて極楽への往生のため、すべて悟りの成就のためにしよう」と心に誓い、口に唱えるならば、それ以降のすべての善行は、自覚の有無にかかわらず、おのずから無上の悟りを成就するための糧となる。一度小さな溝[61]を掘っておけば、方々から勝手に水が流れ込み、やがて川となり、ついには大海に流れ着くようなものだ。行者も同じである。ひとたび菩提心を発したならば、その後はあらゆる善行の水が、おのずから四弘誓願の溝に流れ込み、やがて極楽に往生して、ついには悟りの智慧の海[62]にたどり着くのである。まして機会あるごとに先ほど述べたような誓願を心に保つ者は、言うまでもなく必ず悟りに至るであろう。このことは後に「回向門」の項に詳述している。

問う。凡夫は能力に欠けるため、施そうとしても惜しくてできない。あるいは貧しくて施す物がない。どうすれば心を正しい方向に導いてゆくことができるのか。

答え。『大宝積経[63]』に、「このように布施を行おうとしても、能力に欠けるため、その方法を学ぶ[64]こともできず、財物を手放すことができないようならば、その菩薩は、〈私は今より努力して、少しずつ貪りと物惜しみの煩悩[65]を取り除かなければならない。私は今より努力して、少しずつ財物を手放して人に施すことを学び、やがては布施の心を大きく広げてゆかなければならない〉と念ぜよ」と説かれている。

また『過去現在因果経(66)』の偈には、

「貧困の人を前にして　施す物がない時は
他人が施すすがた見て　共に喜ぶ心持て
共に喜ぶ福徳は　布施をしたのと同じこと」

とあり、また『十住毘婆沙論(67)』の偈には、

「われは初心の行者(68)なり　今は善心乏しくて
心は欲の虜《とりこ》だが　後には施せますように」

と歌われている。行者たちよ、「正しい配慮」ができるよう、このように心を導いてゆくのである。

問う。「縁事・縁理」の中、「縁理」すなわち、普遍の真理を知り絶対平等の立場で菩提心を発す場合でも、やはり因果の道理を信じて仏道修行を行うべきだろうか。

答え。必ずそうでなければならない。

『維摩経(69)』の偈に、

「ほとけの国土も人々も　みなこれ空《くう》と悟っても
国土清める行続け　人々救い続けよう」

と説かれている通りである。

『中論(70)』の偈にも、

「空《くう》といえども断ち切れず　有《う》といいながら常ならず

行為の結果は消え去らず　これぞほとけの教えなり」

と言う。

『大智度論』[71]には、「あらゆるものは何もかも空で実体がないということを、ことさら強調しすぎると、衆生も実体がない、救済すべき者はいないというような考えに至る。そうすると衆生を憐れむ心が萎んでしまうだろう。逆に、憐れみをかけるべき衆生という観念が強いと、空を観ずる力が弱まってしまう。しかし衆生教化の能力[72]を身につければ、これら両者の立場[73]を折衷して、いずれにも偏《かたよ》らない[74]ような考え方が可能である。衆生を憐れむ心のために、あらゆるもののありのままの真実のすがたを見失うことはない。真実のすがたを知った後も、憐れみの心を失うことはない。このような考え方ができた時、菩薩ははじめて真如に触れて不退転の位に安住するのである[75]」と説かれている　以上は省略して引用した。

問う。もし偏った理解をしたならば、その罪はどれほどか。

答え。『無上依経』巻上[76]に、空《くう》に対する固執[77]について次のように説かれている。「自我を実在と考え、それにとらわれる[78]ことがどれほど大きかろうと、私は少しも驚かないし非難[79]もしない。しかし、少々仏法を聞きかじって理解したと慢心した者[80]が、空の立場に執着《しゅうじゃく》するならば、それがほんのわずかであったとしても、私は決して許さない」と。

また、『中論』巻二[81]の偈に、

「ほとけが空《くう》を説いたのは　とらわれの心除くため
その空に固執するなんて　ほとけも教えた甲斐がない」

とある。

『仏蔵経』の念僧品[82]には、我らの執着の心[83]を打ち破ろうとして、次のように説かれている。「我執にとらわれている者は、自分自身や他人のこと、さらには寿命や生命力[84]をも実在だと言う。そして、本来は固定的な実体を持たないもの[85]に対して、あれこれ考えて勝手な判断をし、すべてはすっかり消えて無くなってしまうとか、すべてのものは永遠不変だ[86]などと言い、あるいは、すべては作られたもの[87]だとか、すべてはもとからあったもの[88]だなどと言う。私の説いた正しい教えが、このような邪説のために徐々に滅ぼされてゆく。私が長らく娑婆にとどまって、様々な苦悩の末に完成させた悟りを、これら邪見の人々が、ついには打ち壊してしまうだろう」と 省略して引用した。

また同じく『仏蔵経』の浄戒品[89]には、「自分自身や他人あるいはすべての人々を実在と見る者[90]の多くは、仏道からはずれてしまう。一方、すべては消えてなくなるものだと見る者の多くは、やがて悟りを得る。なぜかというと、後者の考えの方が捨てやすいからだ。このことから、たとえ自分の舌を鋭利な刀で切り裂いてでも、決して人前で、我執にとらわれた説法[91]をしてはならないということがわかるだろう」と言う

我執にとらわれていることを「不浄」と言う。

『大智度論』巻一[92]には、「有執」と「空執」の両方の過ち[93]を指摘して、「たとえば、片側は底なしの淵、もう片側は燃えさかる炎の海に接した細い道を歩いているようなものだ。どちらに落ちても死んでしまう。すべてを実在と考えて執着することも、すべてを無と見る立場に固執することも、どちらも仏道からはずれることである」と説かれている。

だから行者たちよ。あらゆるものはもとより空である、実体のないものだということを認知し、その上で、さらに四弘の誓願と実践とを修めよ。空間と地面と、両方があってはじめて家を建てることができるのだ。地面だけ、空間だけでは建てられない。それは、あらゆるものが「空《くう》（固定的な実体がない）」であり、「仮《け》（縁によって仮《かり》に存在する）」であり、「中《ちゅう》（空・仮の両者を視野に入れつつ、しかもどちらにもとどまらない）」であるということが同時に成立するようなあり方[94]をしているからである。

このことは『中論[95]』の偈に、

「因縁により出《い》ずるもの　すべては空《くう》で実体なし
仮《かり》にすがたを現すが　実は中道《ちゅうどう》真如なり」

と説かれている。詳しくは『摩訶止観[96]』を見よ。

問う。「有執」の誤解は大きな罪だと言うならば、「縁事」すなわち救済の具体的対象を想定して発す菩提心には、さほどの福徳は期待できないだろう。

答え。衆生を実在であると見て、これに強い執着を起こす時に、間違いが生ずるのである。ここに述べた「縁事の菩提心」には、さほどの執着を伴わない。さもなくば物を見て悟るということはあり得ないはずだ。「空執」にも同様のことが言える。たとえば火を使う時、これに直接手を触れると害を被るが、触れなければ役に立つようなものだ。空や有にも同じことが言える。

（1）**四弘誓願**　すべての菩薩が発す四つの誓願。一般には、天台『次第禅門』巻一（『大正蔵』四六、四七六頁中）

等に見える、「1衆生無辺誓願度（一切衆生を悟りの彼岸に渡そうとする誓願）2煩悩無数誓願断（限りなく生ずる煩悩を断じ尽くそうとする誓願）3法門無尽誓願知（すべての仏法を学び尽くそうとする誓願）4無上仏道誓願成（この上ない悟りを成就しようとする誓願）」を指す。『摩訶止観』巻五上、巻十下（『大正蔵』四六、五六頁上〜中、一三九頁中）等にも同様の記述がある。出拠は不詳だが、『法華経』薬草喩品（『大正蔵』九、一九頁中）の、「いまだ度せざるものをして度せしめ、いまだ解せざるものをして解せしめ、いまだ安んぜざるものをして安んぜしめ、いまだ涅槃せざるものをして涅槃を得しめん」等の教説が原形だと言われる。

（2）**「縁事」の四弘誓願**　原文は「縁事の四弘願」。「事」すなわち個別的具体的な現象を縁として発す四弘誓願。これに対し「縁理の四弘」とは、「理」すなわち普遍の真理によって発す四弘誓願を言う。「縁事・縁理」の出拠について良忠の『往生要集義記』巻四（『浄土宗全書』一五、二四九頁下）には、「黒谷上人の云く、この名目は遊心安楽道による」とある。『遊心安楽道』は元暁の著と伝わるが、元暁以降の何人かの手が加わっていることは明らかであり、しかも十一世紀半ば以前に流布していたことを確認できる資料がない。ただし「縁理・縁事の発心」については、元暁の『両巻無量寿経宗要』（『大正蔵』三七、一二八頁下〜一二九頁上）にも同様の記述がある。この書は元暁の真撰であり、奈良時代に伝来して盛んに書写されている。東大寺智憬による註釈書があり、それを源信が参照した形跡もある。よって源信は元暁『両巻無量寿経宗要』によって「縁事・縁理」の名目を立てたと見るのが妥当である。

（3）**救済の対象とする衆生を実体として想定し、それに対して起こす慈悲心**　原文は「衆生縁の慈」。三縁慈悲の一。三縁慈悲とは、「1衆生縁の慈悲（実体として捉えた衆生に対して起こす世俗的な慈悲）2法縁の慈悲（個体を構成する諸法を対象として起こす慈悲）3無縁の慈悲（特定の対象を持たない絶対平等の立場で起こす慈悲）」を言う。『大智度論』巻二十（『大正蔵』二五、二〇九頁中〜下）には、1は凡夫あるいは未漏尽有学人の所発、2は漏尽の阿羅漢・辟支仏《びゃくしぶつ》・諸仏の所発、3はただ仏のみの所発と言うが、『仏地経論』巻五（『大正蔵』二六、三一四頁中）には、「初発心位の諸菩薩等は、多分有情縁の慈を修習す……修正行位の諸菩薩等は、多分法縁の慈を修習す……得無生忍の諸菩薩等は、多分無縁の慈を修習す……」とあって一定しない。ここでは1・2が「縁事四弘」に、3が「縁理四弘」に配当されているが、これは元暁の釈には見えず、源信独自の見解によるものである。源信は、菩提心を「慈悲心」より起こるものと見るのである。これは『次第禅門』巻一上の、「菩提心とは、すなはちこれ菩薩の中道正観をもって諸法実相をもって一切を憐愍し、大悲心を起こして四弘誓願を発すなり」や、『摩訶止観』巻一下の、「仏の菩提心は大悲より起こる」、あるいは同巻五上の、「すなはち大悲を起こし両の誓願を興す、衆生無辺誓願度、煩悩無数誓願断なり……ゆゑに大慈を起こし両の誓願を興す、いはく法門無尽誓願知、無上仏道誓願成なり」という立場に一致する。

（4）**悟りの本性**　原文は「仏性（buddha-dhātu）」。衆生に本来備わった悟りの本質。成仏の可能性。dhātu は、基盤、土台の意だが、「種姓（gotra）」あるいは「因（hetu）」と同義。「一切衆生悉有仏性《いっさいしゅじょうしつうぶっしょう》（一切衆生にことごとく仏性あり）」という文言は、『涅槃経』に頻出する（北本『涅槃経』巻二十七、『大正蔵』一二、五二二頁下等）。

（5）**完全な悟り**　原文は「無余《むよ》涅槃」。煩悩を断じ尽くしても未だ肉体を残している状態を「有余《うよ》涅槃」と言うのに対し、肉体をも滅して身心の束縛を完全に脱した境地を「無余涅槃」と言う。

（6）**饒益有情戒**　三聚浄戒の一つ。三聚浄戒とは、『菩薩瓔珞本業経』や『瑜伽師地論』等に説かれる大乗の菩薩の持《たも》つべき戒法で、「1摂律儀戒（一切の諸悪を断じ捨てること）2摂善法戒（一切の諸善を修すること）3摂衆生戒（一切の衆生を摂取し利益を施すこと）」を指す。3は「饒益有情戒」とも言う。ここでは四弘誓願の度・断・知の三願に、三聚浄戒（饒益有情戒・摂律儀戒・摂善法戒）・仏の三徳（恩徳・断徳・智徳）・三因仏性（縁因・正因・了因）・三身菩提因（応身・法身・報身）が配当されている。これらの中、元暁『両巻無量寿経宗要』に見えるのは、仏の三徳と三身菩提因のみで、あとは源信が付け加えたものである。出拠は明示されていないが、三聚浄戒を三身菩提因に配当する説は、道宣『釈門帰敬儀』巻上（『大正蔵』四五、八五六頁中〜下）に見える。

（7）**恩徳**　仏の三徳の一つ。三徳とは、「1恩徳（衆生に恵を施す）2断徳（煩悩を除き去る）3智徳（真理を見る）」を指す。世親釈・真諦訳『摂大乗論釈』巻十四（『大正蔵』三一、二五七頁下）に、「三身はすなはちこれ三徳なり。法身はこれ断徳、応身はこれ智徳、化身はこれ恩徳なり」とある。『摂大乗論釈』に言う「応身」「化身」は、それぞれ「受用身」「変化身」のことで、源信の言う「報身」「応身」に当たる。

（8）**縁因仏性**　三因仏性の一つ。三因仏性とは、「1正因仏性（あらゆるものに本来備わっている真如の理）2了因仏性（真如の理を照らしだす智慧）3縁因仏性（智慧を起こす縁となる善根功徳）」を言う。『涅槃経』師子吼菩薩品の所説を智顗が整理しもので、天台『金光明経玄義』巻上（『大正蔵』三九、四頁上）等に見える。また『摩訶止観』巻五下（『大正蔵』四六、六七頁上）に、「応仏は縁因より生じ、報仏は了因より生じ、法仏は正因より生ず」とある。

（9）**応身の因**　原文は「応身の菩提の因」。三身菩提因の一つ。これを中心に右の配当関係の典拠を整理しておきたい。第一に「四弘誓願」への配当は元暁『両巻無量寿経宗要』による。第二に「三聚浄戒」への配当は道宣『釈門帰敬儀』による。第三に「仏の三徳」への配当は元暁によるが、その背景には『摂大乗論釈』の説がある。第四に「三因仏性」への配当は『摩訶止観』による。要するに源信は、度・断・知の三願に三身菩提の因となる戒行・功徳・仏性などあらゆる要素が備わり、それが第四の「無上菩提誓願証」の願に集約されて自利利他円満の仏果を証得する因となると主張するのである。

（10）**縁理**　意味と名目の出拠は本項（2）に述べた通り。元暁『両巻無量寿経宗要』（『大正蔵』三七、一二八頁下）には、「言ふところの順理にして発心すとは、諸法はみな幻夢のごとく、有にあらず無にあらず、言を離れ慮を絶すと信解す。この信解によりて広大の心を発す。煩悩と善法とありと見ずといへども、しかも可断・可修を撥無せず。このゆゑに悉く断じ悉く修せんと願ずといへども、しかも無願三昧に違せず。みな無量の有情を度せんと願ずといへども、しかも能度・所度を存ぜざるがゆゑに、よく空・無相に随順す。経に云ふが如し、かくのごとく無量の衆生を滅度せしむるも、実に衆生の滅度を得るものなしと、乃至広説。ゆゑにかくのごとき発心は思議すべからず。これ順理発心の相を明かすなり」とある。『往生要集』はこの意を汲みつつ、実際には『摩訶止観』の説を参照しながら「縁理の願」を釈している。『摩訶止観』の構成は「五略・十広」と呼ばれるが、その五略の第一「発大心」では、発菩提心の義が四諦・四弘誓願・六即に約して説かれている。その第二「弘誓に約して是を顕す」（『大正蔵』四六、八頁上～一〇頁中）の中から、『往生要集』が依ったと思われる箇所を拾い上げておく。

次に根・塵あひ対して一念の心起こるに、即空・即仮・即中なれば、もしは根、もしは塵も並にこれ法界、並にこれ畢竟空、並にこれ如来蔵、並にこれ中道なり（八頁下）……

まさに知るべし、一切法はすなはち仏法なり。如来の法界なるがゆゑに。もししからば、いかんがまた「心を法界に遊ばせること虚空のごとし」と言ふや。また「無明と明とはすなはち畢竟空なり」と言ふや。これは空を挙げて言の端となすなり。空はすなはち不空にして、またすなはち空にあらず不空にあらず。また言はく、「一微塵の中に大千の経巻あり、心の中に一切の仏法を具すること、地種のごとく香丸のごとし」とは、これは有を挙げて言の端となすなり。有はすなはち不有にしてまたすなはち有にあらず不有にあらず。また言はく、「一色・一香も中道にあらざるはなし」とは、これ中道を挙げて言の端となすなり。中に即してしかも辺にして、すなはち辺にあらず不辺にあらず、具足して減ずることなし。語を守りて円を害し、聖意を誣罔《ふもう》することなかれ。もしこの解を得れば、根・塵の一念の心起こるに、根すなはち八万四千の法蔵を具す。塵もまたしかり。一念の心起こるにまた八万四千の法蔵あり、仏の法界、法界に対して法界を起こし、仏法にあらざることなし。生死すなはち涅槃なり、これを苦諦と名づく。一塵に三塵あり、一心に三心あり、一一の塵に八万四千の塵労門あり、一一の心もまたかくのごとし。貪・瞋・癡もまたすなはちこれ菩提なり、煩悩もまたこれ菩提なり、これを集諦と名づく。一一の塵労門を翻ずればすなはちこれ八万四千の諸の三昧門なり、またこれ八万四千の諸陀羅尼門なり、またこれ八万四千の諸対治門なり、また八万四千の諸波羅蜜を成ず。無明転ずればすなはち変じて明となる。氷を融かして水と成すがごとし。さらに遠き物にあらず、余処より来たらず、ただ一念の心に普くみな具足せり。如意珠の、宝あるにあらず、宝なきにあらず、もし「なし」といはばすなはち妄語なり、もし「あり」といはばすなはち邪見なり。心をもって知るべからず、言をもって弁ずべからざるがごとし。衆生はこの不思議なる不縛の法の中において、しかも思想して縛となし、無脱の法の中において、しかも脱を求む。このゆゑに大慈悲を起こし、四弘誓を興こし。両の苦を抜き、両の楽を与ふ。ゆゑに非縛非脱にして真正菩提心を発すと名づく（九頁上～中）。

ことに後半は字句の詳細に至るまで一致する。

(11) **すべてのものは、そのままで真如の理にかなっている**　原文は「一色《いっしき》・一香《いっこう》も、中道にあらずといふことなし」。色身等分の中道説をあらわす智顗の代表的な言葉。右に挙げた『摩訶止観』巻一下等に見える。「一色一香」とは、認識の対象となる現象世界（六境＝色・声・香・味・触・法）の一々を意味し、そのすべてが「中道」すなわち真如にかなっていると言うのである。

(12) **生死を繰り返す迷いの世界が、そのまま仏の悟りの境地であり、迷いの苦しみが、そのまま悟りの智慧なのである**　原文は「生死即涅槃《しょうじそくねはん》、煩悩即菩提《ぼんのうそくぼだい》」。仏の目から見れば、迷いの世界がそのまま悟りの境界であり、煩悩と悟りは本来は別々のものではない。大乗仏教の空観に基づく考え方で、『摂大乗論』巻下（真諦訳、『大正蔵』

三一、一二九頁中）に、「生死はすなはち涅槃なり。二は彼此なきがゆゑなり」等とあり、『大乗荘厳経論』巻六（『大正蔵』三一、六二二頁中）に、「法性を離れて外に諸法あることなきにより、このゆゑにかくのごとく説く、煩悩即菩提なりと」とある。本項(10)に挙げた『摩訶止観』では、「生死即涅槃」「煩悩即菩提」はそれぞれ「苦諦」「集諦」に配当されている。また『四教義』第十一（『大正蔵』四六、七六一頁中）には、「もし涅槃即生死を知らば、これを無作の苦諦となし、もし菩提即煩悩を知らば、これを無作の集諦となし、もし生死即涅槃を知らば、これを無作の滅諦となし、もし煩悩即菩提を知らば、これを無作の道諦となす。ただ非生死・非涅槃・非菩提・非煩悩なるはこれ一実諦なり。この四諦を論ぜば、すなはちこれ無作の四実諦なり」とある。

(13)煩悩　原文は「塵労《じんろう》門」。煩悩法。「塵労」は、心を疲労させる外なる塵の意。

(14)如意珠（cintā-maṇi）　如意宝珠、摩尼宝珠とも言う。手にすればあらゆる願いが叶うという不思議な珠。一切衆生を思うがままに救済する仏の活動を象徴する言葉としても用いられる。

(15)『摩訶止観』巻一　本項(10)に挙げた『摩訶止観』巻一下（『大正蔵』四六、九頁上～中）の文を指す。

(16)『思益経』　『思益梵天所問経』巻三（『大正蔵』一五、四八頁中）。

(17)『荘厳菩提心経』　『荘厳菩提心経』（『大正蔵』一〇、九六一頁中～下）。

(18)初心者　原文は「始行の衆生」。修行を始めたばかりの者。

(19)第一に、「度・断」の二願は衆生の「苦・集二諦」すなわち苦の現実とその原因とを取り除こうという抜苦の誓願であり、「知・証」の二願は、衆生に「道・滅二諦」すなわち悟りへの実践とその成就とを与えようという与楽の誓願である　原文は「初めの二の願は衆生の苦・集二諦の苦を抜く。後の二の願は衆生に道・滅二諦の楽を与ふ」。「度・断・知・証」の四弘誓願を「苦・集・道・滅」の次第で四諦に配当する説は、『菩薩瓔珞本業経』巻上（『大正蔵』二四、一〇一三頁上）に見え、「厚く一切善根を集むとは、いはゆる四弘誓なり。いまだ苦諦を度せざるものをして苦諦を度せしめ、いまだ集諦を解せざるものをして集諦を解せしめ、いまだ道諦に安ぜざるものをして道諦に安ぜしめ、いまだ涅槃を得ざるものをして涅槃を得しむ」と説かれている。智顗はこれを『次第禅門』巻一上（『大正蔵』四六、四七六頁中）に踏襲している。

(20)『大般若経』　『大般若経』巻七十一（『大正蔵』五、四百三頁下）。

(21) 摩訶薩 (mahā-sattva)　菩薩 (bodhisattva) と同意。「摩訶」は大の意。「菩薩摩訶薩」と続けて言うこともある。

(22)『大智度論』　『大智度論』巻三十五（『大正蔵』二五、二九八頁中）。

(23)『大智度論』　『大智度論』巻六（『大正蔵』二五、一〇七頁上）。

(24) 清らかな生活　原文は「頭陀《ずだ》(dhūta)」。「払い落とす」の意。衣食住の貪りを払い落とすための清らかな修行を言う。人里離れた清閑な場所に住み、斎戒を守って清浄な生活をして修行に励むこと。特に修行僧が乞食して歩くことを指すこともある。

(25) 文殊菩薩の前世の物語　原文は「文殊師利の本縁」。文殊師利菩薩の前世における活動。『大智度論』では、これにつづいて文殊師利が仏に対して、自身の本縁を語る。その中に登場する喜根菩薩が、諸法実相の清浄なることを示して、「婬欲はすなはちこれ道なり……」という次下の偈を説いたという。『大智度論』巻六（同、一〇七頁中～一〇八頁上）。

(26)『無行経』　『大智度論』巻六所掲の喜根菩薩の偈（同、一〇七頁下）は、もと『諸法無行経』巻下（『大正蔵』一五、七五九頁下）に出る。

(27) 同論　『大智度論』に一致する文は見えない。巻三十九（『大正蔵』二五、三四六頁中）に、「仏、舎利弗に告ぐ、仏道とは、もしは菩薩摩訶薩の身を得ず、口を得ず、意を得ず……いはゆる一切諸法は不可得なるがゆゑなり」

という経文を釈して、「菩薩はこの二空（法空・衆生空）の中に住し、漸に一切不可得空を得。不可得空はすなはちこれ諸法の実相なり」と、類似の記述が見える。

(28) あらゆるものは固定的な実体として捉えることはできない　原文は「一切の法の不可得なる」。あらゆる存在に固定的な実体がないということ。

(29) 真実のすがた　原文は「諸法の実相」。あらゆる存在のありのままの真実のすがた。『中論』『大智度論』では畢竟空を諸法の実相と言うが、智顗は「空・仮・中」の三諦が円融相即することを述べて、「諸法即実相」を説く。本項(94)参照。

(30) 迦葉菩薩　北本『涅槃経』巻三（『大正蔵』一二、三八〇頁上）。

(31) 『大般若経』　『大般若経』巻五百七十八（『大正蔵』七、九九〇頁中）。

(32) 悟りの可能性が備わっている　原文は「如来蔵」。「如来を胎に宿すもの」あるいは「如来の胎児」の意。「煩悩を纏った法身」と解し、一切衆生に備わっている悟りの可能性を言う。

(33) 本体　原文は「自体」。本性のこと。

(34) 『法句経』　『法句経』『法句譬喩経』（『大正蔵』四）に該当文なし。石田瑞麿氏の註（岩波日本思想大系『源信』九五頁）に、敦煌本の『法句経』（『大正蔵』八五、一四三五頁上）の文に一致することが指摘されている。

(35) 苦しみもたらす煩悩　原文は「五蓋および五欲」。「蓋」は「心を覆うもの」の意。「五蓋」は、「1貪欲《とんよく》（むさぼり）2瞋恚《しんに》（怒り）3睡眠《すいめん》（心が鈍重で意識がぼんやりした状態）4掉悔《じょうけ》（心のざわつき・後悔）5疑《ぎ》（真理について思い惑うこと）」を言う。「五欲」は五根に起こる欲望。上96頁(4)参照。

(36) ほとけの持ち物　原文は「種性（gotra）」。種姓とも表記する。家族、家柄などの意。菩薩を指して如来の種性を持つ者と言ったり、涅槃を得る能力を種性と言うこともある。

(37) **空の誤解**　原文は「悪取空《あくしゅくう》」。空の道理を誤って理解すること。
(38) **反問**　原文は「反質《はんぜつ》」。問い返すこと。
(39) **時期と作用**　原文は「時《じ》・用《ゆう》」。「とき」と「はたらき」。「用」は、「作用」あるいは「現象」の意。
(40) **本来身に備えた悟りの本性**　原文は「本有《ほんう》の仏性」。一切衆生に本来備わっている悟りの本性。
(41) **『涅槃経』巻三十二**　三十六巻本『大般涅槃経』巻三十二（以下、南本『涅槃経』と略称する。『大正蔵』一二、八一九頁中～下）。北本では巻三十五（『大正蔵』一二、五七二頁中～下）にある。
(42) **提婆達多（Devadatta）**　原文は「調達《じょうだつ》」。釈尊の弟子。釈尊の従兄弟であるとも言われるが、釈尊に対する嫉妬のために逆罪（出仏身血・殺阿羅漢・破和合僧）を犯し阿鼻地獄に堕ちたとされる。良忠の『往生要集義記』巻四（『浄土宗全書』一五、九九頁下）の指摘によると、『大方便仏報恩経』巻四（『大正蔵』三、一四七頁上）に、「提婆達多は、また仏に随ひて出家すといへども、嫉妬の情深く、利養を規望す。またよく多く六万の香象経を読誦すといへども、阿鼻地獄の罪を免れず」とある。
(43) **地獄**　原文は「那落（naraka）」。
(44) **慈童女**　波羅奈国の長者の子。『雑宝蔵経』巻一（『大正蔵』四、四五〇頁下～）に、釈尊の本生として登場する。一切の苦をわが身に受けようという願いを発して、死後、兜率天に生まれた。
(45) **『優婆塞戒経』の第一**　『優婆塞戒経』巻一（『大正蔵』二四、一〇三七頁上）。
(46) **娑婆の苦しみ**　原文は「生死の過咎《かぐ》」。「過」は「あやまち」「とが」、「咎」は「とが」「さしさわり」。
(47) **悟りに向かうための徳**　原文は「解脱分の法」。「解脱分」は、「順解脱分《じゅんげだつぶん》」のこと。「悟りの因」の意。悟りの方向へと導かれる凡夫の善根を言う。行位は外凡三賢位（資糧位）に当たる。ちなみに「順決択分《じゅんけっちゃくぶん》」は聖道の果を感じさせる善根で、内凡四善根位（加行位）に当たる。

（48）**あらゆる経**　原文は「十二部経」。経典を形式・内容によって十二種に分類したもの。「1修多羅（契経）2祇夜（重頌）3伽陀（諷頌）4尼陀那（因縁）5伊帝目多伽（本事）6闍多伽（本生）7阿浮達磨（未曾有）8阿波陀那（譬喩）9優婆提舎（論議）10優陀那（自説）11毘仏略（方広）12和伽羅（授記）」を言う。

（49）**八戒**　「八戒斎」のこと。在家信者が月に六日（六斎日、八・十四・十五・二十三・二十九・三十日）、出家者と同じように守る生活規範。上100頁(27)参照。

（50）**正しい配慮**　原文は「用心」。「心がけ」「心くばり」。

（51）**『大般若経』**　『大般若経』巻五百七十（『大正蔵』七、九四三頁上～中）。

（52）**智慧の完成を目指し衆生を済度する様々な実践**　原文は「深般若波羅蜜多の方便善巧《ぜんぎょう》」。深い智慧を獲得するために行う利他の実践。「方便善巧」は「巧妙な手段」の意で、仏・菩薩が衆生済度のために設ける手段を言う。

（53）**悟り**　原文は「一切智」。一切を知る智慧。あるいは源信は、『大品般若経』等に説く「三智（一切智・道種智・一切種智）」を意識していたかもしれない。「一切智」は、一切が空であり一相であると知る智慧で、声聞・縁覚の智、「道種智」は、利他のために真理を種々の差別相に即して知る智慧で、菩薩の智、「一切種智」は、前二智を兼ね備え総体に即しつつあらゆるものの個性を知り極める完全な智慧で、仏の智とされる。智顗はこの三智を三観に配当している。たとえば『摩訶止観』巻三上（『大正蔵』四六、二六頁上）に次第の眼智を明かして、「三観は、従仮入空のごときは、空慧相応してすなはちよく見思の惑を破し、一切智を成じ、智はよく体を得て、真の体を得るなり。従空入仮のごときは、薬と病の種種の法門を分別し、すなはち無知を破して道種智を成じ、智はよく体を得て、俗の体を得るなり。もしならべて二辺を遮して中に入る方便となさば、よく無明を破し、一切種智を成じ、智はよく体を得て、中道の体を得るなり」と言い、不次第の眼智を明かして「仏智の空を照らすこと二乗の見るところのごとくなるを一切智と名づけ、仏智の仮を照らすこと菩薩の見るところのごとくなるを道種智と名づけ、仏智の空・仮・中を照らしてみな実相を見るを一切種智を名づく。ゆゑに三智は一心の中に得ると言ふなり」と言う。前者は別教の三観、後者は円教の三観である。

(54)『大宝積経』巻九十三　『大宝積経』巻九十三（『大正蔵』一一、五二九頁上〜中）。

(55)罪を制止する恥を知る心　原文は「慚愧《ざんぎ》」。「慚」は自らの心に罪を恥じること。「愧」は他人に対して罪を告白して許しを請うこと。あるいは「慚」は自ら罪を犯さないこと、「愧」は他に罪を犯させないこと、等の解釈もある。

(56)煩悩　原文は「結使《けつし》」。衆生を迷いの世界に結びつけるもの、すなわち煩悩のこと。

(57)布施の行　原文は「檀度《だんど》」。布施波羅蜜。普通は六波羅蜜の一つだが、ここでは四摂法の一つとして挙げられている。「四摂法」とは衆生を仏道に導くための四つの方法で、「1布施（施し与えること）2愛語（慈愛の言葉）3利行（他人のためになる行為）4同事（他人と協力すること）」を言う。

(58)『華厳経』の入法界品　六十巻本『華厳経』巻五十九（『大正蔵』九、七八〇頁上）。

(59)継続　原文は「常途《じょうず》」。いつも。普段。

(60)徒労　原文は「唐捐《とうえん》」。むなしい。「唐」は「中身がない」、「捐」は「すてる」の意。

(61)小さな溝　原文は「渠溝《ここう》」。「渠」「溝」共に「みぞ」。

(62)悟りの智慧の海　原文は「薩婆若海《さはにゃかい》」。仏の智慧の世界。「薩婆若（sarva-jña）」は「一切智」と訳す。

(63)『大宝積経』　『大宝積経』巻九十三（『大正蔵』一一、五九二頁中〜下）。

(64)学ぶ　「学」は青蓮院本では「覚」と記されているが、原文では、他本によって「学」に改めている。最明寺本や他の刊本、『大宝積経』でも「学」となっている。

(65)貪りと物惜しみの煩悩　原文は「慳貪《けんどん》・吝惜《りんしゃく》の垢《く》」。「慳貪」は「むさぼり」、「悋惜」は「ものおしみ」、「垢」

は「煩悩」。

(66)『過去現在因果経』『過去現在因果経』巻四(『大正蔵』三、六五二頁上)。

(67)『十住毘婆沙論』『十住毘婆沙論』巻八(『大正蔵』二六、五九頁下)。

(68)初心の行者　原文は「新学」。

(69)『維摩経』　原文は「『浄名経』」。「浄名《じょうみょう》」は「維摩(Vimalakīrti)」の意訳。汚れを離れた誉ある者の意で、「無垢称《むくしょう》」とも訳される。羅什訳『維摩詰所説経』(以下『維摩経』と略称する。『浄名経』という呼称も用いられるが、以下ことわりなく『維摩経』と表記する)巻中、仏道品(『大正蔵』一四、五五〇頁上)。空観にとどまるべきではないことを説く部分で、「高原の陸地には蓮華を生ぜず、卑湿の汚泥にすなはちこの華を生ず……」という有名な章句を含む一段に続く偈文からの引用である。

(70)『中論』『中論』巻三、観業品(『大正蔵』三〇、二二頁下)。

(71)『大智度論』『大智度論』巻二十七(『大正蔵』二五、二六四頁上)。

(72)衆生教化の能力　原文は「方便力」。「方便(upāya)」は衆生を導くための巧みな手段のこと。真実に導くために仮に設けられた法門(権仮方便)の意と、仏・菩薩が慈悲心より繰り出す教化の意(善巧方便)とがあり、ここでは後者に当たる。

(73)両者の立場　原文は「二法」。空・有の二法を指す。空観によって衆生なしと見る立場と、悲心をもって救うべき衆生ありと見る立場。

(74)偏らない　原文は「偏党《へんとう》なし」。「偏」は「かたより」、「党」は「えこひいき」の意。

(75)真如に触れて不退転の位に安住する　原文は「法位に入り、阿鞞跋致地に住す」。「法位」は不退転の位。「阿鞞跋致」も同じく不退転のこと。上138頁(26)参照。

(76)『無上依経』巻上　『無上依経』巻上（『大正蔵』一六、四七一頁中）。
(77)空に対する固執　原文は「空見《くうけん》」。空の立場に執着し、かえって誤りを生ずること。
(78)自我を実在と考え、それにとらわれる　原文は「我見《がけん》」。
(79)非難　原文は「毀呰《きし》」。「毀」「呰」共に「そしる」の意。
(80)少々仏法を聞きかじって理解したと慢心した者　原文は「増上慢の人」。悟っていないのに悟ったと思い上がること。「慢」は「おごり」「たかぶり」の意。
(81)『中論』巻二　『中論』巻二、観行品（『大正蔵』三〇、一八頁下）。
(82)『仏蔵経』の念僧品　『仏蔵経』巻上、念僧品（『大正蔵』一五、七八七頁中～下）。
(83)執着の心　原文は「有所得《うしょとく》の執」。分別によって空・有二辺のいずれかに執着すること。
(84)自分自身や他人のこと、さらには寿命や生命力　原文は「我・人・寿者・命者」。「我」は常住の自我、「人」は実体としての個人、「寿者」は寿命、「命者」は生命力を、それぞれ実体的に捉えたもの。いずれも我執の対象である。
(85)本来は固定的な実体を持たないもの　原文は「無所有《むしょう》の法」。
(86)すべてはすっかり消えて無くなってしまうとか、すべてのものは永遠不変だ　原文は「断・常」。「断見」と「常見」。「断見」とは、世間および自己の断滅を主張する立場で、死後には何も残らず、善悪の果報も無いという。「常見」とは、世間および自己の常住を主張する立場で、死後も我という固定的実体が永遠に存続するという。いずれも縁起の理法に反する誤った見解である。
(87)作られたもの　原文は「有作《うさ》」。「作」は、ものを形成する作用を意味する。
(88)もとからあったもの　原文は「無作《むさ》」。つくられたのではないもの。

(89)『仏蔵経』の浄戒品　『仏蔵経』巻中、現行本では「浄法品」(『大正蔵』一五、七九四頁下)。

(90)自分自身や他人あるいはすべての人々を実在と見る者　原文は「我見・人見・衆生見のもの」。実在としての「我・人・衆生」があると見る立場。

(91)我執にとらわれた説法　原文は「不浄に説法」。通常は、自己の名誉のため、あるいは利益を望んで説法することを「不浄説法」と言う。ここでは、「我執にとらわれていることを不浄と言う」と註記があり、執着の心を持ちながら説法することを「不浄説法」と見ている。

(92)『大智度論』巻一　原文は「『大論』の第一」。「第一」は最明寺本や諸版本にはなし。『大智度論』巻三十七(『大正蔵』二五、三三二頁中)。

(93)「有執」と「空執」の両方の過ち　原文は「二執」。「有執」とは、自分自身やあらゆるものに常住の主体があると考え、それに執着すること。「空執」とは、空の教説を聞きかじって、あらゆるものは固定的な実体がないという立場に固執し、それによって因果の道理までを否定してしまうような誤った考えを言う。

(94)あらゆるものが「空(固定的な実体がない)」であり、「仮(縁によって仮に存在する)」であり、「中(空・仮の両者を視野に入れつつ、しかもどちらにもとどまらない)」であるということが同時に成立するようなあり方　原文は「三諦相即《さんたいそうそく》」。次に挙げる『中論』観四諦品の偈、「因縁所生の法をば、我すなはちこれ空なりと説く。また名づけて仮名となす。またこれ中道の義なり」によって立てられた智顗の教説。『中論』そのものが言わんとするのは、「縁起・空・仮名・中道」という四つの概念が同意趣のものだということである。ところが智顗は、これを「空・仮・中」の三諦を説くものと見る。「空諦」とは、あらゆるものは凡夫の認識の及ぶような実体を持たないということ。「仮諦」とは、あらゆるものは縁によって仮に存在しているということ。「中諦」とは、あらゆるものは空や仮として一面的に捉えられるものではない、言葉や思慮を超えたものであるということ。別教では三諦が別々に独立したものとされるが、円教では相互に円融し相即していると言う。『摩訶止観』巻三上（『大正蔵』四六、二四頁中〜）には、『瓔珞経』に説く、「従仮入空・従空入仮・中道第一義」の三観を応用して円頓止観の教理を組織している。第一に、現実世界は差別の相を呈しているが、実はそれらは固定的なものでない。したがって差別相に固執せずに本来のすがたとしての「空」を観じなければならない。これが「従仮入空観」である。破せられる仮と悟入する空とを観ずるので「二諦観」とも言う。第二に、「空」を悟るということは、差別相を捨て去って空にとどまるということではない。空もまた空と観じ、空から仮に出る。これを「従空入仮観」と言う。仮を空と観じ、空を空と観じ、また仮を破して空を用い、空を破して仮を用いるので「平等観」とも言う。第三に、従仮入空と従空入仮の両方を視野に入れながら、しかもどちらにもとどまらない。これを「中道第一義観」と言う。智顗はこの「三観」を明かす前に、「1体真止（空の真理を体得してそこにとどまる）2方便随縁止（仮なる現実の相に随縁してそこにとどまる）3息二辺分別止（空・仮の二辺を離れて中道にとどまる）」の「三止」を立てている。以上の三止・三観は便宜上次第に対配して説明したが、本来は不次第のものである。円教の三諦円融の立場で、三止・三観を一体的につかむことを「円頓止観」あるいは「一心三観」と言うのである。

(95)『中論』『中論』巻四、観四諦品（『大正蔵』三〇、三三頁中）。羅什訳では、「衆の因縁生法をば、我すなはちこれ無なりと説く……」となっているが、智顗も吉蔵も、「因縁所生の法をば、我すなはちこれ空なりと説く……」と読んでいる。

(96)『摩訶止観』石田瑞麿氏の指摘（岩波日本思想大系『源信』四一五頁）によると、『摩訶止観』巻一上（『大正蔵』四六、五頁下〜六頁上）に、右の『中論』観四諦品の偈を挙げて、これを四種四諦などに配当している記述があるという。あるいは本項(94)に挙げた『摩訶止観』巻三上に説く円頓止観の教説を指しているとも考えられる。

第二に利益、発菩提心によって得られる福徳について。

教説の通りに菩提心を発《おこ》せば、それ以外の修行をしなくとも、願いのままに必ず極楽に往生することができるだろう。『観無量寿経』に、ただ無上道心を発す功徳のみで往生すると説かれている上品下生人(1)がこれに当たる。このように発菩提心の利益はこの上なく大きい。以下にその一端を簡略に示しておきたい。

『摩訶止観』(2)に次のように言う。「『宝梁経』《ほうりょうきょう》(3)に、〈比丘僧でありながら、修行しない者には、世界のどこにも唾する場所はない。まして人から供養(4)を受ける資格はない。それを聞き、六十人の比丘僧が、悲しみの涙を流しながら仏に言った。《私どもは、今ここで死んだとしても、誰からも供養を受けることなどできないでしょう》と。すると仏は、《君たちは今、慚愧の心(5)を起こした。それはすばらしいことだ》とおっしゃった。一人の比丘僧が質問した。《どのような比丘僧が、供養を受けることができるのですか》と。仏は、《比丘教団の一員となり、定められた修行をし、しかるべき成果をあげた者が、供養を受けられるのだ。教団の一員となるとは、預流・一来・不還・阿羅漢という四段階の悟り(6)を目指して修行する比丘僧の仲間入りをすること。定められた修行とは、四念処・四正勤・四神足・五根・五力・七菩提分・八聖道分という三十七種の実践(7)。しかるべき成果とは、預流・一来・不還・阿羅漢という四段階の悟りである》と答えられた。再び比丘僧が、《それでは大乗の心を発《おこ》す者はいかがですか》と訊ねたところ、仏は、《大乗の心を発して仏の悟りを目指すならば、比丘教団に属さなくても、定められた修行をしなくても、修行の成果をあげなくても、供養を受けることができる》と答えられた。比丘僧が驚いて、《なぜそのような者が供養を受けられるのですか》と問うと、仏は、《大地に敷きつめられるほどの衣服を施されても、須弥山ほどのたくさんの食べ物を受けようとも、その恩に報いるだけの福徳を施主に与えることができるからである》とおっしゃった〉と説いている。小乗の比丘僧が目指す最高の悟りも、大乗の菩薩が発す最初の菩提心には及ばないということがわかるだろう」と　以上、信者から布施を受けることができるという利益について文(8)証を挙げた。

続いて『摩訶止観(9)』には、次のように述べられている。「『如来密蔵経(10)』には、〈聖者となった父を殺し、供え物を盗み、阿羅漢となった母を陵辱し、嘘を言って仏を非難し、二枚舌を使って(11)清らかな修行者たちの仲を裂き、口汚く聖者を罵り、仏法を学ぼうとする者を言葉巧みに騙し、五逆罪(12)の種となる怒りの心と、戒めを守って正しく生活している修行者の物を奪う貪りの心と、偏った考えに固執する愚かな心とを持つ。これを十悪(13)の者と言う。そんな者が仏に出遇って、《あらゆるものは因縁によって仮に生じたり滅したりしているだけで、自分も他人も、さらにはすべての生き物や、それに宿る生命力(14)に至るまで、みな固定的な実体として存在するのではない。本来は、生じたり滅したり、汚れたり固執したりするものではない。本質的には清らかである》という教えを聞き、それによって、あらゆるものは本質的に清らかであると知り、理解し、確信するならば、この人は地獄などの悪道に堕ちることはないと、私は明言する。なぜかというと、あらゆるものはどこまでも積み重なってゆく(15)わけではないし、凝り固まって人を悩ます(16)ものでもない。あらゆるものは実体として生起するのではない。永遠に存在し続けるのでもない。機縁が熟すれば仮のすがたを現すだけである。生じたものは、やがて消えてゆく。心も同様、生じては消えてゆく。すべての煩悩[17]も、生じては消えてゆく。このように理解すれば、〈犯す〉という行為が起こる拠り所[18]さえもないということがわかる。〈犯す〉という行為が永遠に消えないと言えば、この道理に背くことになる。百年間暗闇に包まれていた部屋に、明かりを灯した時、暗闇が、《俺はこの部屋の主だ。ずっとここに住んできたのだ。これからも出て行くつもりはない》と言うことはなかろう。明かりが灯れば暗闇が消え去るようなものだ〉と説かれている。十悪の罪もこれと同じことである。『如来密蔵経』には、先に述べた四つの菩提心[19]のことが詳しく説かれている」と 以上は『如来密蔵経』の下巻に見える。「四つの菩提心」とは、三蔵教・通教・別教・円教の菩提心のことである。

『華厳経』の入法界品[20]には、次のように説かれている。「たとえば善見薬王[21]がすべての病を消し去るように、菩提心という薬も、すべての衆生のあらゆる煩悩の病を消し去る。たとえば牛・馬・羊の乳を合わせたものを器に入れ、そこに師子の乳を加えると、ほかの乳は消えて無くなり、透明な液体となるように、如来という師子の、菩提心という乳を、無限の過去から積み重ねてきた種々の悪業・煩悩という乳の中に投入すると、悪業・煩悩はすべて消え去り、小乗の教えの中にとどまることがなくなるのである」と。

そして『大般若経』[22]には、「菩薩たちが、欲望[23]にさそわれて仏道に背くような心を起こしたとしても、ほんの一瞬でも仏の悟りを目指す心を起こすならば、たちまち罪を消し去ることができる」と言う 以上の三文は、滅罪の利益を説くものである。

『華厳経』の入法界品[24]に、次のような教説がある。「たとえば不可壊《ふかえ》薬《やく》を手に入れた者は、いかなる怨敵にも付け入る隙を与えないように、菩提心という不壊《ふえ》の法薬を持つ者は、どんな煩悩、悪魔、怨敵にも侵害されることはない。たとえば如意宝珠(25)で身を飾っていれば、深みに入っても溺れることがないように、菩提心という如意宝珠を持っていれば、迷いの海に入っても、沈没してしまうことはない。たとえばダイヤモンドは、どれほど長い間水に浸かっていても腐乱せず、変質することもないように、菩提心も同様、無限の時間、迷いの世界に身を置こうとも、どんな煩悩にも悪業にも攻め滅ぼされず、傷つけられることもない」と。

また同じく『華厳経』(26)に、法幢《ほうどう》菩薩が、

「智慧ある人がひとたびも　菩提心(27)を発したら
必ずほとけとなることは　疑いはさむ余地はない」

と歌っている　以上は、最後まで損なわれること(28)なく、必ず悟りを成就するという利益を説くものである。

さらに『華厳経』入法界品(29)に、次のような記述がある。「たとえば閻浮《えんぶ》檀金《だんごん》(30)は、如意宝珠を除くすべての宝よりも価値があるように、菩提心という閻浮檀金も、仏の智慧を除くどんな功徳よりもすぐれている。たとえば迦陵頻伽鳥《かりょうびんがちょう》(31)は、卵の中にいる時から他のどんな鳥よりも力強いように、菩薩も同様、迷いの中にあっても、菩提心を発せば、その功徳の力は、小乗の聖者よりもすぐれている。たとえば波利《はり》質多《しった》樹《じゅ》(32)の花の香りを一日衣服に薫《くん》じつければ、瞻蔔華《せんぷくげ》(33)や婆師華《ばしけ》(34)の香りを千年間薫じ続けるよりも良い香りがするように、菩提心という花も同様、一日身に染み付けた功徳の香りは、あらゆる世界の仏のもとにくまなくゆきわたる。小乗の聖者が清らかな智慧によって身につけた様々な功徳の香りを、無限の時間をかけて薫じ続

けても、それには到底及ばない。たとえばダイヤモンドは、破損しても、どんな宝石よりも価値があるように、菩提心も同様、少しくらいは怠け心を起こしても、小乗の聖者が身につける功徳の宝石よりも値打ちがあるのだ」と 『華厳経』には二百以上の譬えがある。参照せよ。

『華厳経』賢首品[35]の偈には、

「菩薩は迷いの世界にて　最初に発心した後は
ひたすら悟り[36]を追求す　その意志堅く揺らぎなし
そのひとたびの発心に　備わる功徳は限りなし
ほとけが説明されようと　説き尽くすことはできぬだろう」

と歌われている ここに言う「発心」は、凡夫と聖者の両方に通ずるものである。詳しくは『弘決』[37]を見よ。

また『華厳経』[38]の偈に、

「人の心の奥底を　見通す力はあるけれど
あらゆる世界の塵くずを　数えることはできるけど
世界の彼方のひろがりは　髪一本で測れるが
菩薩の最初発心の　深さは決してわからない」

とあり、『出生《しゅっしょう》菩提心経』[39]の偈には、

「この仏国の人々に　信ずる心と戒めを
施し与え尽くしても　発心功徳に及ばない

この仏国の人々に　正しい仏道あゆませる
その功徳をみなあわせても　発心功徳に及ばない(40)
無量諸仏の国々に　無数の寺院を建立し
幾多の仏塔造っても　発心功徳に及ばない　中略
それらの功徳を得た上に　自利利他発心したならば
最もすぐれた人となる　その尊さは比類なし
このみ教えを聞く智者は　常に仏法求めつつ(41)
無量の功徳を身につけて　たちまち悟りを得るだろう」

と歌われている。

また、『大宝積経(42)』の偈には、

「発菩提心の福徳の　大きさ(43)はかる物差しを
世界の果てまでのばしても　とてもまだまだ届かない」

と説かれている。菩提心にはこのようなすばらしい利益があるのだ。

だから『涅槃経(44)』の中で、迦葉《かしょう》菩薩は仏を礼拝する際に、

「発心・悟り(45)は等価でも　発心のほうが難しい
苦海に留まり他を救う　慈悲の心を礼讃《らいさん》す」

と歌っているのである。

また、『華厳経』(46)には、善財童子《ぜんざいどうじ》がすでに菩提心を発した人だということを聞いた弥伽大士《みかだいじ》は、自ら座所を下り、身より全世界を照らすほどの光を放ち、全身を地面に投げ出して善財童子を礼拝讃嘆したと説かれている 以上、総括して菩提心のすばらしい利益を明かす文証をならべた。

問う。「縁事」の誓願にもすばらしい利益があるのか。

答え。「縁理」の誓願よりは劣るが、やはりすばらしい利益がある。

それは、『観無量寿経』の上品下生人の行業(47)を示す所に、「ただ無上道心を発すのみで……」とあることによってわかる。しかも上品中生(48)にはあった、「究極の真理を悟る……」という文言が、上品下生にはない。これによって、上品下生人の発す菩提心が、「縁事」の菩提心であることがわかるのである。そうでなければ、上品中生人の行業と区別できないだろう 第一の理由。

世親の『往生論』(49)では、菩提心の意義を明かして、「あらゆる衆生の苦しみを取り去るから。あらゆる衆生を仏の悟りへと導くから。衆生を救って極楽浄土へ往生させるから」と言うのみである。このような「縁事」の発心に往生の力がないならば、世親が「縁理」の発心を説き示さずにおくはずがなかろう 第二の理由。

『大智度論』巻五(50)の偈に、

「初めて発心する時に　ほとけの悟りを誓うなら
この人すでに世にすぐれ　供養を受ける資格あり」

とある。ここにも「ほとけの悟り」という具体的な目標が立てられている。よって、「縁事」の菩提心を発した者も、やはり信者の布施を受ける資格があるということは明白である　第三の理由。

『摩訶止観』(51)に、『秘密蔵経』を引いた後、「最初の菩提心でさえも、十悪の重罪を取り除くことができるのだ。まして第二・第三・第四の菩提心の功徳はさらに大きい」と述べている。ここに言う「最初」とは、三蔵経の菩提心を指す。三界の中(52)にあって、具体的対象を想定して発す菩提心である。ましてすでに説いたように、衆生はみな例外なく悟りの本性を持ちあわせていると信じ、みな共に完全な悟りを達成しようと誓願する者(53)が、罪を滅ぼすことができないはずがない　第四の理由。

『成唯識論』(54)に、「悟りと衆生という実体を想定しなければ、大悲の誓願を発すきっかけが得られない」と言う。菩薩の誓願でさえ、具体的な対象を想定して発されるのだ。「縁事」の発心にもすばらしい利益があることは明白である　第五の理由。その他のことは、後の「回向門」の項に述べる。

問う。衆生が本来悟りの本性を持ちあわせていることを理解するならば、それは「縁理」の発心ではないのか。

答え。確かにそれは大乗仏教の極めて高度な道理を理解することだ。ただし、最高の真理である「空」を観ずることのできる聖者の智慧(55)とまでは言えない。

問う。『十疑論』(56)に『雑集論《ぞうじゆうろん》』を引用して、次のように述べている。「極楽浄土に往生したいと願って即座に往生できる者がいるとか、無垢仏の名号を聞いてたちまちに仏の悟りを得る者がいるなどという教説は、〈別時〉すなわち遠い未来に実現することの因を説いただけである。それは修行が全く伴っていないからである」と。慈恩(57)も同様に、「誓願と修行とが相応していないから、〈別時〉だと言うのである。仏を念じても即座に往生できないと言っているのではない」と述べている。よって誓願のみあって修行が伴わない者に対しては、「別時意趣」の教えが示されるということは明白である。上品下生人が、ただ菩提《さとり》を願っただけで即座に往生できるなどという教説は、「別時意趣」ではないのか。

答え。菩提心の功徳は極めて深く大きい。無量の罪を除き、無量の福を生み出す。だから浄土という菩提《さとり》の世界を求めれば、ただちに往生できるのだ。いわゆる「別時意趣」とは、自分の欲望のために極楽への往生を願っているような者を対象としているのである。それは、四弘誓願の立場から発された広大の菩提心ではない。

問う。菩提心に以上のような力があるなら、すべての菩薩は最初の発心以来、絶対に悪道に堕ちないということになるだろう。

答え。不退転の位に至っていない菩薩は、汚れた心と清らかな心とが入り交じりながら起こってくる。今多くの罪を滅ぼしたと思いきや、その直後にまた多くの罪を作っている。菩提心に、浅い・深い、強い・弱いがあり、悪業にも、ずっと前のもの・最近のもの、消し難いもの・簡単に消せるものがある。よって不退転の位に至る前には、どちらに転ぶかはわからない。菩提心に罪を除く力がないのではない。以上、愚見(58)を述べた。読者は適宜取捨せよ。

（1）上品下生人　『観無量寿経』（『大正蔵』一二、三四五頁上）に、上品下生人の行業を説いて、「上品下生といふは、また因果を信じ大乗を謗らず。ただ無上道心を発す。この功徳をもって回向して極楽国に生ぜんと願求す」

と言う。「道心」は「菩提心」のこと。

（2）**『摩訶止観』**　『摩訶止観』巻一下（『大正蔵』四六、一〇頁上）。

（3）**『宝梁経』**　『大宝積経』巻百十三、宝梁聚会（『大正蔵』一一、六四〇頁上～中）の取意。

（4）**供養**　尊敬の意を捧げること。敬意をもって三宝や父母・師長などに香華・灯明・飲食などを捧げることを言う。上158頁（13）参照。

（5）**慚愧の心**　恥を知る心。上244頁（55）参照。

（6）**預流・一来・不還・阿羅漢という四段階の悟り**　原文は「四果」。小乗の聖者の行位。一般に「預流（須陀洹）・一来（斯陀含）・不還（阿那含）・阿羅漢」の四にそれぞれ「向（過程）・果（到達）」を立てて、「四向四果」の形で示される。上137頁（25）参照。

（7）**四念処・四正勤・四神足・五根・五力・七菩提分・八聖道分という三十七種の実践**　原文は「三十七品」。三十七道品のこと。上136頁（22）参照。

（8）**信者から布施を受けることができる**　原文は「信施を消す」。「消す」は、「消費する」の意か。仏典では「消」を「解釈」の意に用いることがある。「疑問あるいは難解な箇所を消し去る」という意味である。したがって「信施を解釈した」という意味かとも思われるが、すぐあとに、「明けし、事の菩提心もまたつひに信施を消すといふことを」という文言が見え、この「信施を消す」は、「信施を受けることができる」の意であろう。それと同意と考えた。

（9）**『摩訶止観』**　『摩訶止観』巻一下（『大正蔵』四六、一〇頁上）。

（10）**『如来密蔵経』**　『大方広如来秘密蔵経』巻下（『大正蔵』一七、八四四頁下～八四五頁上）の取意。

（11）**二枚舌を使って**　原文は「両舌《りょうぜつ》」。「陰口」「二枚舌」あるいは「人の仲を裂く言葉（離間語《りけんご》）」の意。

（12）五逆罪　「殺父・殺母・殺阿羅漢・出仏身血・破和合僧」の罪。五無間業とも言い、阿鼻地獄の因とされる。上50頁（22）・上202頁（29）参照。

（13）十悪　「殺生・偸盗・邪婬・妄語・綺語・悪口・両舌・貪欲・瞋恚・愚癡」の十種の悪業。始めの三つは身業、次の四つは口業、最後の三つは意業の悪である。

（14）生命力　原文は「寿命」。青蓮院本では「寿者」となっているが、諸本によって「寿命」に改められている。「寿者」でも意味は通ずるが、『摩訶止観』では「寿命」となっている。

（15）積み重なってゆく　原文は「積聚《しゃくじゅ》」。種々のものが積み重なること。あらゆるものは種々の要素が寄せ集まってできたものであるという考え方を「積聚説」と呼ぶことがあるが、これはヴァイシェーシカ学派等の説で、仏教の縁起説に反する見解である。

（16）凝り固まって人を悩ます　原文は「集悩《じゅうのう》」。凝り固まって苦悩の原因となること。

（17）煩悩　原文は「結使《けっし》」。上244頁（56）参照。

（18）「犯す」という行為が起こる拠り所　原文は「犯処《ぼんしょ》」。

（19）四つの菩提心　細註に言うように「四教の菩提心」を指す。『摩訶止観』では、これに続いて、「もし如来、因縁の法を説くを知るは、すなはち初の菩提心を指す。もし生なく滅なしといふは、第二の菩提心を指す。もし本性清浄といふは、第三の菩提心を指す。もし一切法において本性清浄なりと知るは、第四の菩提心を指す。初の菩提心、すでによく重々の十悪を除く。いはんや第二・第三・第四の菩提心をや」と述べられている。初・第二・第三・第四は、それぞれ、三蔵教・通教・別教・円教の菩提心を指す。

（20）『華厳経』の入法界品　六十巻本『華厳経』巻五十九（『大正蔵』九、七七七頁上、七七八頁下）。「師子の乳」の譬喩は、『摩訶止観』巻一下（『大正蔵』四六、九頁下）に見える。

(21) **善見薬王**　ヒマラヤに産するという万能薬。良忠『往生要集義記』巻四（『浄土宗全書』一五、二五九頁下）に、六十巻本『華厳経』巻三十六に見える、「雪山に大薬王あり、名づけて善現といふ……」等の参照を求めている。

(22) **『大般若経』**　『大般若経』巻五百八十四（『大正蔵』七、一〇二〇頁上）。

(23) **欲望**　原文は「五欲」。五根に起こる欲望。上96頁(4)参照。

(24) **『華厳経』の入法界品**　原文は「入法界品」。六十巻本『華厳経』巻五十九（『大正蔵』九、七七七頁上・中、七八〇頁上）。

(25) **如意宝珠**　原文は「住水《じゅうすい》宝珠」。水中にある如意宝珠。上239頁(14)参照。

(26) **『華厳経』**　八十巻本『華厳経』巻二十三、兜率宮中偈讃品（『大正蔵』一〇、一二四頁上）。

(27) **菩提心**　原文は「道心」。

(28) **損なわれる**　原文は「敗壊《はいえ》」。

(29) **『華厳経』入法界品**　六十巻本『華厳経』巻五十九（『大正蔵』九、七七八頁上・下・中、七七九頁下）。「迦陵頻伽鳥」の譬喩や、「少し懈怠なりといえども……」という表現は、『摩訶止観』巻一下（『大正蔵』四六、九頁下）に見える。

(30) **閻浮檀金（jambū-nada）**　閻浮樹林を流れる川から採れる最高級の砂金。

(31) **迦陵頻伽鳥（kalavinka）**　極楽に住むという鳴き声の美しい鳥。上135頁(20)参照。

(32) **波利質多樹（palijāta）**　忉利天の善見城にあるという伝説の香木。

(33) **瞻蔔華（campak）**　金色華と訳す。強い香気を発するという。

(34) **婆師華（vārṣika）**　雨時華と訳す。雨期に咲く香り高い花。

(35) **『華厳経』賢首品**　六十巻本『華厳経』巻六、賢首菩薩品（『大正蔵』九、四三二頁下〜四三三頁上）。この偈文

は、灌頂の記した『摩訶止観』序文（『大正蔵』四六、一頁上）に、円頓止観の文証として引用されている。

（36）ひたすら　原文は「一向」。専心にして他のことに心をそらさないさま。

（37）『弘決』　湛然『止観輔行伝弘決』巻一之二（『大正蔵』四六、一五一頁中）に、右の『摩訶止観』序の文を釈して、「生死と言ふは、極下位博地初心を挙ぐ。もししからずは、いかんがよく円頓の功深なるを顕はさんや……」とある。湛然は凡夫の発心という点を強調している。ところで、右に述べたように『摩訶止観』序文では、「菩薩、生死にして最初に発心する時……」の偈文は、円頓止観の文証として挙げられているのであり、灌頂はこれを釈して、「この菩薩は、円の法を聞き、円の信を起こし、円の行を立て、円の位に住し、円の功徳をもって自ら荘厳し、円の力用をもちゐて衆生を建立す……いかんが円の位に入るや。初住に入る時、一住は一切住にして、一切は究竟、一切は清浄、一切は自在なり。これを円の位と名づく」と述べている。灌頂は、ここの最初発心を、円教の聖者の所発と見ているようである。これに対して、湛然は、この最初発心を凡夫の所発と主張するのである。よって源信の施した、「ここにいふ発心は凡聖に通ず。つぶさに『弘決』を見よ」という註には、『弘決』の説を重視し、「凡夫の発心にも通ずる」ことを強調する意図が看取される。

（38）『華厳経』　六十巻本『華厳経』巻九、初発心菩薩功徳品（『大正蔵』九、四五八頁中）。

（39）『出生菩提心経』　『出生菩提心経』（『大正蔵』一七、八九三頁上）。

（40）この仏国の人々に　正しい仏道あゆませる　その功徳をみなあわせても　発心功徳に及ばない　この二行は、建長五年刊本等の版本には無い。

（41）常に仏法求めつつ　原文は「楽法《ぎょうほう》」。仏法を聞くことを願い求めること。「楽《ぎょう》」は「ねがう」の意。

（42）『大宝積経』　『大宝積経』巻九十六（『大正蔵』一一、五四二頁下）。

（43）大きさ　原文は「色方分《しきほうぶん》」。「色」は、「いろ・かたちのあるもの」の意で、物質を指す。「方」は「場所・方向をもつもの」の意で、山河・大地などを言う。

（44）『涅槃経』　北本『涅槃経』巻二十八（『大正蔵』一二、五九〇頁上）。『法華玄義』巻五上（『大正蔵』三三、七三四頁中）にこの偈文を引いて、「これ諸大乗に悉く、円の初発心住位を明かすなり。いまし第十住に至る云々」と言う。ところが道暹《どうせん》の『法華文句輔正記』巻八（『続蔵』一―四五、一四三丁右下）には、「疏に、〈大経云発心至不別〉といふは、名字位を指して初発心となすなり。また五品の初心に通ずるなり」と、これを凡夫位の発心と見る記述がある。源信がどちらの立場に立つのかは明記されていないが、先ほどの「凡聖に通ず」という記述や、前後の文脈から考えて、やはり凡夫の発心にも通ずるという考えを持っていたと思われる。ところで、「縁事・縁理」の名目の典拠である元暁の『両巻無量寿経宗要』（『大正蔵』三七、一二八頁下）では、この偈文は、凡夫所発の随事発心を明かす所に引用されている。源信が元暁の説を採用したのは、凡夫位で発す菩提心を高く評価する、元暁の見解に賛同したからであると言える。

（45）**悟り**　原文は「畢竟《ひつきよう》」。究極・最終の意。ここでは仏果のこと。

（46）『**華厳経**』　六十巻本『華厳経』巻四十六（『大正蔵』九、六九二頁下）。善財童子は、『華厳経』入法界品において求道の旅をする菩薩。初め文殊師利菩薩に出遇って菩提心を発し、その後観音・弥勒など五十三人の善知識を訪ね、最後に普賢菩薩に会って悟りを得る。弥伽大士は、善財童子が訪ねた五番目の善知識である。

（47）『**観無量寿経**』**の上品下生人の行業**　『観無量寿経』（『大正蔵』一二、三四五頁上）。本項（1）参照。

（48）**上品中生**　『観無量寿経』（『大正蔵』一二、三四五頁上）に、「上品中生といふは、必ずしも方等経典を受持し読誦せざれども、よく義趣を解り、第一義において心驚動せず。深く因果を信じて大乗を謗らず。この功徳をもって回向して極楽国に生ぜんと願求す」とある。

（49）『**往生論**』　世親『往生論』（『大正蔵』二六、二三一頁下）。

（50）**『大智度論』巻五**　『大智度論』巻五（『大正蔵』二五、八六頁中）。

（51）**『摩訶止観』**　『摩訶止観』巻一下（『大正蔵』四六、一〇頁上～中）に、『大方広如来秘密蔵経』巻下（『大正蔵』一七、八四四頁下～八四五頁上）を引く。本項（9）（10）（19）参照。

（52）**三界の中**　原文は「界内」。

（53）**衆生はみな例外なく悟りの本性を持ちあわせていると信じ、みな共に完全な悟りを達成しようと誓願する**　本節のはじめ、「縁事」の四弘誓願を説く中に、「第一に〈衆生無辺誓願度〉すなわち、無数の衆生を一人残らず悟りの岸へ渡そうという誓いである。〈衆生はみな例外なく、悟りの本性を持ちあわせている。その全員に完全な悟りを実現させよう〉と念ぜよ」と述べてあった。

（54）**『成唯識論』**　『成唯識論』巻八（『大正蔵』三一、四五頁中）。

（55）**最高の真理である「空」を観ずることのできる聖者の智慧**　原文は「第一義空相応の観慧」。「第一義」は「最高の真理」の意。

（56）**『十疑論』**　天台『十疑論』第八疑（『大正蔵』四七、八〇頁上～中）に、『大乗阿毘達磨雑集論』巻十二（『大正蔵』三一、七五二頁上～中）の取意文を挙げている。『十疑論』第八疑は、いわゆる「三在釈」によって臨終十念の功徳が絶大であることを論ずる一段で、末尾に別時意趣説の会通釈を付け加えている。そこに『摂大乗論』と共に『大乗阿毘達磨雑集論』の説を挙げ、「唯願無行」に対しては別時意であるが、臨終十念は猛利の善行であるから即得往生の因となるという見解を提示している。「別時意趣」については上199頁（7）参照。

（57）**慈恩**　伝基『西方要決』（『大正蔵』四七、一〇九頁中）。

（58）**愚見**　原文は「愚管」。愚かで狭い見解。自説を遜って言う言葉。

第三に料簡《りようけん》、(1)問答を設けて諸問題を考察検討したい。

問う。『華厳経』入法界品(2)に、「たとえばダイヤモンドはその原石から生ずるもので、ほかの宝玉からは生じない。菩提心という宝もそれと同様、大悲によって衆生を救済しようという心の本性から生ずるもので、そのほかの善行から生ずるのではない」と説かれ、『大乗荘厳経論』(3)の偈には、

「常に地獄に居ようとも　菩提《さとり》の邪魔にはならないが
我欲の心を起こしたら　菩提の道は閉ざされる」

とある。また『大丈夫論』(4)の偈には、

「ほんの少しの施しも　悲心によるなら大功徳
いかに大きな施しも　自分のためなら功徳なし
一人の苦難を救うのは　どんな布施より価値がある
星の光を集めても　月の光に勝てぬよう」

と歌われている。よって、自利の修行は菩提心の拠り所(5)とはならないので、その果報は小さいということは明白である。それなのに、自分一人でさっさと極楽に往生したいと願うとは何事か。

答え。極楽への往生を目指す者は、必ず四弘誓願を発し、その誓願成就のため修行に励めということを、すでに明言したではないか。それこそが大悲心に基づく修行ではないか。また、(6)極楽への往生を願うのは、

自利の心によるものではない。その理由はというと、この娑婆世界には、悟りを妨げるものがたくさんある。悟りの雨が降らないうちに、苦悩の水が満ち溢れてくる。菩提心を発したばかりの行者には、仏道修行に打ち込む余裕もない。そんな娑婆世界で、菩薩の誓願と実践とを成就し、思うがままにあらゆる人々を救済したいと願うからこそ、まず極楽への往生を目指すのである。自分の欲望を満たすためではない。『十住毘婆沙論』(10)に、「自分自身が岸にたどり着く能力がないならば、他人を渡すことなどできはしない。泥沼に沈んでいるような者が、どうして他人を救えるというのか。波に漂っている者が、溺れる者を救うことはできないようなものだ。だから、〈自分が悟ってから、他人を救え〉と説くのである」と述べられている通りである。

また、『法句経』(12)の偈には、

「わが身善処に安住し　退く心配なくなれば
はじめて人に手をのばし　同じ安心めぐむべし」

と歌われている。

だから『十疑論』(13)に、次のように説かれるのである。「往生浄土を目指すのは、すべての人々を苦しみから救い出したいと願うからである。それだけに自らを省みて、(14)〈今私には力がない。汚れた世界で欲望にまみれたならば、その世界に引きずられ、巻き込まれて、(15)悪道に沈み、(16)手を拱いたまま何劫もの時間を過ごしてしまうのだ。そんなことを繰り返して、無限の過去より今日まで、落ち着く暇《いとま》もなかった。どうして人を救うことなどできようか〉というような思いにとらわれるのである。だからこそ浄土に往生して、諸仏の側近くに仕え、空の悟り(17)を得た後、再び汚れた世界に戻って、人々の苦しみを取り除きたいと願うのである」と。その他の文証(18)は『十疑論』に詳しい。

念仏と種々の善行とを目標達成のための実践徳目とし、その結果、往生極楽という「華報《けほう》(19)」と、悟りの完成という「果報《かほう》」とを得て、衆生済度という「本懐《ほんがい》」に向かうのだということを肝に銘じよ。たとえば木を植えれば花が咲き、花が咲けば実を結び、その実を採って食べるようなものである。

問う。念仏の修行は、四弘誓願の中、どの誓願に基づくものか。

答え。念仏三昧(20)の法門を知り尽くすという観点に立てば、これは第三の願「法門無尽誓願知」による修行である。念仏によって煩悩を滅ぼすということからすると、これは第二の願「煩悩無数誓願断」による修行である。念仏によって多くの人々と仏縁を結ぶということから考えれば、これは第一の願「衆生無辺誓願度」による修行である。功徳を積み重ねるという点においては、これは第四の願「無上菩提誓願証」による修行である。その他の善行も同様に考えよ。一々説明の必要はなかろう。

問う。ひたすら仏を念ずれば、間違いなく往生できるだろう。なのになぜ経論には、必ず菩提心を発すように勧められているのか。

答え。『大荘厳論(21)』に、「仏の国土を建立するのは、実に大変なことなので、修行の功徳だけではとても成就することはできない。どうしても誓願の力が必要である。牛は力が強いが、車を引く時にはどうしても御者が必要で、それによってはじめて目的地へ行くことができる。それと同様、仏の国土を清めることも、誓願によってその方向が定められるのだ。誓願の力によって、功徳も智慧も大きく育てられるのである」と言う。

『十住毘婆沙論』[22]には、「あらゆる事はみな願いに基づいて形成される。願いがなければ何も現れない。だから願いを発すのだ」と言い、また、[23]

「ほとけに成ろうと願い立て　心に阿弥陀を念ずれば
ほとけはたちまち現れる　ゆえに阿弥陀を敬信す」

と歌われている。菩提心にはこのような力が備わっている。だから行者は必ず菩提心を発せと言うのである。

問う。菩提心を発さない者は、絶対に往生できないのか。

答え。諸説ある。一説には、[24]「九品往生人はみな菩提心を発す。中品人[25]は、もと小乗の修行者であったけれども、後に菩提心を発したために極楽に往生することができたのである。もとの修行[26]の成果として、とりあえず小乗の悟りを得るだけである。また下品人は、一度発した菩提心を忘れてしまうのだけれども、菩提心の力が残存しているから往生できたのである」と言う。慈恩の見解[27]もこれと同じである。

また一説には、[28]「中品・下品の人は世間の善行[29]のみによって往生し、上品の人は、世間の善行と仏道修行[30]とを兼ね備えて往生する」と言う。「仏道修行」とは、発菩提心とその実践である。

問う。菩提心の要・不要に諸説あるように、往生浄土を願う心の有無に関してもまた諸説あるのか。

答え。菩提心には諸説あるけれども、往生浄土を願う心は、九品往生人のすべてに共通である。

問う。往生浄土の修行の成果は、誓願に応じてもたらされると言うならば、悪事を犯しても、地獄を願わない者は、地獄に堕ちることはないのか。

答え。罪の報いには一定の分量が決められている。しかし浄土の果報は無限である。果報において決定的な違いがある。よって因業においても、両者を一様に考えてはならない。

『大智度論』の第八(31)には、「罪科と福徳とは、本来一定の果報が決まっている。しかし誓願を発した者は、小さな善を行っても、誓願の力が加わるために、大きな果報を得ることができる。人はみな幸せを願う。苦を求める者はいない。誰も地獄は願わない。だから人々の願いに応じて、福徳は無限に広がり、罪の報いは一定の分量を越えないのである」と述べられている 以上は省略して引用した。

問う。生死を繰り返す中で、菩提心を増強し、忘れないようにするためにはどうすればよいのか。

答え。『十住毘婆沙論』第三(32)の偈に、

「たとえ命をなくしても　　王の位を追われても
決して偽り言うなかれ　　こびへつらい(33)をなすなかれ
この世のすべての国々の　　あらゆる人を導いて
はたらく菩薩のすがた見せ　　敬う心を植え付けよ
その清らかな行いを　　なすことできた人はみな
何度生死をめぐろうと　　菩提の願は強まろう」

と歌われている『十住毘婆沙論』の文中に、菩提心を忘れてしまう二十種の原因(34)を挙げている。参照せよ。

以上、往生要集　巻上。

（1）料簡　「料」は「はかる、かんがえる」、「簡」は「えらぶ、しらべる」の意。問答を設けて教理的解釈を施すことを言う。

（2）『華厳経』入法界品　六十巻本『華厳経』巻五十九（『大正蔵』九、七七九頁下）。『摩訶止観』巻一下（『大正蔵』四六、九頁下）に、「譬へば金剛は金性より生ずるがごとし。仏の菩提心は大悲より起こる。これ諸行の中の先なり」とある。本項第一問答は、「菩提心は大悲より起こる」ということを再確認するために設けられたものと考えられる。

（3）『大乗荘厳経論』　『大乗荘厳経論』巻六（『大正蔵』三一、六二二頁中）。

（4）『大丈夫論』　『大丈夫論』巻上（『大正蔵』三〇、二五七頁中）。

（5）拠り所　原文は「所依《しょえ》」。よりどころ。根拠。

（6）また　「又」の字は青蓮院本では「人」となっているが、諸本によって改めている。

（7）悟りを妨げるもの　原文は「留難《るなん》」。

（8）苦悩の水が満ち溢れてくる　原文は「苦海朝宗《ちょうそう》しぬ」。苦悩を河の水にたとえ、様々な苦悩が集まって注ぎ込む娑婆のことを「苦海」と言う。「朝宗」は「諸侯が天子に拝謁する」の意。転じて「河水が諸方より流れ込んで大海に集まる」の意となる。

（9）菩提心を発したばかりの行者　原文は「初心の行者」。「初心」は「初発心」の意。

（10）『十住毘婆沙論』　『十住毘婆沙論』巻一（『大正蔵』二六、二四頁中）。

（11）救える　原文は「拯済《じょうさい》」。「拯」は「すくう」。水に落ちた者をすくい上げる。

（12）『法句経』　出拠不明。右の『十住毘婆沙論』巻一（『大正蔵』二六、二四頁中）の文の直後に、「また法句の偈に説くがごとし」として掲げる偈文に一致する。ここからの孫引きであろう。

（13）『十疑論』　天台『十疑論』（『大正蔵』四七、八一頁上）。

（14）省みて　原文は「思忖《しそん》」。おもいはかる。「忖」は「おしはかる」の意。

（15）巻き込まれて　原文は「纏縛《てんばく》せられて」。煩悩にまとわりつかれる。

（16）沈み　原文は「淪溺《りんじゃく》し」。しずみおぼれる。「淪」は「しずむ、ほろびる」の意。

（17）空の悟り　原文は「無生忍」。「無生法忍」のこと。上135頁（19）参照。

（18）その他の文証　原文は「余の経論の文」。『十疑論』所引の文を指す。『十疑論』は、右の文に続き、「『往生論』に云はく」として、曇鸞『往生論註』の文を引用する。これは本項「作願門」の冒頭に引用された道綽『安楽集』の文を含む一節に相当し、発菩提心が「智慧・慈悲・方便」を備え、「無染・安・楽」の徳を持つ清浄の心であり、決して自身の安楽を願わず、衆生済度につとめて究極の仏果を目指す菩薩行であることを言明する文である。『十疑論』に曇鸞・道綽の思想的影響があることはすでに諸先学の指摘するところであるが、源信は『十疑論』を通じて『安楽集』の重要性を認識したと考えられる。また、源信の手元には『往生論註』はなかったようであるが、『十疑論』によって曇鸞教学に触れ、その見解を採用するため、『往生論註』に依拠して著された元興寺智光の『無量寿経論釈』を用いたと思われる。

（19）華報　蓮華化生の利益を言うものか。悟りの完成という最高の目標を「果報」と言うのに対し、それに先だって、あるいは付随して得る往生極楽の報いを「華報」と言っている。元暁の『両巻無量寿経宗要』（『大正蔵』三七、一二八頁下）に、「随事」の菩提心を明かして、「この心の果報はこれ菩提なりといへども、その華報は浄土にあり」と述べられている。

（20）念仏三昧　仏を念ずることによって三昧の境地を目指す修行。「三昧（samādhi）」とは、心を静めて一所に集中し、散乱させせない状態を保つこと。上158頁（9）参照。

（21）『大荘厳論』　『大乗荘厳経論』には該当の文なし。石田瑞麿氏の註（岩波日本思想大系『源信』一一三頁）によると、『大智度論』巻七（『大正蔵』二五、一〇八頁中～下）に、「仏の世界を荘厳するは事大なれば、独り行の功徳をもっては成就することあたはず……」とある文を、延寿の『万善同帰集』巻中（『大正蔵』四八、九七九頁下）が、「大荘厳論に云ふ、仏国は事大なれば、独り行の功徳をもっては成就することあたはず……」と誤って引用した、そのままを『往生要集』が孫引きしたという。同様の記述は、道世『法苑珠林』巻十六（『大正蔵』五三、四〇五頁中）にも見える。

（22）『十住毘婆沙論』　『十住毘婆沙論』巻一（『大正蔵』二六、二四頁中）。

（23）また　『十住毘婆沙論』巻五、易行品（『大正蔵』二六、四二頁中）。

（24）一説には　原文は「あるがいはく」。浄影寺慧遠『観経義疏』末（『大正蔵』三七、一八四頁中）に、「ただ小行を修すのみにては往生を得ず。必ず乗（＝垂イ）終に菩提心を発し、大乗の種を種えてはじめて生ずることを得」と述べた後、中品人の得果に触れて、「この人また乗（＝垂イ）終に菩提心を発すといへども、先に多く小を学ぶがゆゑに、彼の国に至りて苦・無常を聞き、その本解を発してまず小果を証するも、その乗（＝垂イ）終の発大心をもってのゆゑに、小果を得をはりて、小に住せず、必ずまた大に入る」と主張している。また下品下生人について（同、一八六頁上）、「先に菩提心を発せし人は、また縁に遇ひて五逆四重等の罪を造作すれども、必ず重悔を生じて、世王等のごとくまた往生を得」と述べている。また、龍興『観経記』巻上（古逸、恵谷隆戒『浄土教の新研究』付録「唐龍興撰観無量寿経記の復元について」三七〇頁、山喜房仏書林、一九七六年）には、右の浄影寺慧遠の説を踏まえて、「問ふ。もし先に発心するものまさに彼に生ずべしといはば、何のゆゑに下輩の三人、並びて同じく、彼の国に生じをはりて道心を発すや。答ふ。暫く退失すれども、前勢によるがゆゑに、浄土に生ずるを得。さらに発心するのみ」と言う。

(25) 中品人　『観無量寿経』（『大正蔵』一二、三四五頁中～下）に、中品人の往生後の得果について、中品上生人は、「時に応じてすなはち阿羅漢道を得……」、中品中生人は、「法を聞きて歓喜し、須陀洹を得、半劫を経をはりて阿羅漢と成る……」、中品下生人は、「法を聞きて歓喜し、須陀洹を得、一小劫を過ぎて阿羅漢と成る……」と言う。いずれも小乗の果が示されていることを問題としているのである。

(26) もとの修行　原文は「本習《ほんじゅう》」。もともとの業因。「習」は、「因」「縁」あるいは「修行」の意。

(27) 慈恩の見解　伝基『西方要決』（『大正蔵』四七、一〇七頁下）。

(28) また一説には　龍興『観経記』巻上（古逸、前掲恵谷隆戒『浄土教の新研究』付録「唐龍興撰観無量寿経記の復元について」三七〇頁）に、「もし中・下品は福分により、もし上品はまた道分による」という説を挙げている。

(29) 世間の善行　原文は「福分」。世間の福徳を得る行業で、五戒・十善などを言う。

(30) 仏道修行　原文は「道分」。出世間の果を得る行業で、発菩提心とその実践を言う。

(31) 『大智度論』の第八　『大智度論』、現行本では巻七（『大正蔵』二五、一〇八頁下）に見える。

(32) 『十住毘婆沙論』第三　『十住毘婆沙論』巻四（『大正蔵』二六、三八頁上）。『大正蔵』所収本では巻四だが、この部分までを巻三に含む異本が多数ある。

(33) こびへつらい　原文は「諂曲《てんごく》」。「諂」は、「へつらう」の意。他人を欺くために曲げてへつらいの態度をとる。

(34) 菩提心を忘れてしまう二十種の原因　原文は「二十種の失菩提心の法」。『十住毘婆沙論』巻四（『大正蔵』二六、三六頁中～三七頁下）に、失菩提心法として、四種の四法を説き、さらに四黒法を示して、合計二十法を挙げている。青蓮院本・最明寺本は「二十種」だが、建保四年刊本・建長五年刊本などでは「二十二種」となっている。

索　引

さ行───

た行――――

な行———

は行———

ま行――――

や行———

ら行———

訳註者略歴

梯　信暁（かけはし　のぶあき）

1958年大阪市生まれ。

1982年早稲田大学第一文学部東洋哲学専修卒業。

1991年早稲田大学大学院文学研究科東洋哲学専攻博士後期課程退学。

2006年博士（文学）早稲田大学。

現在、大阪大谷大学文学部教授、龍谷大学講師、浄土真宗本願寺派中央仏教学院講師。

〔著　書〕

『宇治大納言源隆国編 安養集 本文と研究』（西村冏紹監修、百華苑、1993年）、『奈良・平安期浄土教展開論』（法藏館、2008年）、『インド・中国・朝鮮・日本　浄土教思想史』（法藏館、2012年）。

新訳往生要集　上　付詳註・索引

二〇一七年二月二〇日　初版第一刷発行

著　者　源　信
訳註者　梯　信暁
発行者　西村明高
発行所　株式会社　法藏館
京都市下京区正面通烏丸東入
郵便番号　六〇〇-八一五三
電話　〇七五-三四三-〇〇三〇（編集）
〇七五-三四三-五六五六（営業）

装幀　上野かおる
印刷・製本　中村印刷株式会社

ISBN978-4-8318-6064-4 C1015